21世纪普通高等教育规划教材

公司理财实务

主　编　李　瑾
副主编　赵兴元　王晓媛
参　编　李林芳　赵文博　张媛媛

机械工业出版社

本书由浅入深安排各章内容，结构清晰，内容完整，涵盖了公司理财的各个重要方面，包括财务报表编制、投资决策、筹资决策、营运资本管理、基础金融工具等。本书在内容安排上注重理财技能的演练，在重要章节理论内容后面附加了 Excel 实务讲解，方便教师进行课堂演练或学生自行练习。各章章末设置了本章专有名词中英文对照和习题等栏目，增强了操作性和应用性，使知识更易被学生接受和理解。教师在教学过程中，可根据学生专业和课程需要，对本书的章节及习题做适当取舍。

本书适合作为高等院校财务管理、会计学、金融学、企业管理、市场营销等经济管理类专业的本科教材，尤其适合应用技术型大学的管理类相关专业，也可作为对财务管理感兴趣的读者的学习参考书。

图书在版编目（CIP）数据

公司理财实务/李瑾主编．—北京：机械工业出版社，2018.6（2023.1 重印）
21 世纪普通高等教育规划教材
ISBN 978-7-111-59974-6

Ⅰ.①公…　Ⅱ.①李…　Ⅲ.①公司—财务管理—高等职业教育—教材　Ⅳ.①F276.6

中国版本图书馆 CIP 数据核字（2018）第 101305 号

机械工业出版社（北京市百万庄大街 22 号　邮政编码 100037）
策划编辑：易　敏　　责任编辑：刘　畅　商红云
责任校对：张　力　　封面设计：鞠　杨
责任印制：郜　敏
北京富资园科技发展有限公司印刷
2023 年 1 月第 1 版第 3 次印刷
185mm×260mm · 13 印张 · 279 千字
标准书号：ISBN 978-7-111-59974-6
定价：35.00 元

前　言

在高等教育阶段，财务管理相关专业教育已不能局限于对现行法律、法规、理论的介绍与解释，而应该更加重视培养学生发现问题、分析问题和解决问题的能力。究其原因，一是社会经济环境日趋复杂，对财务管理相关专业人才的要求日益提高；二是随着信息技术的发展，很多技能性的财务工作逐渐被计算机代替。

在本书的编写和使用过程中，我们重视“以问题为导向”，以达到调动学生主观能动性的目的。例如，本书把相对复杂的理论知识渗透到简单的 Excel 操作中，通过操作 Excel，不仅能使学生掌握一定的用 Excel 处理财务相关问题的技巧，更重要的是通过 Excel 的模拟，让学生对相关理论的认识更深刻。

本书有以下特色：

1. 内容深入浅出、详略得当

公司理财主要研究的是资金的运作，即围绕“资金”来考虑。简单地讲，公司理财就是筹集资金、营运资金、投资、利润分配。在内容设置上，本书没有面面俱到地讲解财务基础概念，也没有像金融投资类书籍一样，花大量篇幅进行复杂模型和计算公式的介绍。本书重点介绍实际工作中使用频率较高的五个部分，即报表、投资、筹资、营运资金、基本金融工具。第 1 篇财务基础，主要介绍公司理财在企业运营中的目的，接着讲解公司理财的关键人物——财务经理，以及公司理财面临的外部环境——金融市场。根据报表使用对象不同，重点讲解如何编制对外披露的财务报表和管理用财务报表。第 2 篇投资决策，主要介绍资金时间价值、金融产品（债券、股票）估价、公司价值估算，选择合适的投资标的。第 3 篇筹资决策，主要是对财务杠杆、资本结构、长期筹资方式进行介绍。第 4 篇营运资本管理，从公司正常资金运营的角度，讲解公司内部资金管理方法。第 5 篇公司理财专题，对基础金融工具进行简单介绍。如果选择本书作为教材，教师可以根据学生专业和课程需要来选择章节进行讲解。

2. 配套电子教辅材料，有利于动手实践

现有公司理财教材普遍存在以下不足：大部分教材只有理论介绍，没有实务操作讲解；有部分教材将 Excel 表格中的公式放在教材中进行简单讲解，却没有配套的 Excel 实务例题，不利于教师开展课堂讲解。本书弥补了以上不足，将公司理财理论内容和实务计算结合起来，与信息化技术结合起来，通过 Excel 构建模型，加强金融模型的应用。

首先，本书将 Excel 操作步骤和公式穿插在每章之后，方便教师在讲解理论部分之后，通过 Excel 软件进行实务操作讲解。

其次，配套的电子教辅材料对应着每章 Excel 已经列出的例题和练习题，教师可以根据授课时间进行演示或者让学生自行操作练习。因此，使用本书授课，可以采用理论课+实践课的授课方式，帮助学生掌握相关理论并锻炼操作能力。

本书可作为高等院校财务管理、会计学、金融学、企业管理、市场营销等经济管理类专业的本科教材，尤其适合应用技术型大学的管理类相关专业，也可作为对财务管理感兴趣的读者的学习参考书。

本书由李瑾担任主编，负责整体的筹划。各章的分工为：第 1 章由李瑾执笔，第 2、3 章由赵兴元执笔，第 4 章和第 5 章的部分内容由王晓媛执笔，第 5 章的部分内容和第 9 章由李林芳执笔，第 6、7 章由赵文博执笔，第 9、10 章由张媛媛执笔。最后李瑾对全书进行调整和总纂，赵兴元、王晓媛对实务操作部分进行增删和修改。

在本书编纂过程中，我们还参阅了有关学者和专家公开发表的资料和书籍，在此表示衷心的感谢。

由于编者的水平和时间有限，本书可能存在不足之处，恭请广大师生和读者批评指正，以便进行修改。

目　录

第3篇　筹资决策

第4篇　营运资本管理

第5篇　公司理财专题

第1篇　财务基础

第1章

公司理财概述

导　论

小薇是某财经大学财务管理专业的毕业生，通过自己的努力找到了环球集团财务部的工作，刚进公司，小薇做财务部部长赵佑的秘书。第一天赵部长问了一下关于财务管理的一些简单问题：公司理财的内容是什么？公司理财的目标是什么？在公司理财中，金融市场扮演什么样的角色？

学习目标

通过本章的学习，你应该了解：公司理财的内容；公司理财的目标；公司治理中的代理问题；金融市场。

1.1　公司理财与财务经理

在这一部分我们从公司理财的定义和财务经理的职能谈起。

1.1.1　公司财务研究内容

假设你即将创办自己的公司，那么应该解决以下问题：

（1）你从哪里筹集长期资金？公司肯定打算长期经营下去，那么支撑公司持续经营的长期资金怎么解决？你是单独经营，还是吸引其他人和你一起经营？你们的自有资金不够的话，是不是需要借钱？

（2）你将进行何种长期投资？资金问题解决了，你将把这些资金投放在哪里？不同的项目需要不同的建筑物、机器设备，你有什么合适的项目？

（3）你将如何进行日常的营运资本管理？怎样进行流动资产的投资？怎样进行短期融资？

公司理财（Corporate Finance）是以公司为主体，以金融市场为背景，研究公司资本的取得与使用，以及营运资本管理的管理学科。

公司理财的内容包括投资活动、筹资活动、营运资本管理活动。可以对应公司的资产负债表，看一下公司理财的内容。

投资管理主要侧重于公司资金的长期投放、规模、构成及使用效果管理。对应资产负债表左下方有关项目的管理。

筹资管理主要侧重长期资金的来源渠道、筹措方式、资本成本及资本结构的管理。对应资产负债表右下方有关项目的管理。

营运资本管理主要侧重流动资产的管理和短期融资管理。对应资产负债表上方的有关项目管理。

投资、筹资、营运资本管理的目的是使资本的使用效益大于资本的取得成本，实现公司的价值最大化。需要说明的是，股利政策是确定公司的利润如何在股利和留存收益这两方面进行分配。留存收益作为公司内部资金的来源，是公司的一种筹资方式。因此，公司的股利政策可以看成筹资活动的组成部分。

1.1.2 财务经理的职责

在实务中，公司财务通常与公司的财务经理（Chief Financial Officer，CFO）有关。财务经理的大部分工作在于通过财务和会计工作为公司创造价值。

财务经理需要解决两个基本问题：一是如何在商品市场上进行实物投资，为公司未来创造价值；二是如何在金融市场上筹措资本，为投资者创造价值。解决第一个问题，公司需要进行相关的投资决策，即根据公司的战略目标确定公司的资本预算；对于第二个问题，公司需要进行相关的融资决策，即根据公司融资需求与商业银行等其他金融机构一起选择或设计融资工具，设置资本结构，估算资本成本和股利政策等。

在大型公司，CFO 负责公司的财务管理工作，其下设会计部门和财务部门，分别由部门经理负责。会计部门和财务部门根据工作内容设置相应的模块，每个模块设置相应的专业经理。财务部门的主要职能是现金管理、信用政策的制定、投资预算管理、资金的筹措、编制财务计划，以及与银行、股东和其他投资者保持联系；会计部门的职能主要是通过会计核算向外部投资者和公司管理层提供财务信息。公司 CFO 的职责不仅仅是监管会计部门和财务部门的工作，更重要的是根据公司的战略规划和经营目标调整财务及计划，制定公司的财务政策。

1.2 理财目标与代理问题

1.2.1 公司理财目标

公司理财目标又称公司财务管理目标。财务管理的目标是财务管理的出发点，也是评价财务管理工作的基准。企业作为各种利益相关者的结合体，企业的目标受各种因素的影响，而财务管理的目标有不同的表述。

1. 利润最大化

把利润最大化作为企业财务管理的目标时，要求企业财务管理者在进行财务管理工作时，要把利润增长作为最终目标。

把利润最大化作为财务管理的目标有它的合理性，主要表现在以下几个方面：

（1）利润是会计计量的结果，具有一定的可靠性。

（2）利润是某一定期间企业的经营成果，直接衡量了所有者价值的增值程度。

（3）在企业管理实践中，所有者都是直接根据利润来判断企业的业绩，因此企业的财务管理者需要根据利润多少来选择自己的行动。

然而利润最大化观点也存在一些缺点，主要包括以下几点：

（1）没有考虑利润取得的时间，即没有考虑资金的时间价值。

（2）没有考虑为实现利润所承担的风险，企业可能会盲目追求利润最大化而忽略了风险。

（3）没有反映出所实现利润与投入资本量之间的投入产出关系。

2. 每股收益最大化

以每股收益最大化作为企业财务管理的目标也没能克服利润最大化作为财务管理目标的局限性。同样没有考虑每股收益取得的时间；每股收益所承担的风险；不同企业的每股或同一企业不同时期的每股所代表的资本投入也是不一致的，也没有从根本上解决每股投入和每股收益的最大投入和产出关系。

3. 股东财富最大化

股东财富最大化观点认为，企业财务管理的最终目的是要使得股东得到最大的财富。

股东财富最大化是目前财务学界最被广泛接受的观点，主要原因在于它具有以下优点：

（1）股票的内在价值是按照投资者要求的收益率折现后的现值，这一指标考虑了获取收益的时间因素和风险因素。

（2）股票价值是个预期值，这一指标可在一定程度上克服公司在追求利润上的短期行为。

（3）股东财富最大化能够充分体现公司所有者对资本保值与增值的要求。

股东财富最大化观点存在的缺点如下：

（1）股东财富最大化只适用于上市公司，对非上市公司很难适用。

（2）股票价格的变动不是公司业绩的唯一反映，而受多种因素的影响。

（3）股东财富最大化目标在实际工作中可能导致公司所有者与其他利益主体之间的矛盾与冲突。

除以上三种目标，还存在公司价值最大化、相关者利益最大化等目标，这些目标实现的前提条件是公司管理者的目标与股东目标相一致。

1.2.2 代理问题与公司治理

代理理论的主要思想：在现实世界中，每个人擅长的事情各不相同，当出现个体经常要解决某个他不擅长的事情时，个人可能委托某个更擅长这一事项的人从事这一活动，并支付一定的酬金。在这个过程中，委托他人解决自己事务的主体称为委托人，而受他人所托处理事务的人称为代理人，两者之间形成的关系称为代理关系。

在公司制下，参与公司经营的关系人主要有两种：一是公司资金的提供者——股东和债权人；二是公司资源的使用者——经营者。

1. 股东与经营者

股东与经营者之间委托代理关系产生的主要原因是资本的所有权和经营权相分

离。由于经营者和所有者的目标很难完全一致，这种目标不一致就会产生代理问题。股东追求的目标是资本的保值增值，增加股东的价值；而公司的经营者作为所有者的代理人，除了追求货币性的收益目标（高工资、高奖励），还包括一些非货币性目标，如追求豪华的办公条件、社会地位等。

股东应该能充分估计到经理人员可能采取的不合作态度，并采取措施限制经理人损坏股东利益的行为，最低限度地引导经营者努力工作实现共赢。股东可能采取的措施包括：

（1）监督。为了确保股东能更清晰地了解经营者的行为及其对企业价值的影响，需要建立约束经营者的契约，通过契约关系对经营者进行密切监督。这种监督机制可以是通过股东大会和董事会对经营者进行行政监督，也可以是聘请外部的审计机构对经营者进行审计监督。

（2）激励。为了引导经理人员努力工作，股东和经营者可以指定剩余分享契约，将企业的部分剩余分配给经营者。例如，对经营者实行股票期权，使得经营者的目标和所有者的目标趋于一致，最大限度地降低代理成本。激励成本本身是股东财富的减项，只有当激励机制产生的利益高于激励成本时，这一机制才是有效的。

2. 股东与债权人

当债权人借出资本后，便与股东形成了委托代理关系。由于股东对公司资产承担有限责任，这种有限责任使债权人对公司的极端不利事件（如破产）造成的损失没有最低保证，对公司获得的超额收益也没有分享权（只能取得固定收益）。这种风险与收益的不对等是股东和债权人之间矛盾与冲突的根源。

由于信息不对称，公司比债权人更了解公司的状况。它们利用私有信息选择有利于自身利益而损害债权人的利益，如违反债权人协议、私改资金用途、从事高风险的投资等。对于公司的各种违约行为，理性的债权人会在债务契约中加入各种限制性条款进行监督，这些条款包括限制生产或投资条款、限制股利支付条款、限制融资条款等。

1.3 金融市场

1.3.1 金融市场的类型及作用

1. 金融市场的类型

在实务中，金融市场通常是以金融工具大类为标准进行分类，即把金融市场分为六个市场：股票市场、债券市场、货币市场、外汇市场、商品期货市场、期权市场。在六大市场中，前三个市场又称有价证券市场，这三个市场的金融工具主要发挥筹措资本、投放资本的功能。外汇市场的交易工具主要是外国货币，这个市场具有买卖外国通货和保值投机的双重功能，但对于融资和投放资本这两大主要财务活动来说，它是一个辅助市场。期货市场和期权市场的辅助性质更为突出。它们既不能筹措资本用于生产，也不能投放资本获得利息。这两个市场主要是防止市场价格和市场利率剧烈波动给融资、投资活动造成巨大损失的保护机制。

从公司理财的角度进行分析，有价证券市场是一国金融市场的主体。要想进行融资或投资活动，必须利用有价证券市场。外汇市场是一国有价证券市场和另一国有价证券市场之间的纽带，一国的投资者或融资者想要进入另一国的有价证券市场，必须先通过外汇市场这一环节。期货市场和期权市场是市场价格不稳定条件下有价证券市场和外汇市场的两个支点，它们提供金融市场稳定发展的机制。

为了从不同的角度说明同一事物的不同侧面，在分析金融工具时也会运用其他一些分类方法。按金融工具的期限不同，将金融市场分为长期金融市场（资本市场）和短期金融市场（货币市场）。前者如期限在一年以上的股票、债券交易市场；后者如期限不超过一年的银行同业拆借市场、票据贴现市场、短期证券市场等。按金融交易的过程不同，将金融市场分为初级市场和二级市场。前者是指从事新证券和票据等金融工具买卖的转让市场，又称为发行市场或一级市场；后者是指从事已上市的旧证券或票据等金融工具买卖的转让市场，又称为流通市场或次级市场。

2. 金融市场的作用

金融市场是引导资本流向从资金提供者向资金需求者转移的市场。在金融市场上，市场参与者之间的关系已不是一种单纯的买卖关系，而是一种单纯的借贷关系或委托代理关系，是以信用为基础的资本使用权和所有权的暂时分离。

从公司理财的角度来看，金融市场的作用主要表现在：①资本的筹措与投放。公司在金融市场上既可以发售不同性质的金融资产或金融工具，获得资金；也可以通过购买金融工具进行投资，获取收益。②分散风险。在金融市场的初级交易中，资本的投资者获得资本使用权购买者一部分收益的同时，也分担了公司的一部分风险。这样，经济活动中的风险承担者大大增加，从而减少每个投资者所承担的风险。③转售市场。资本使用权出售者可根据需要在金融市场上将尚未到期的金融资产转售给其他投资者，或交换其他金融资产。④降低交易成本。金融市场减少了交易的搜索成本和信息成本。⑤确定金融资产价格。金融市场上买卖双方的相互作用决定了交易资产的价格。

1.3.2 有效市场假说

在高度发达的金融市场中，已经发展出大量相互竞争的投资中介机构（包括商业银行、共同基金、保险公司等），这些投资机构收集市场信息，包括国内外政治、经济动态，行业发展状况，公司的财务状况和经营成果，以及发展前景等，同时采取各种方法处理这些信息，从而较准确地判断有关证券的价位、收益率和风险程度。不同的中介机构对有关证券信息的收集、加工和处理能力不同，对于证券未来价格的预期会得出不同的结论。

在金融市场中，由于投资中介机构的高度竞争化，市场具备了高效的“公允”价格的发现功能和形成机制。从财务管理角度来看，这里的“公允”价格就是能正确地反映资产价值的市场均衡价格，这一价格也是在所有可获得的信息的基础上的最优预测价格。不同信息对价格的影响程度不同，从而使得金融市场效率因信息种类不同而异。一些经济学家将证券的有关信息分为三类，即历史信息、公开信息和全部信息，从而定义了三种不同程度的市场效率。

1. 弱势效率性

在一个具有弱势效率性的市场中，所有包含过去证券价格变动的资料和信息都已经完全反映在证券的现行市价中。

2. 半强势效率性

这一假说是指证券的价格中不仅包含过去价格的信息，而且包含所有已公开的其他信息，如经济和政治形势的变化、收入情况、股票分割以及其他有关公司经营情况等重大信息。在一个具有半强势效率性的市场中，投资者无法利用已经公开的信息获得超额利润。

3. 强势效率性

这一假说是指证券现行价格已经反映了所有已公开或未公开的信息，即全部信息。因此，任何人都无法在证券市场中获得超额收益。

本章专有名词中英文对照

公司理财 Corporate Finance

财务总监 Chief Financial Officer，CFO

代理成本 Agency Cost

金融市场 Finance Markets

本章小结

公司理财的内容主要包括三个方面：①投资活动：企业应该进行何种长期投资；②筹资活动：企业从哪里获得投资所需要的长期资金；③营运资本管理活动：企业应如何管理日常的财务活动。

财务管理的目标是财务管理的出发点，也是评价财务管理工作的基准。企业作为各种利益相关者的结合体，企业的目标受各种因素的影响，而财务管理的目标有不同的表述。财务管理的目标在理论和实践中得到普遍认同的主要观点有利润最大化、每股收益最大化、股东财富最大化。

大型公司中股东和管理层之间存在冲突的可能，债权人和股东也存在冲突的可能，这种冲突被称为代理问题。

金融市场是公司开展理财活动的重要场所，公司理财活动的一个重要内容就是在充分理解和掌握有效市场假说的基础上，运用金融市场的功能进行投资、融资以及调整企业的资本结构。

习　题

1. 股东财富最大化作为财务管理目标的优缺点是什么？

2. 股东和经营者之间会产生代理问题，产生的原因是什么？如何减轻代理问题？

3. 金融市场的作用有哪些？

第2章

财务报表

导　论

环球集团作为上市公司，每年的财务报告都要经过会计师事务所审计后才能对外发布。会计师事务所进场审计，赵部长安排小薇配合事务所的审计。首先，事务所要求小薇提供2017年度的财务报表。财务报表包含哪几张报表呢？我们通过财务报表能反映公司经营的哪些问题呢？

学习目标

通过本章的学习，你应该了解：通用财务报表；管理用财务报表；根据财务报表进行一些简单的分析。

2.1　通用财务报表

通用财务报表是以会计准则规范的，满足大多数使用者共同需要的，供不同报表使用者使用的会计报表。通用报表即通用财务报表（Financial Statements），包括资产负债表、利润表、现金流量表、所有者权益变动表。

2.1.1　资产负债表

资产负债表是反映公司在某一特定日期财务状况的会计报表，即企业拥有或所控制的经济资源，所承担的现时义务和所有者对净资产的要求权。资产负债表为报表使用者提供以下几个方面的信息：①企业资产的规模与结构；②企业负债的规模与结构；③企业股东权益的规模与结构；④企业的融资结构与资本结构。

环球集团的资产负债表如表2－1所示。

表2－1　资产负债表

会企01表

编制单位：环球集团　　　　2017年12月31日　　　　单位：万元

资产	行次	年末余额	年初余额	负债及股东权益	行次	年末余额	年初余额
流动资产	1			流动负债：	33		
货币资金	2	44	25	短期借款	34	60	45

（续）

资产	行次	年末余额	年初余额	负债及股东权益	行次	年末余额	年初余额
以公允价值计量且其变动计入当期损益的金融资产	3	6	12	以公允价值计量且其变动计入当期损益的金融负债	35	28	10
应收票据	4	14	11	应付票据	36	5	4
应收账款	5	398	199	应付账款	37	100	109
预付款项	6	22	4	预收款项	38	10	4
应收利息	7	0	0	应付职工薪酬	39	2	1
应收股利	8	0	0	应交税费	40	5	4
其他应收款	9	12	22	应付利息	41	12	16
存货	10	119	326	应付股利	42	0	0
一年内到期的非流动资产	11	77	11	其他应付款	43	25	22
其他流动资产	12	8	0	一年到期的非流动负债	44	0	0
流动资产合计	13	700	610	其他流动负债	45	53	5
	14			流动负债合计	46	300	220
非流动资产：	15			非流动负债：	47		
可供出售金融资产	16	0	45	长期借款	48	450	245
持有至到期投资	17	0	0	应付债券	49	240	260
长期应收款	18	0	0	长期应付款	50	50	60
长期股权投资	19	30	0	专项应付款	51	0	0
固定资产	20	1 238	955	预计负债	52	0	0
在建工程	21	18	35	递延所得税负债	53	0	0
固定资产清理	22	0	12	其他非流动负债	54	0	15
无形资产	23	6	8	非流动负债合计	55	740	580
开发支出	24	0	0	负债合计	56	1 040	800
商誉	25	5	0	股东权益：	57		
长期待摊费用	26	0	15	股本	58	100	100
递延所得税资产	27	0	0	资本公积	59	10	10
其他非流动资产	28	3	0	减：库存股	60	0	0
非流动资产合计	29	1 300	1 070	盈余公积	61	60	40
	30			未分配利润	62	790	730
	31			股东权益合计	63	960	880
资产总计	32	2 000	1 680	负债和股东权益总计	64	2 000	1 680

企业负责人：郑有才　　　　财务负责人：赵佑　　　　制表人：小薇

1. 左边：资产

资产负债表的左边，是企业拥有或控制的资源。不同企业资产的规模和结构各不相同。资产的规模是指某一时点，企业资产的存量总额，即资产总计；资产结构是指部分资产占全部资产的比例。

依据流动性水平，公司资产可分为流动资产和非流动资产。流动资产是指企业可以在一年或者超过一年的一个营业周期内变现或者运用的资产，包括货币资金、以公允价值计量且其变动计入当期损益的金融资产、应收票据、应收款项、预付款项、存货等。流动资产具有占用时间短、周转快、易变现等特点，因此企业拥有较多的流动资产，可以在一定程度上降低财务风险。非流动资产则指流动资产以外的资产，如固定资产、在建工程、无形资产、持有至到期投资、长期股权投资等。这类资产具有占用资金多、周转速度慢、变现能力差等特点，由于持有的时间长，会影响企业多个会计期间的财务状况和经营成果。

2. 右边：负债和股东权益

资产负债表右边是企业资金的来源。右上方列示企业的负债，右下方列示企业的股东权益。

不同企业负债的规模和结构各不相同。负债的规模是指某一时点，企业负债的存量总额，即负债总计；负债结构是指部分负债占全部负债的比例。依据流动性水平，公司负债分为流动负债和非流动负债。流动负债是指一年以内应该偿还的债务，包括短期借款、应付票据、应付账款、预收款项等。非流动负债是指一年以上应该偿还的债务，包括长期借款、应付债券等。

资产价值总额和负债价值总额之差就是股东权益。资产负债表试图反映当公司卖掉所有资产并用这个资金偿还它的债务时，所剩余的价值将属于股东这样的事实。资产负债表的恒等式为

$$资产 = 负债 + 股东权益$$

3. 净营运资本

公司的流动资产和流动负债的差额被称为净营运资本（Net Working Capital）。当流动资产超过流动负债时，净营运资本为正。基于流动资产和流动负债的定义，净营运资本为正，意味着在未来12个月内变为可用的现金将超过同期需要支付的现金。因此，在营运健康的企业净营运资本通常为正。

4. 流动性

流动性表示资产转为现金的速度和难易程度。流动性有两个层面：转化的容易程度和价值的损失。如果价值降低得足够低，任何资产都能很快转化为现金。因此，高度流动的资产是那种能够很快转化为现金且没有明显价值损失的资产。低流动性的资产是指如果不大幅减价就不能迅速转化为现金的资产。

资产负债表中的资产通常是按照流动性递减的顺序排列的，意味着流动性最高的资产列在最前面。流动性是有价值的，一个企业流动性越高，表示它遭遇财务困境的可能性越小。遗憾的是，通常持有的流动资产的盈利能力较差。

5. 负债与权益

在借入资金范围内，债权人通常对企业的现金流量享有优先索取权。股东只享有对剩余价值的索取权利，即偿还债权人之后的剩余部分。剩余部分的价值是股东在该公司的权益，是公司资产价值减去债务价值。

股东权益 = 资产 – 负债

这个公式在会计意义上是成立的，因为股东权益被界定为这部分剩余价值。更重要的是，在经济意义上也成立：如果公司卖掉它的所有资产并偿还它的债务，剩下的现金就是股东的。

2.1.2 利润表

利润表是反映企业在一定会计期间的经营成果的会计报表，披露了会计主体某一特定经营期间内所实现的收入、利润及发生的成本与费用。利润表能为使用者提供企业一定会计期间收入的来源与结构、一定会计期间费用的消耗情况以及企业生产经营活动的成果、净利润的实现情况，据以判断资本的保值增值情况。

环球集团的利润表如表 2 – 2 所示。

表 2 – 2 利润表

会企 02 表

编制单位：环球集团　　2017 年　　单位：万元

项目	行次	2017 年度	2016 年度
一、营业收入	1	3 000	2 850
减：营业成本	2	2 644	2 503
税金及附加	3	28	28
销售费用	4	22	20
管理费用	5	46	40
财务费用	6	110	96
资产减值损失	7	0	0
加：公允价值变动收益	8	0	0
投资收益	9	6	0
二、营业利润（亏损以“—”号填列）	10	156	163
加：营业外收入	11	45	72
减：营业外支出	12	1	0
三、利润总额（亏损总额以“—”号填列）	13	200	235
减：所得税费用	14	64	75
四、净利润（净亏损以“—”号填列）	15	136	160
五、其他综合收益的税后净额	16	0	0
六、综合收益总额	17	136	160
七、每股收益	18	1.00 元	2.00 元

企业负责人：郑有才　　财务负责人：赵佑　　制表人：小薇

1. **营业利润**

营业利润由自身经营业务形成的利润与资产减值损失、公允价值变动收益、投资收益等几个调整项构成。其中，由自身经营业务形成的利润，也称核心利润。公式如下：

核心利润 = 营业收入 - 营业成本 - 税金及附加 - 期间费用

在核心利润的基础上，加上调整项可以得到营业利润。调整项包括资产减值损失、公允价值变动收益和投资收益等。

2. **利润总额**

在营业利润的基础上加上营业外收入，减去营业外支出，就得到利润总额。由于营业外收支偶发性的特征，而且每项营业外收支彼此是孤立的，与主营业务无直接关系，通常不能反映企业的核心业务能力。所以在看利润总额这一项目的时候，应注意营业外收支对利润总额的贡献。营业外收支净额一般不应该对企业的利润总额乃至净利润产生主要贡献，即便某些特定时期对利润的贡献较大，这种贡献也是难以持续的。

3. **净利润**

利润总额减去所得税费用就构成了公司的净利润。所得税是公司最大的现金流之一。公司所得税的多少取决于税法。我国所得税实行 25% 的比例税率。

4. **其他综合收益**

其他综合收益是指企业根据企业会计准则规定未在损益中确认的各项利得和损失扣除所得税影响后的净额。即以后终究会归入损益类科目核算，只是当时业务还不适合直接归入损益类科目核算。例如：可供出售金融资产的公允价值变动、减值及处置导致的其他综合收益的增加或减少；长期股权投资中按照权益法核算的在被投资单位其他综合收益中所享有的份额导致的其他综合收益的增加或减少等。

2.1.3 现金流量表

现金流量表是反映企业一定会计期间现金和现金等价物流入和流出的报表。编制现金流量表的主要目的是为财务报表使用者提供企业一定会计期间内现金和现金等价物流入和流出的信息，以便财务报表使用者了解和评价企业获取现金和现金等价物的能力，并据以预测企业未来的现金流量。现金流量表以现金及现金等价物为基础编制，划分为经营活动、投资活动和筹资活动，并按照收付实现制原则，将权责发生制下的盈利或亏损调整为收付实现制下的现金流量信息。

环球集团的现金流量表如表 2-3 所示。

表 2-3 现金流量表

会企 03 表

编制单位：环球集团　　2017 年度　　单位：万元

项目	行次	本期金额
一、经营活动产生的现金流量：	1	
销售商品、提供劳务收到的现金	2	2 810

（续）

项目	行次	本期金额
收到的税费返还	3	0
收到其他与经营活动有关的现金	4	10
经营活动现金流入小计	5	2 820
购买商品、接受劳务支付的现金	6	2 363
支付给职工以及为职工支付的现金	7	29
支付的各项税费	8	91
支付其他与经营活动有关的现金	9	14
经营活动现金流出小计	10	2 497
经营活动产生的现金流量净额	11	323
二、投资活动产生的现金流量：	12	
收回投资收到的现金	13	4
取得投资收益收到的现金	14	6
处置固定资产、无形资产和其他长期资产收回的现金净额	15	12
处置子公司及其他营业单位收到的现金净额	16	0
收到其他与投资活动有关的现金	17	0
投资活动现金流入小计	18	22
购建固定资产、无形资产和其他长期资产支付的现金	19	369
投资支付的现金	20	30
取得子公司及其他营业单位支付的现金净额	21	0
支付其他与投资活动有关的现金	22	0
投资活动现金流出小计	23	399
投资活动产生的现金流量净额	24	-377
三、筹资活动产生的现金流量：	25	
吸收投资收到的现金	26	0
取得借款收到的现金	27	270
收到其他与筹资活动有关的现金	28	0
筹资活动现金流入小计	29	270
偿还债务支付的现金	30	20
分配股利、利润或偿付利息支付的现金	31	152
支付其他与筹资活动有关的现金	32	25
筹资活动现金流出小计	33	197
筹资活动产生的现金流量净额	34	73
四、汇率变动对现金及现金等价物的影响	35	0
五、现金及现金等价物净增加额	36	19
加：期初现金及现金等价物余额	37	25
六、期末现金及现金等价物余额	38	44

企业负责人：郑有才　　　　财务负责人：赵佑　　　　制表人：小薇

1. 现金

现金是指企业库存现金以及随时用于支付的存款。现金等价物是指持有的期限短、流动性强、易于转换为已知金额现金、价值变动风险很小的投资。其中，期限短是指从购买起三个月内到期。现金流量表中列示的期末现金及现金等价物余额与资产负债表中列示的货币资金二者界定的范围并不一致。资产负债表中的货币资金项目包括库存现金、银行存款及其他货币资金；而现金流量表中的现金只包括库存现金、可随时用于支付的银行存款、可随时用于支付的其他货币资金。

期末现金及现金等价物 = 期末现金余额 + 期末现金等价物余额 = 货币资金 − 不可随时用于支付的隐含存款 − 不可随时用于支付的其他货币资金 + 三个月内到期的债券投资 (2 − 1)

2. 经营活动现金流量

经营活动是指企业投资活动和筹资活动以外的所有交易和事项。

经营活动产生的现金流入一般包括：销售商品、提供劳务收到的现金；收到的税费返还；收到其他与经营活动有关的现金等。

经营活动产生的现金流出一般包括：购买商品、接受劳务支付的现金；支付给职工以及为职工支付的现金；支付的各项税费；支付其他与经营活动有关的现金。

3. 投资活动现金流量

投资活动是指企业长期资产的构建和不包括现金等价物范围内的投资及处置活动。投资活动产生的现金流入一般包括：收回投资收到的现金；取得投资收益收到的现金；处置固定资产、无形资产和其他长期资产收回的现金净额；处置子公司及其他营业单位收到的现金净额；收到其他与投资活动有关的现金。

投资活动产生的现金流出一般包括：购建固定资产、无形资产和其他长期资产支付的现金；投资支付的现金；取得子公司及其他营业单位支付的现金净额；支付其他与投资活动有关的现金。

4. 筹资活动现金流量

筹资活动是指企业资本及债务规模和构成发生变化的活动。

筹资活动产生的现金流入一般包括：吸收投资收到的现金；取得借款收到的现金；收到其他与筹资活动有关的现金。

筹资活动产生的现金流出一般包括：偿还债务支付的现金；分配股利、利润或偿付利息支付的现金；支付其他与筹资活动有关的现金。

2.1.4 所有者权益变动表

所有者权益变动表是反映公司本期（年度或中期）内截至期末所有者权益变动情况的报表。所有者权益变动表应当全面反映一定时期所有者权益变动的情况。

2.2 管理用财务报表

以上我们讨论的是通用财务报表。由于财务报表要平衡各类报表使用者的不同信息需求，其所提供的信息并不完全适用于财务分析和企业内部管理。为了更好地进行财务分析和内部管理使用，需要对通用财务报表进行调整。

企业活动分为经营活动和金融活动。经营活动包括销售商品或提供劳务等营业活动以及与此有关的生产性资产投资活动。金融活动包括筹资活动以及多余资金的利用，企业在资本市场上进行这些金融活动。

企业总是先从股东那里得到现金，然后利用这些现金购置生产性资产进行经营活动，为股东创造财富。如果股东投入的资金不能满足经营活动需要，则企业可以发行债务筹集资金。资金在投入生产经营前，或许会有闲置资金，企业将其投资于资本市场就形成金融资产。金融资产是指企业自资本市场购入的各种证券，包括政府、银行或其他企业发行的金融工具。

2.2.1 管理用资产负债表

管理用资产负债表要求对资产和负债进行重新分类，分为经营性和金融性两类。经营性资产和负债是指在销售商品和提供劳务的过程中涉及的资产和负债。金融性资产和负债是指在筹资过程中或利用经营活动多余资金进行投资的过程中涉及的资产和负债。

1. 金融资产与经营资产

经营资产是指销售商品或提供劳务所涉及的资产。金融资产是利用经营活动多余资金进行投资所涉及的资产。

大多数资产项目重分类并不困难，但有些项目不太容易识别。

（1）货币资金。货币资金本身是金融资产，但这不是问题的关键，关键是企业为什么持有货币资金。有部分货币资金是经营活动所必需的，是为了生产经营能正常流转。编制管理用资产负债表有三种做法：第一种做法：将“货币资金”全部列为经营资产。第二种做法：将“货币资金”全部列为金融资产。第三种做法：根据企业历史平均的货币资金/销售收入百分比以及本期的销售收入，推算经营活动所需的货币资金，多余的货币资金则列为金融资产。

（2）短期应收票据。短期应收票据有两种：一种是以市场利率计息的投资，属于金融资产；另一种是无息应收票据，应归入经营资产。

（3）权益性投资。短期权益性投资不是生产经营活动所必需的，而是暂时利用多余现金的一种手段，因此是金融资产。长期权益性投资是对其他企业经营活动的投资，属于经营资产。

（4）应收项目。大部分应收项目是经营活动形成的，属于经营资产。但应收项目产生于金融资产的，应属于金融资产。

2. 金融负债与经营负债

经营负债是指销售商品和提供劳务所涉及的负债。金融负债是筹资活动所涉及的负债。

大部分负债是金融性的，并不难识别，包括短期借款、长期借款、应付债券等。

有些项目则不太容易识别，包括：

（1）短期应付票据。与短期应收票据一样，短期应付票据有两种：一种是以市场利率计息的融资活动形成的，属于金融负债；另一种是无息应付票据，应归入经营负债。

（2）优先股。从普通股角度来看，优先股属于金融负债。

（3）应付项目。大部分应付项目是经营活动形成的，属于经营资产。但应付项目产生于金融资产的，应属于金融负债。

（4）长期应付款。融资租赁形成的长期应付款属于金融负债，因为它被视为企业借款购买资产。经营活动产生的长期应付款属于经营负债。

3. 净经营资产、净金融资产、股东权益

由于全部资产和负债被划分为经营性和金融性两类，流动资产分为经营性流动资产和金融性流动资产，流动负债分为经营性流动负债和金融性流动负债。经营性流动资产减去经营性流动负债被称为“经营营运资本”；经营性长期资产减去经营性长期负债称为净经营性长期资产；经营营运资本加上净经营性长期资产称为净经营资产，它等于投资者提供的净投资资本。

$$\text{资产}=\text{经营资产}+\text{金融资产}$$

$$\text{负债}=\text{经营负债}+\text{金融负债}$$

$$\text{资产}-\text{负债}=(\text{经营资产}-\text{经营负债})+(\text{金融资产}-\text{金融负债})$$

$$\text{股东权益}=\text{净经营资产}-\text{净负债}$$

$$\text{净负债}=\text{金融负债}-\text{金融资产} \tag{2-2}$$

2.2.2 管理用利润表

利润表也区分经营活动和金融活动的利润表。经营活动的利润反映管理者的经营业绩。通过经营活动取得盈利是企业的目的，也是增加股东财富的基本途径。金融活动的目的是筹集资金，筹集资金的目的是投资生产经营，而不是投资金融市场获利。利用投资剩余部分返回到资本市场上取得金融收益，不是企业的经营目标，因此要区分经营损益和金融损益。

1. 经营损益和金融损益

经营损益和金融损益的划分，应与资产负债表中经营资产和金融资产的划分相对应。金融损益是指金融负债利息与金融资产收益的差额，即扣除利息收入、金融资产公允价值变动收益后的利息费用，由于存在所得税，应计利息费用的税后结果也称为净金融损益。经营损益是指除金融损益以外的当期损益。

2. 分摊所得税

既然区分了经营损益和金融损益，与之相对应的所得税也应分开。分摊的简单方法是根据企业实际负担的平均所得税税率计算各自应分摊的所得税。

管理用利润表的基本公式如下：

净利润 = 经营损益 + 金融损益
　　　= 税后经营净利润 - 税后利息费用
　　　= 税前经营利润 × （1 - 税率） - 利息费用 × （1 - 税率）　（2 - 3）

2.2.3 管理用现金流量表

通过经营活动取得盈利是企业的目的，也是增加股东财富的基本途径。因此，企业的价值取决于企业经营活动产生的现金流量。而传统的现金流量表中的经营活动未包括为了经营而进行的经营性固定资产等长期资产的投资，是不完整的经营活动。

1. 实体现金流量

实体现金流量又叫经营现金流量，代表企业经营活动的全部成果，是“企业生产的现金”。企业的价值决定于未来预期的实体现金流量，管理者要使企业更有价值，就应该增加企业的实体现金流量。

营业现金毛流量 = 税后经营净利润 + 折旧与摊销
营业现金净流量 = 营业现金毛流量 - 经营营运资本净增加
实体现金流量 = 营业现金净流量 - 资本支出
资本支出 = 净经营长期资产增加 + 折旧与摊销　（2 - 4）

2. 债务现金流量

债务现金流量是与债权人之间的交易形成的现金流，包括支付利息、偿还或借入债务以及购入和出售金融资产。

3. 股权现金流量

股权现金流量是公司与股东之间的交易形成的现金流，包括股利分配、股份发行和回购等。

从实体现金流量的来源分析，它是营业现金毛流量超出经营营运资本净增加和资本支出的部分，即来自经营活动；从实体现金流量的去向分析，它被用于债务融资活动和权益融资活动，即被用于金融活动。

实体现金流量 = 债务现金流量 + 股权现金流量
实体现金流量 = 融资现金流量　（2 - 5）

2.3 财务报表分析

财务报表分析的目的是将财务报表的数据转换成有用的信息，以帮助信息使用者改善决策。这里主要介绍财务比率分析法。

2.3.1 短期偿债能力分析

1. 流动比率

流动比率就是流动资产与流动负债的比值，其计算公式如下：

流动比率 = 流动资产 ÷ 流动负债 (2 - 6)

流动比率假设全部流动资产都可用于偿还流动负债，表明 1 元流动负债有多少流动资产作为偿债保障。

环球集团的流动比率计算表如表 2 - 4 所示。

表 2 - 4 流动比率计算表

金额单位：万元

项目	期初数	期末数
流动资产	610.00	700.00
流动负债	220.00	300.00
流动比率	2.77	2.33

2. 速动比率

构成流动资产的各项目，流动性差别很大。其中，货币资金、以公允价值计量且其变动计入当期损益的金融资产和各种应收款项等，可以在较短时间内变现，称为速动资产。速动资产和流动负债的比值，称为速动比率，其计算公式如下：

速动比率 = 速动资产 ÷ 流动负债 (2 - 7)

环球集团的速动比率计算表如表 2 - 5 所示。

表 2 - 5 速动比率计算表

金额单位：万元

项目	期初数	期末数
流动资产	610.00	700.00
存货	326.00	119.00
预付款项	4.00	22.00
一年内到期的非流动资产	11.00	77.00
其他流动资产	—	8.00
速动资产	269.00	474.00
流动负债	220.00	300.00
速动比率	1.22	1.58

3. 现金比率

速动资产中，流动性最强、可直接用于偿债的资产称为现金资产。现金资产包括货币资金、以公允价值计量且其变动计入当期损益的金融资产。现金资产与流动负债的比值称为现金比率。其计算公式如下：

现金比率 = (货币资金 + 以公允价值计量且其变动计入当期损益的金融资产) ÷ 流动负债 (2 - 8)

环球集团的现金比率计算表如表 2 - 6 所示。

表 2 - 6 现金比率计算表 金额单位：万元

项目	期初数	期末数
货币资金	25.00	44.00
以公允价值计量且其变动计入当期损益的金融资产	12.00	6.00
流动负债	220.00	300.00
现金比率	0.17	0.17

4. **现金流量比率**

经营活动产生的现金流量净额与流动负债的比值，称为现金流量比率。其计算公式如下：

现金流量比率 = 经营活动现金流量净额 ÷ 流动负债 (2 - 9)

环球集团的现金流量比率计算表如表 2 - 7 所示。

表 2 - 7 现金流量比率计算表 金额单位：万元

项目	2017 年
经营活动现金流量净额	323.00
流动负债	300.00
现金流量比率	1.08

2.3.2 长期偿债能力分析

1. **资产负债率**

资产负债率 = 负债总额 ÷ 资产总额 × 100%

资产负债率反映总资产中有多大比例是通过负债取得的。它可以衡量企业清算时对债权人利益的保护程度。资产负债率还有两种表现形式，即产权比率和权益乘数。

产权比率 = 负债总额 ÷ 所有者权益总额

权益乘数 = 资产总额 ÷ 所有者权益总额 (2 - 10)

环球集团的资产负债率计算表如表 2 - 8 所示。

表 2 - 8 资产负债率计算表 金额单位：万元

项目	期初数	期末数
负债总额	800.00	1 040.00
资产总额	1 680.00	2 000.00
资产负债率	47.62%	52.00%

环球集团的产权比率计算表加表 2－9 所示。

表 2－9　产权比率计算表　　金额单位：万元

项目	期初数	期末数
负债总额	800.00	1 040.00
股东权益总额	880.00	960.00
产权比率	0.91	1.08

环球集团的权益乘数计算表如表 2－10 所示。

表 2－10　权益乘数计算表　　金额单位：万元

项目	期初数	期末数
资产总额	1 680.00	2 000.00
股东权益总额	880.00	960.00
权益乘数	1.91	2.08

2. 长期资本负债率

长期资本及企业长期资金的来源包括非流动负债和所有者权益。长期资本负债率反映企业资本结构。长期资本负债率是指非流动负债与长期资本的百分比。

长期资本负债率＝非流动负债÷（非流动负债＋所有者权益）×100%　　（2－11）

环球集团的长期资本负债率计算表如表 2－11 所示。

表 2－11　长期资本负债率计算表　　金额单位：万元

项目	期初数	期末数
非流动负债	580.00	740.00
股东权益	880.00	960.00
长期资本负债率	39.73%	43.53%

3. 利息保障倍数

利息保障倍数是指息税前利润对利息费用的倍数。

利息保障倍数＝息税前利润÷利息费用　　（2－12）

环球集团的利息保障倍数计算表如表 2－12 所示。

表 2－12　利息保障倍数计算表　　金额单位：万元

项目	2016 年度	2017 年度
利润总额	235.00	200.00
利息费用	96.00	110.00
息税前利润总额	331.00	310.00
利息保障倍数	3.45	2.82

4. 现金流量利息保障倍数

现金流量利息保障倍数是指经营活动现金流量净额对利息费用的倍数。其计算公式如下：

现金流量利息保障倍数 = 经营活动现金流量净额 ÷ 利息费用 (2 – 13)

环球集团的现金流量利息保障倍数计算表如表 2 – 13 所示。

表 2 – 13 现金流量利息保障倍数计算表 金额单位：万元

项目	2017 年
经营活动现金流量净额	323.00
利息费用	110.00
现金流量利息保障倍数	2.94

5. 现金流量债务比

现金流量债务比是经营活动现金流量净额与负债总额的比率。其计算公式如下：

现金流量债务比 = 经营活动现金流量净额 ÷ 负债总额 (2 – 14)

环球集团的现金流量债务比计算表如表 2 – 14 所示。

表 2 – 14 现金流量债务比计算表 金额单位：万元

项目	2017 年
经营活动现金流量净额	323.00
负债总额	1 040.00
现金流量债务比	0.31

2.3.3 运营能力分析

营运能力比率是衡量企业资产管理效率的财务比率，常见的有应收账款周转率、存货周转率和总资产周转率。

1. 应收账款周转率

应收账款周转率是销售收入与应收账款的比率，也叫应收账款周转次数。它还有两种表现形式即应收账款周转天数和应收账款与收入比。其计算公式如下：

应收账款周转率 = 销售收入 ÷ 应收账款

应收账款周转天数 = 365 ÷ 应收账款周转率

应收账款与收入比 = 应收账款 ÷ 销售收入 (2 – 15)

应收账款周转次数表明 1 年中应收账款周转的次数，或者说明每 1 元应收账款投资支持的销售收入。应收账款周转天数也称应收账款收现期，表明从销售开始到收回现金平均需要的天数。应收账款与收入比则表明每 1 元收入需要的应收账款投资。

环球集团的应收账款周转率计算表如表 2 – 15 所示。

表 2-15　应收账款周转率计算表　　金额单位：万元

项目	2017 年
营业收入	3 000.00
应收账款期末余额	398.00
应收账款期初余额	199.00
应收账款平均余额	298.50
应收账款周转次数	10.05
应收账款周转天数	36.32

2. 存货周转率

存货周转率是销售收入与存货的比率，也叫存货周转次数，它还有一种表现形式，即存货周转天数。其计算公式如下：

存货周转率 = 销售收入 ÷ 存货

存货周转天数 = 365 ÷ 存货周转率　　(2-16)

存货周转次数表明 1 年中存货周转的次数，或者说明每 1 元存货投资支持的销售收入。存货周转天数表明存货周转一次平均需要的时间。

环球集团的存货周转率计算表如表 2-16 所示。

表 2-16　存货周转率计算表　　金额单位：万元

项目	2017 年
营业成本	2 644.00
存货期末余额	119.00
存货期初余额	326.00
平均存货余额	222.50
存货周转次数	11.88
存货周转天数	30.72

3. 总资产周转率

总资产周转率是营业收入与总资产的比率，也叫总资产周转次数，它还有两种表现形式，即总资产周转天数和总资产与收入比。其计算公式如下：

总资产周转率 = 营业收入 ÷ 总资产

总资产周转天数 = 365 ÷ 总资产周转率

总资产与收入比 = 总资产 ÷ 营业收入　　(2-17)

总资产周转次数表明 1 年中总资产周转的次数，或者说明每 1 元总资产投资支持的营业收入。总资产周转天数表明总资产周转一次平均需要的时间。总资产与收入比则表明每 1 元收入需要的总资产投资。

环球集团的总资产周转率计算表如表 2-17 所示。

表2－17　总资产周转率计算表　金额单位：万元

项目	2017年
营业收入	3 000.00
资产期末总额	2 000.00
资产期初总额	1 680.00
平均资产总额	1 840.00
总资产周转次数	1.63
总资产周转天数	223.93

2.3.4 盈利能力分析

1. 销售净利率

销售净利率是指净利润与营业收入的比率。其计算公式如下：

$$销售净利率 = 净利润 \div 营业收入 \times 100\% \quad (2-18)$$

环球集团的销售净利率计算表如表2－18所示。

表2－18　销售净利率计算表　金额单位：万元

项目	2017年
净利润	136.00
营业收入	3 000.00
销售净利率	4.53%

2. 总资产净利率

总资产净利率是指净利润与总资产的比率。其计算公式如下：

$$总资产净利率 = 净利润 \div 总资产 \times 100\% \quad (2-19)$$

环球集团的总资产净利率计算表如表2－19所示。

表2－19　总资产净利率计算表　金额单位：万元

项目	2016年	2017年
净利润	160.00	136.00
资产期末总额	1 680.00	2 000.00
总资产净利率	9.52%	6.80%

3. 权益净利率

权益净利率是净利润与股东权益的比率，它反映每1元股东权益赚取的净利润，可以衡量企业的总体盈利能力。

$$权益净利率 = 净利润 \div 股东权益 \times 100\% \quad (2-20)$$

环球集团的权益净利率计算表如表 2－20 所示。

表 2－20　权益净利率计算表　　金额单位：万元

项目	2016 年	2017 年
净利润	160.00	136.00
股东权益	880.00	960.00
权益净利率	18.18%	14.17%

2.3.5　市价比率分析

假设环球集团 2017 年 12 月 31 日普通股每股市价为 36 元，2017 年流通在外普通股加权平均股数为 100 万股。

1. 市盈率

市盈率是指普通股每股市价与每股收益的比率，它反映普通股股东愿意为 1 元的净利润支付的市价。

$$市盈率 = 每股市价 \div 每股收益 \tag{2-21}$$

2. 市净率

市净率是指普通股每股市价与每股净资产的比率，它反映普通股股东愿意为 1 元的净资产支付的市价，说明市场对公司资产质量的评价。

$$市净率 = 每股市价 \div 每股净资产 \tag{2-22}$$

3. 市销率

市销率是指普通股每股市价与每股营业收入的比率，它反映普通股股东愿意为 1 元的销售收入支付的市价。

$$市销率 = 每股市价 \div 每股营业收入 \tag{2-23}$$

环球集团的市价比率计算表如表 2－21 所示。

表 2－21　市价比率计算表　　金额单位：万元

项目	2017 年
净利润	136.00
股东权益	960.00
营业收入	3 000.00
流通在外普通股股数	100 万股
每股收益	1.36 元
每股净资产	9.6 元
每股营业收入	30 元
市价	36 元
市盈率	26.47
市净率	3.75
市销率	1.20

2.3.6 杜邦分析体系

杜邦分析体系是利用主要财务比率之间的内在联系，对企业财务状况和经营成果进行综合系统评价的方法。该体系以权益净利率为核心，以总资产净利率和权益乘数为分支，重点揭示企业的获利能力和杠杆水平对权益净利率的影响。在此基础上把总资产净利率分解为销售净利率和总资产周转率。为了提高权益净利率，可从如下计算公式入手：

权益净利率 = 销售净利率 × 总资产周转率 × 权益乘数

销售净利率和总资产周转率可以反映企业的经营战略。一些企业销售净利率较高，而总资产周转率较低；另一些企业则与之相反。采取“高盈利、低周转”还是“低盈利、高周转”的方式，是企业根据外部环境和自身资源做出的战略选择。分解出来的权益乘数可以反映企业的财务政策。在总资产净利率不变的情况下，提高财务杠杆可以提高权益净利率，但同时会增加财务风险。一般来说，总资产净利率较高的企业，财务杠杆较低，反之亦然。

通过与公司上年权益净利率的比较可以识别变动趋势，通过与同行业的比较可以识别存在的差距。分解的目的是识别引起变动的原因，并衡量其重要性，为后续分析指明方向。在杜邦分析体系下引入因素分析法，具体去分析哪个因素对权益净利率的差值的贡献最大，从而有重点地去进行相关的改进。

环球集团的杜邦分析体系如图 2－1 所示。

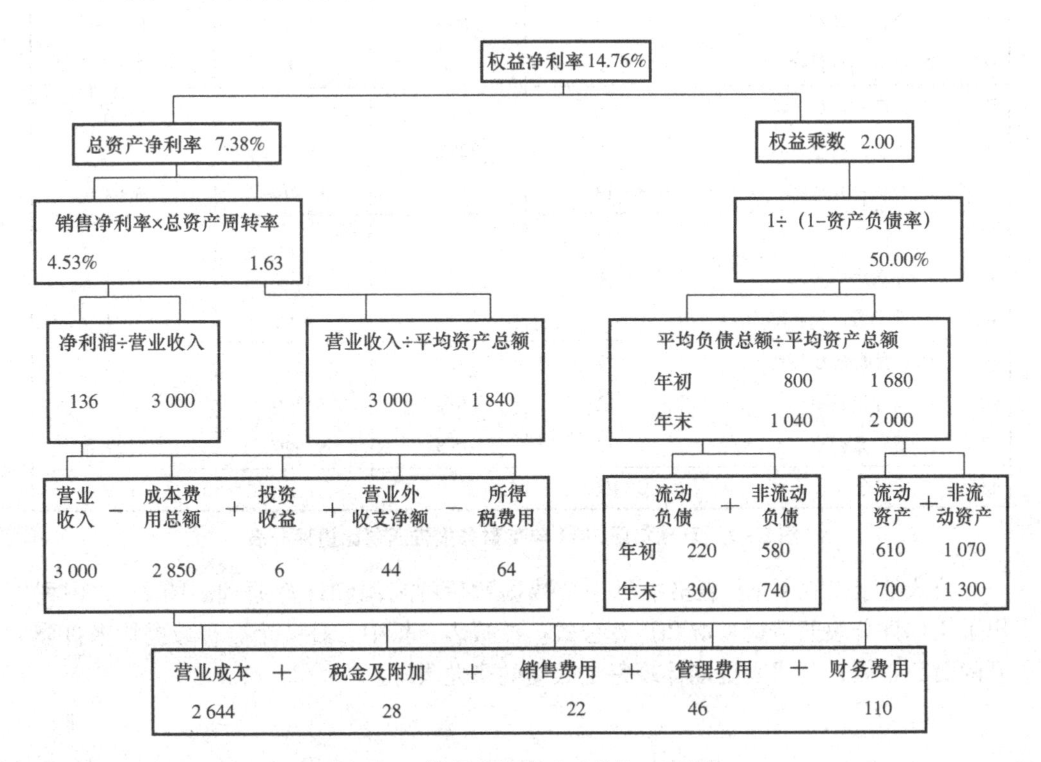

图 2－1 杜邦分析体系（单位：万元）

Excel 实务：财务报表分析

Excel 是常用办公软件 OFFICE 中的一个模块，Excel 中嵌套了很多的财务函数，具有强大的数据处理功能，对公司的财务报表进行分析时，需要引用大量的财务数据。应用 Excel 构建其财务比率分析模型，分析探讨 Excel 在财务报表分析中的应用，可以提高财务工作的效率。我们把环球集团 2017 年度财务报告用 Excel 进行相关的财务比率分析，本章中的财务比率计算都是用 Excel 制作的。

本书配套的 Excel 教辅材料中，详细列明了环球集团 2017 年度财务报告四大报表，以及偿债能力指标、营运能力指标、获利能力指标、市价比率、综合分析指标。由于数据庞大，在此列出综合分析指标的计算过程，具体数据和操作详见教辅资料。

根据环球集团 2017 年度财务报告报表，可以计算出如图 2－2 所示的综合分析指标。

	C	D	E	F	G	H	I	J	K	L	M	N
1	五、综合指标分析											
33	（二）沃尔比重评分法											
34	表 5－1				沃尔比重评分表							
35	选择的指标				分配的 权重①		指标的 标准值②		指标的 实际值③		实际得分 ④＝①×③÷②	
36	一、偿债能力指标				20						17.92	
37	1. 资产负债率				12		60%		52.00%		10.40	
38	2. 已获利息倍数				8		3		2.82		7.52	
39	二、获利能力指标				38						19.70	
40	1. 净资产收益率				25		25%		14.17%		14.17	
41	2. 总资产报酬率				13		16%		6.80%		5.53	
42	三、运营能力指标				18						15.58	
43	1. 总资产周转率				9		2		1.63		7.34	
44	2. 流动资产周转率				9		5		4.58		8.24	
45	四、发展能力指标				24						13.58	
46	1. 营业增长率				12		10%		5.26%		6.31	
47	2. 资本累积率				12		15%		9.09%		7.27	
48	五、综合得分				100						66.78	

图 2－2　环球集团 2017 年度财务报告沃尔比重评分表

公式表就是在 Excel 表格中每一个数据背后的来源和计算原理。图 2－3 中列出了沃尔评分表的数据来源和计算公式。在报表分析中，每一个分析数据均来自公开的财务报表，公式表更能体现每个数据的来龙去脉。

	C	D	E	F	G	H	I	J	K	L	M
1	五、综合指标分析										
33	（二）沃尔比重评分法										
34	表 5 - 1						沃尔比重评分表				
35	选择的指标			分配的权重①	指标的标准值②		指标的实际值③		实际得分④ = ① × ③ ÷ ②		
36	一、偿债能力指标			= F37 + F38					= K37 + K38		
37	1. 资产负债率			12	0. 6		= 财务指标分析！F58		= F37 * I37/G37		
38	2. 已获利息倍数			8	3		= 财务指标分析！F93		= F38 * I38/G38		
39	二、获利能力指标			= F40 + F41					= K40 + K41		
40	1. 净资产收益率			25	0. 25		= 财务指标分析！E201		= F40 * I40/G40		
41	2. 总资产报酬率			13	0. 16		= 财务指标分析！E193		= F41 * I41/G41		
42	三、运营能力指标			= F43 + F44					= K43 + K44		
43	1. 总资产周转率			9	2		= 财务指标分析！D173		= F43 * I43/G43		
44	2. 流动资产周转率			9	5		= 财务指标分析！D146		= F44 * I44/G44		
45	四、发展能力指标			= F46 + F47					= K46 + K47		
46	1. 营业增长率			12	0. 1		= 财务指标分析！F234		= F46 * I46/G46		
47	2. 资本累积率			12	0. 15		= 财务指标分析！F252		= F47 * I47/G47		
48	五、综合得分			= F45 + F42 + F					= K36 + K39 + K42 + K45		

图 2 - 3　环球集团 2017 年度财务报告沃尔比重评分表—公式表

本章专有名词中英文对照

资产负债表 Balance Sheet

利润表 Income Statement

现金流量表 Cash Flow Statement

偿债能力 Solvency

营运能力 Operation Capacity

盈利能力 Profitability

市价比率 Price Ratio

营运资本 Working Capita

本章小结

通用财务报表是以会计准则规范的，满足大多数使用者共同需要的，供不同报表使用者使用的财务报表。财务报表包括资产负债表、利润表、现金流量表、所有者权益变动表。

为了更好地进行财务分析和内部管理使用，需要对通用财务报表进行调整，因此引入了管理用财务报表。企业活动分为经营活动和金融活动。经营活动包括销售商品或提供劳务等营业活动以及与此有关的生产性资产投资活动。金融活动包括筹资活动以及多余资金的利用，企业在资本市场上进行这些金融活动。

财务比率分析主要包括短期偿债能力分析、长期偿债能力分析、运营能力分析、盈利能力分析、市价比率分析等。单个的财务比率只能反映企业某一部分的财务活动，要想对企业的财务状况和经营成果有一个总的评价，就必须采用适当的标准进行综合性评价，如杜邦分析法。

习　题

1. 华天公司2017年有关资料如下：以公允价值计量且其变动计入当期损益的金融资产是1 000万元，速动比率为1，非流动负债是以公允价值计量且其变动计入当期损益的金融资产的4倍；应收账款为4 000万元，是速动资产的50%，流动资产的25%，同固定资产的净值相等，实收资本等于未分配利润。

要求：编制2017年年末资产负债表（见表2－22）。

表2－22　2017年年末资产负债表

单位：万元

资产	金额	负债与所有者权益	金额
货币资金		应付账款	
以公允价值计量且其变动计入当期损益的金融资产	1 000	非流动负债	
应收账款	4 000	实收资本	
存货		未分配利润	
固定资产			
合计		合计	

2. 某公司的流动资产为2 000 000元，流动负债为500 000元。该公司的流动比率是多少？若其他条件不变，分别讨论下列情况下公司的流动比率将如何变化：

（1）用现金100 000元来购置设备。

（2）购买存货1 200 000元，款项未付。

（3）用现金偿付购货款50 000元。

（4）收回应收账款75 000元。

（5）增加长期负债200 000元，其中100 000元用来购买存货，另100 000元用来归还短期借款。

3. 某公司的年销售收入（全部赊销）为400 000元，销售毛利率为15%。资产负债表中流动资产80 000元，流动负债60 000元，存货30 000元，货币资金10 000元。

（1）若管理部门要求的存货周转率为3，则公司的平均存货应为多少（假定全年的天数为360天）？

（2）若应收账款平均余额为50 000元，则应收账款周转次数为多少？平均收账期为多少天（假定全年的天数为360天）？

第2篇　投资决策

第3章

财务估值

导　论

环球集团经过一段时间的发展，积累了一些闲置资金，财务部部长赵佑想把闲置的资金利用起来，进行一些短期投资，打算购买一些债券和股票。那么在进行这些投资的时候，怎么去判断这些证券的合理价位呢？赵部长让小薇选择一些被低估的证券。小薇该怎么去做呢？

学习目标

通过本章的学习，你应该了解：年金的概念；风险和报酬的关系；债券的估价；股票的估价；公司的估价。

3.1 资金时间价值

3.1.1 资金时间价值的概念

通常人们认为一笔资金现在的价值要比将来相同金额的资金价值更高或者说更值钱。这说的就是资金时间价值。

资金时间价值是指在不考虑通货膨胀和风险性因素的情况下，作为资本使用的货币在其被运用的过程中随时间推移而带来了一部分增值价值。它反映的是由于时间因素的作用而使现在的一笔资金高于将来某个时期的同等数量资金的差额或者资金随时间推延所具有的增值能力。由此可见，资金在不同的时间点上，其价值是不同的。例如，今天的 100 元和一年后的 100 元是不等值的。今天将 100 元存入银行，在银行利率 10% 的情况下，一年以后会得到 110 元，多出的 10 元利息就是 100 元经过一年时间的投资所增加了的价值，即货币的时间价值。显然，今天的 100 元与一年后的 110 元相等。由于不同时间的资金价值不同，所以，在进行价值大小对比时，必须将不同时间的资金折算为同一时间后才能进行大小的比较。

同样数额的资金在不同的时间点上其价值不等，时间价值原理正确地揭示了不同时间点上的资金之间的换算关系，是价值评估、资产定价、财务决策等的基本依据。

从经济学的角度而言，资金时间价值是指当前所持有的一定量货币比未来获得的等量货币具有更高的价值。现在的一单位货币与未来的一单位货币的购买力之所以不同，是因为要节省现在的一单位货币不消费而改变未来的消费，则在未来消费时必须有大于一单位的货币可供消费，作为弥补延迟消费的贴水。

对于资金时间价值也可以理解为：如果放弃资金的使用权利（投资、储蓄等），则相对失去某种收益的机会，也就相当于付出一定代价而产生的一种机会成本。因此，资金时间价值是企业筹资决策和投资所要考虑的一个重要因素，也是企业估价的基础。

3.1.2 复利的终值和现值

复利是指每经过一个计息期，要将所生利息加入本金再计利息，逐期滚算，俗称“利滚利”。

1. 复利的终值

复利的终值是在“利滚利”基础上计算的一笔收付款项在未来的本息和。因此，可以算出复利终值的一般计算公式如下：

$$F=P(1+i)^n \tag{3-1}$$

式中，F 为终值；P 为现值；i 为利率；n 为计息期数；$(1+i)^n$ 为复利终值系数。当计算期数较多时，为简化计算，在 i、n 已知的情况下，可通过查复利终值系数表（见附表A）求得。这样，复利终值即为复利现值与复利终值系数的乘积。

【例3-1】 现在的1元钱，年利率为10%，如果按照复利进行计算，那么这1元钱在第一年年末、第二年年末和第三年年末分别为多少？

现在的1元钱在第一年年末到第三年年末的终值可以计算如下：

1元1年后的终值 $=1\times(1+10\%)^1=1.1$（元）

1元2年后的终值 $=1\times(1+10\%)^2=1.21$（元）

1元3年后的终值 $=1\times(1+10\%)^3=1.331$（元）

【例3-2】 甲存入账户5 000元，年利率为10%，20年后，该账户中的金额为多少？

查附表A可知，复利终值系数 $(1+10\%)^{20}$ 的值为6.727 5。因此，20年后该账户中的金额为

$$F=5\,000\times(1+10\%)^{20}=5\,000\times6.727\,5=33\,637.5\text{（元）}$$

2. 复利的现值

复利的现值是指未来发生的一笔收付款项其现在的价值。具体来说，就是将未来的一笔收付款项按适当的折现率进行折现而计算出的现在的价值。可推演出复利现值的一般计算公式如下：

$$P=F/(1+i)^n \tag{3-2}$$

式中，$1/(1+i)^n$ 为复利现值系数。为了方便计算，在 i、n 已知的情况下，可直接通过查复利现值系数表（见附表B）求得。复利现值也可理解为复利终值和复利现值系数的乘积。

【例3-3】 若年利率为10%，如果按照复利进行计算，那么第一年年末、第二年

年末和第三年年末的1元钱的现值分别是多少？

从第一年年末到第三年年末每年年末的1元钱的现值可计算如下：

第一年年末1元钱的现值 $=1/(1+10\%)^1=1/1.1=0.909$（元）

第二年年末1元钱的现值 $=1/(1+10\%)^2=1/1.21=0.82$（元）

第三年年末1元钱的现值 $=1/(1+10\%)^3=1/1.331=0.751$（元）

3.1.3 年金的终值和现值

1. 年金的定义

年金是在一定时期内每隔相等时间、发生相等数额的收付款项，是一系列均等的现金流。在经济生活中，年金的现象十分普通，如零存整取、均等偿付的住房抵押贷款、养老保险金及住房公积金等。

按年金每次发生的时间不同，年金可分为普通年金、即时年金、递延年金和永续年金。

普通年金也称后付年金，是在现期的期末才开始的一系列均等的现金流；即时年金又称先付年金，是在每期期初开始的一系列均等现金流；递延现金是指若干期后才开始发生的普通现金；永续年金是指永远发生下去的普通年金。

2. 普通年金

（1）普通年金的终值。普通年金是指一定时期内，每期期末等额收入或支出的本利和，也就是将每一期发生的金额按复利换算到最后一期期末的终值，然后加总，即得到该年金终值。设普通年金的终值为 F，利率为 i，期限为 n，每期发生的等量现金流为 A，则普通年金终值的计算公式如下：

$$F=A\frac{(1+i)^n-1}{i} \tag{3-3}$$

式中，$\frac{(1+i)^n-1}{i}$为年金终值系数，记为（F/A，i，n），可通过年金终值系数表（见附表C）查得。所以，上式可写为

$$F=A\ (F/A,\ i,\ n) \tag{3-4}$$

【例3-4】 你现在在某银行开设了一个零存整取的账号，存期5年，每年存入1 000元，每年计息一次，利率为6%，那么到第五年结束时，你的账户上会有多少钱？

根据前面的终值公式，可以得到各年存入账户的终值如下：

第五年：$1\ 000\times(1+6\%)^4=1\ 262.5$（元）

第四年：$1\ 000\times(1+6\%)^3=1\ 191.0$（元）

第三年：$1\ 000\times(1+6\%)^2=1\ 123.6$（元）

第二年：$1\ 000\times(1+6\%)^1=1\ 060.0$（元）

第一年：$1\ 000\times(1+6\%)^0=1\ 000.0$（元）

将各年存入金额的终值相加，就得到第五年结束时你的账户上的余额：

$F=1\ 262.5+1\ 191.0+1\ 123.6+1\ 060.0+1\ 000.0=5\ 637.1$（元）

我们也可以直接代入公式 $F=A\ (F/A,\ i,\ n)$，查年金终值系数表（F/A，6%，5）的值为5.637 1。故

$$F=1\ 000\times5.637\ 1=5\ 637.1\ (元)$$

（2）普通年金的现值。将每一期发生的金额计算出现值并相加，称为年金现值。普通年金现值的计算公式如下：

$$P_A=A\frac{(1+i)^n-1}{i\ (1+i)^n} \tag{3-5}$$

式中，$\frac{(1+i)^n-1}{i\ (1+i)^n}$为年金现值，记为（$P/A$，$i$，$n$），可通过年金现值系数表（见附表D）查得。上式可写为

$$P_A=A\ (P/A,\ i,\ n) \tag{3-6}$$

3. 即时年金

（1）即时年金的终值。即时年金是指每期期初支付的年金，又称先付年金或预付年金。即时年金终值的计算公式如下：

$$F=A\ (1+i)\ +A\ (1+i)^2+A\ (1+i)^3+A\ (1+i)^4+\cdots+A\ (1+i)^n$$

对等比数列进行化简：

$$F=A\left[\frac{(1+i)^{n+1}-1}{i}-1\right] \tag{3-7}$$

如果用年金终值系数表示，则

$$F=A[(F/A,\ i,\ n+1)\ -1] \tag{3-8}$$

（2）即时年金的现值。即时年金现值的计算公式如下：

$$P=A+A\ (1+i)^{-1}+A\ (1+i)^{-2}+A\ (1+i)^{-3}+\cdots+A\ (1+i)^{-(n-1)}$$

进行化简：

$$P=A\left[\frac{1-(1+i)^{-n+1}}{i}+1\right] \tag{3-9}$$

如果用年金现值系数表示，则

$$P=A[(P/A,\ i,\ n-1)+1] \tag{3-10}$$

4. 递延年金

（1）递延年金的终值。递延年金是指第一次支付发生在第二期或第二期以后的年金。假设 m 为递延期数。递延年金的终值计算不会因为递延期数的存在而发生变化，计算方式与普通年金相同。

（2）递延年金的现值。递延年金的现值计算会因为递延期数 m 的存在而发生变化，有以下两种计算方法：

第一种方法是视其为 n 期的普通年金进行折现之后，再对递延期数 m 进行终值折现。公式如下：

$$P=A\ (P/A,\ i,\ n)\ (P/F,\ i,\ m) \tag{3-11}$$

第二种方法是将其视为 $m+n$ 期的普通年金折现，然后对于 m 期没有金额流入流出的期数进行扣除。公式如下：

$$P=A\ [\ (P/A,\ i,\ n+m)\ -\ (P/A,\ i,\ m)] \tag{3-12}$$

5. 永续年金

无限期定期支付的年金，称为永续年金。永续年金因为时间不确定，所以没有终值。永续年金的现值可以通过普通年金现值的计算公式导出：

$$P = A\frac{1-(1+i)^{-n}}{i} \tag{3-13}$$

当 $n\to\infty$ 时，$(1+i)^{-n}$ 的极限为0，上式可写成：

$$P = A\frac{1}{i} \tag{3-14}$$

3.2 风险和报酬

风险是一个非常重要的财务概念。任何决策都有风险，这使得风险观念在理财中具有普遍性。

最简单的定义是："风险是发生财务损失的可能性"。发生损失的可能性越大，风险越大。它可以用不同结果出现的概率来描述。结果可能是好的，也可能是坏的，坏结果出现的概率越大，就认为风险越大。

风险既可能带来超出预期的损失，也可能带来超出预期的收益。因此，我们得出"风险是预期结果的不确定性"。

如果购买某项资产，那么从这项投资中所获取的报酬（或者损失）就叫作投资报酬。这种报酬通常包括两种情况：一种情况是当你拥有某项投资时你直接获得的现金收入，那么这种收入就叫作收益部分；另一种情况是你购买的资产的价值经常会发生变化，在这种情况下，你的资产就会有资本利得或资本损失。

3.2.1 单项资产的风险和报酬

在经济活动中，某一事件在相同的条件下可能发生也可能不发生，这类事件称为随机事件。概率就是用来表示随机事件发生可能性大小的数值。通常，把必然发生的事件的概率定为1，把不可能发生的事件的概率定为0，而一般随机事件的概率是介于0与1之间的一个数。概率越大就表示该事件发生的可能性越大。

甲公司面临A和B两个不同类型投资项目的选择，假设未来的经济情况有三种，即繁荣、正常、衰退，概率分布及对应的预期报酬率如表3－1所示。

表3－1　预期报酬率

经济情况	概率	预期报酬率（A）	预期报酬率（B）
繁荣	0.3	90%	20%
正常	0.4	15%	15%
衰退	0.3	－60%	10%
合计	1.0		

概率表示每一种经济情况出现的可能性，对应也就是 A、B 两个项目各种不同预期报酬率出现的可能性。

如果随机变量只取有限个值，并且对应于这些值有确定的概率，则称随机变量是离散型分布。实际上，随机变量的值有无数个，意味着有无数个可能的情况会出现。如果对每种情况都赋予一个概率，并分别测定其报酬率，则可用连续型分布来描述。按照统计学的理论，当样本很大时，其样本平均数都呈正态分布。

表 3-1 表示了 A、B 两个项目在不同经济情况下的概率分布，但是要评估项目的未来报酬还需要找到能代表各种不同报酬率水平的平均值指标，这个指标被称为预期值，是指投资者投资项目所希望获得的报酬，反映的是随机变量取值的平均化，可以用概率中的期望值来表示。期望值就是以有关概率为权数的所有可能结果的加权平均数，即预期报酬就是项目各种报酬率与相应概率的加权平均值，用以下公式来计算：

$$E(r) = \sum_{i}^{n} (p_i r_i) \qquad (3-15)$$

式中，$E(r)$ 为预期报酬率；p_i 为各预期值发生的概率；r_i 为各种可能的报酬率；n 为可能出现的报酬率情况的个数。

由此，预期报酬率$_A$ $=0.3\times90\%+0.4\times15\%+0.3\times(-60\%)=15\%$，预期报酬率$_B$ $=0.3\times20\%+0.4\times15\%+0.3\times10\%=15\%$。

从结果来看，项目 A 和项目 B 的预期报酬率是相同的，但是从概率分布来看，项目 A 的分散程度大，项目 B 的分散程度小。这说明两个项目面临的风险不同。

衡量风险就是将未来报酬率的不确定性加以量化，我们引进方差和标准差——衡量概率分布离散程度的指标来表示风险的大小。方差或标准差越小，说明其离散程度越小；反之，则离散程度越大。

方差的计算公式如下：

$$\sigma^2(r) = \sum_{i=1}^{n} p_i[r_i - E(r)^2] \qquad (3-16)$$

标准差的计算公式如下：

$$\sigma(r) = \sqrt{\sum_{i=1}^{n} p_i[r_i - E(r)]^2} \qquad (3-17)$$

如表 3-2 所示，项目 A 和项目 B 的标准差是不一样的。

表 3-2　项目 A 和项目 B 的比较

	$[r_i - E(r)]^2$	$p_i[r_i - E(r)]^2$	方差 $\sigma^2(r)$	标准差 $\sigma(r)$
项目 A	0.562 5	0.562 5 × 0.3 = 0.168 75	0.337 5	0.580 9
	0	0 × 0.4 = 0		
	0.562 5	0.562 5 × 0.3 = 0.168 75		

（续）

	$[r_i-E(r)]^2$	$p_i[r_i-E(r)]^2$	方差 $\sigma^2(r)$	标准差 $\sigma(r)$
项目 B	0.002 5	0.002 5 ×0.3 =0.000 75	0.001 5	0.038 7
	0	0 ×0.4 =0		
	0.002 5	0.002 5 ×0.3 =0.000 75		

通过比较，两个项目的预期报酬率相同，项目 A 的标准差是 0.580 9，项目 B 的标准差是 0.038 7，可以认为项目 A 的风险比项目 B 大。

3.2.2 投资组合的报酬和风险

投资组合理论认为，若干种证券组成的投资组合，其收益是这些证券收益的加权平均数，但是风险并不是这些证券风险的加权平均风险，投资组合能降低风险。

1. 投资组合的报酬

投资组合的预期报酬率取决于投资组合中每一种证券的预期报酬率和投资比例。具体来讲，投资组合的预期报酬率是构成该组合的各种证券的预期报酬率的加权平均数，权数是各种证券在组合中所占的比例。计算由 n 种证券组成的投资组合的预期报酬率公式为

$$r_p = \sum_{j=1}^{n} r_j A_j \qquad (3-18)$$

式中，r_j 为第 j 种证券的预期报酬率；A_j 为第 j 种证券在全部投资组合中所占的比例，n 为投资组合中的证券的数目。

2. 投资组合的风险

风险主要来自于不确定情况的出现，投资组合的风险涉及两个以上的证券，要考虑投资组合的风险就要考虑证券之间的相互影响，即证券之间的相关性，可以用协方差和相关系数来表示。

以证券 A 和 B 为例，协方差公式如下：

$$\mathrm{Cov}(r_A, r_B) = \rho_{AB}\sigma_A\sigma_B \qquad (3-19)$$

协方差可以反映证券 A、B 的收益变动是否同向。当 $\mathrm{Cov}(r_A, r_B)$ 为正数时，表示证券 A 和 B 的收益变动方向相同；为负数时，则表示证券 A 和 B 的收益变动方向相反。

ρ_{AB}是 A 和 B 两种证券的相关系数。ρ_{AB}的取值范围为 [-1，1]，当 ρ_{AB} 为正数时，表示两者正相关；为负数时，表示两者负相关。ρ_{AB}的绝对值越接近 1 表示两者的相关程度越强。当 $\rho_{AB}=1$ 时，A 和 B 的变动完全一致，称之为正相关；$\rho_{AB}=-1$ 时，A 和 B 的变动完全相反，称之为负相关；$\rho_{AB}=0$ 时，A 和 B 完全不相关。

一个投资组合的风险就是投资组合的实际收益和预期收益偏离数的平方的数学期望：

$$\sigma_p^2 = E[r_{pi} - E(r_p)]^2$$

将公式展开，可以得出由 N 项资产组成的投资组合的方差公式如下：

$$\sigma_p^2 = \sum_{i=1}^{N} \sigma_i^2 x_i^2 + 2 \sum_{1 \leqslant i < j < N}^{N} \mathrm{Cov}(r_i, r_j) x_i x_j \qquad (3-20)$$

因 $\rho_{ij} = \dfrac{\mathrm{Cov}\ (r_i,\ r_j)}{\sigma_i \sigma_j}$，代入后得出：

$$\sigma_p^2 = \sum_{i=1}^{N} \sigma_i^2 x_i^2 + 2 \sum_{1 \leqslant i \leqslant j \leqslant N}^{N} \rho_{ij} \sigma_i \sigma_j x_i x_j \qquad (3-21)$$

式中，σ_i、σ_j 为第 i 种和第 j 种资产的标准差；x_i、x_j 为第 i 种和第 j 种资产在组合中所占的比重。

3. 风险的分散化

从式（3－21）可以看出，风险由两部分组成：一部分是仅与单个方差项有关的风险，称为非系统风险；另一部分是由各项资产报酬间的相关性所带来的风险，称为系统风险。在投资组合中单个资产对组合风险的贡献称为组合的非系统风险，协方差对组合风险的贡献称为组合的系统风险。1976 年芝加哥大学教授法玛（Fama）对投资组合风险与投资组合中证券数量的关系做了实证研究。结果表明，非系统风险和系统风险的行为主要有以下三个特征：

（1）只要资产不是完全正相关，投资组合的分散化便可以在不减少平均收益的前提下降低组合的风险（方差），在构造证券组合时，刚开始每增加一种证券就可以使风险有较大程度减少，但随着证券种类的增加，风险减少的边际效果逐渐递减，直到非系统风险完全抵消，剩下与市场有关的风险，此时投资组合的风险就同整个市场相差无几了。

（2）在分散化良好的投资组合里，非系统风险由于逐渐趋于零而可以被排除掉。从实践中得出的经验来看，一般一个投资组合中证券种类以 10～15 种为宜。

（3）由于系统风险不随分散化而消失，所以必须对其进行处置和管理。实际上，资产完全不相关或者完全负相关的情况很少，非系统风险这种由于公司内部原因产生的风险是可以通过分散投资来降低的，但是系统风险这种由于全局因素引起的风险几乎对所有证券收益产生影响，是不能够通过分散投资来规避的。也就是说，投资组合的风险主要是系统风险。

4. 有效组合

可行集又称机会集合，是指由某些给定证券所构建的全部投资组合的集合。由于任何一个投资组合都有确定的预期收益率和标准差，因而投资组合的可行集就可以用所有组合的预期收益率和标准差构成的点的集合来表示，图 3－1 就是多种证券组合的可行集。

最小方差组合是图 3－1 中最左端的点，它具有最小组合标准差。从这一点到右上方的边界，称为有效集或有效边界，它位于可行集的顶部，从最小方差组合到最高期望报酬率点为止。投资者应在有效集上寻找投资组合。

5. 资本市场线

从无风险资产的报酬率 R_f 作有效边界的切线，切点为 M，该直线被称为资本市场线，如图3－2所示。

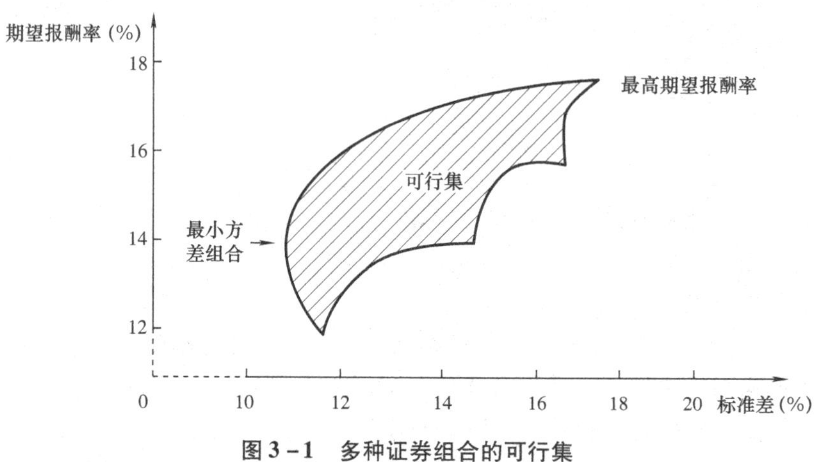

图3－1　多种证券组合的可行集

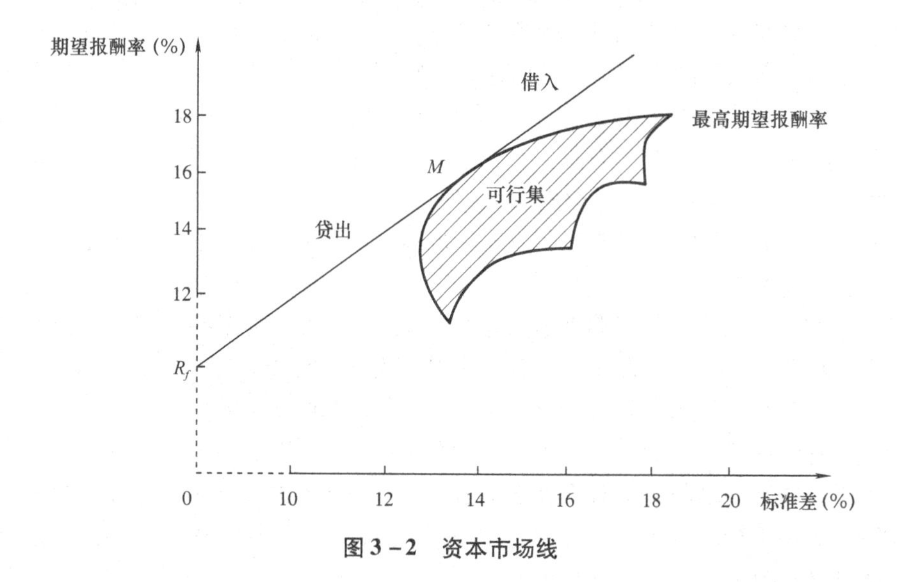

图3－2　资本市场线

可以看出，由无风险证券与风险证券组成的投资组合的有效集为经过 M 点和 R_f点的直线，截距为R_f。此直线被称为资本配置线，表示风险资产和无风险资产之间的各种可行风险—收益组合。

投资组合的预期报酬包括两个部分：其一为无风险报酬；其二为风险溢价。当一种无风险资产与多种风险资产构建投资组合时，投资者往往选择多种风险资产有效集上的组合与无风险资产来构建。相对应的 M 成为切点组合，即为最优风险投资组合（Optimal Risky Portfolio）。

3.2.3　资本资产定价模型

资本资产定价模型由威廉·夏普（William F. Sharpe）根据投资组合的理论提出，它使人们可以量化市场的风险程度，并能够对风险进行具体定价。这一模型现在已成为现代投资理论的核心。

1. 资本资产定价模型的前提条件

(1) 所有投资者都采用预期收益率和收益率的标准差来衡量资产的收益和风险。

(2) 投资者是风险厌恶型，在其他条件相同时，将选择标准差小的投资组合。

(3) 投资者欲望无限，在其他条件相同时，将选择预期收益率高的投资组合。

(4) 每个投资者都是价格的接受者，其交易行为不会对证券的价格产生实质性影响。

(5) 存在无风险资产，投资者可以用同一利率无限制地借贷无风险资产。

(6) 单一的投资期限，即所有投资者的投资期限都相同。

(7) 投资者具有相同的预期。所有投资者都以相同的观点和分析方法来对待各种投资工具，他们对所交易的金融工具未来的收益现金流的概率分布、预期值和方差等都有相同的估计，即同质预期。

(8) 资本市场不存在摩擦。整个市场的信息和资金自由流动的障碍都不存在。

但现实不可能如此，我们必须加以注意。以上假设是对现实情况的抽象，目的是便于重点分析预期收益率与风险的关系。

2. 贝塔系数

衡量一项资产的预期报酬率取决于它的系统风险，而度量系统风险的指标是贝塔系数，用β表示。它被定义为某项资产的报酬率与市场组合之间的相关性，计算公式如下：

$$\beta_J = \frac{\mathrm{Cov}(K_J, K_M)}{\sigma_M^2} = \frac{r_{JM}\sigma_J\sigma_M}{\sigma_M^2} = r_{JM}\left(\frac{\sigma_J}{\sigma_M}\right) \tag{3-22}$$

式中，$\mathrm{Cov}(K_J, K_M)$ 为第 J 种证券的报酬与市场组合报酬之间的协方差，等于该证券的标准差、市场组合的标准差及两者相关系数的乘积。可以看出，一种证券的 β 大小，取决于该证券与整个证券市场的相关性、它自身的标准差和整个市场的标准差。

贝塔系数告诉我们相对于市场组合而言特定资产的系统风险是多少。某一证券的 β 大小表明了该证券报酬的变动与整个证券市场报酬变动之间的相关性和程度。

投资组合的β_P等于被组合各证券 β 的加权平均值：

$$\beta_P = \sum_{i=1}^{n} X_i \beta_i \tag{3-23}$$

式中，X_i 为 X 证券占的比重；β_i 为这种证券的 β 系数。

如果一个高 β 值的证券（$\beta>1$）被加入到一个平均风险组合（β_P）中，那么组合风险将会提高；如果一个低 β 值的证券（$\beta<1$）被加入到一个平均风险组合（β_P）中，那么组合风险将会降低。因此，证券的贝塔系数可以作为衡量该证券风险程度的大致度量。

3. 证券市场线

根据资本资产定价模型，单一证券的系统风险用 β 衡量，而其本身的风险和报酬之间的关系可以用证券市场线来描述。即

$$E(R_i) = R_f + [E(R_M) - R_f]\beta_i \tag{3-24}$$

式中，$E(R_i)$ 为第 i 个证券的必要报酬率；R_f为无风险报酬率；$E(R_M)$ 为平均

证券的要求报酬率（当$\beta=1$的证券要求的报酬率）。这就是著名的资本资产定价模型。

该模型认为，当市场均衡时，某种资产（或资产组合）的期望报酬率由无风险报酬率R_f和风险溢价［$E(R_M)-R_f$］β_i两部分组成。

图3－3显示了这个模型，图中各点是不同β值所对应的必要报酬率。其轨迹直线被称为证券市场线。

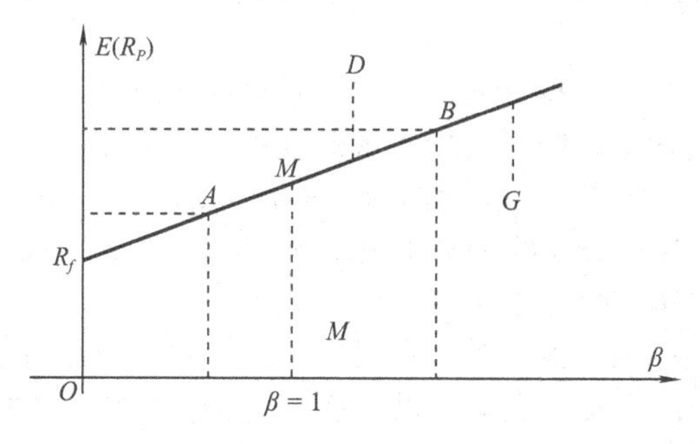

图3－3　证券市场线

4. 资本市场线和证券市场线的区别

资本市场线和证券市场线是两条完全不同的直线，它们之间有明显的区别。

（1）资本市场线描述的是由风险资产和无风险资产构成的投资组合的有效边界；最优投资组合由两部分组成，即无风险资产和风险资产组合有效集上的一个风险组合；M点代表最优投资组合，线上的其他点表示由M点和无风险资产以不同比例构成的投资组合；衡量指标是整个资产的标准差；该直线只适用于有效组合。

（2）证券市场线描述的是在市场均衡条件下单项资产或资产组合的期望报酬与收益之间的关系；衡量指标是贝塔系数。

3.3　债券估价

当公司决定扩大企业规模而又缺少必要的资金时，可以通过出售金融证券来筹集。债券和股票是两种最常见的金融证券。当企业发行债券或股票时，无论筹资者还是投资者都会对这种证券进行估值，以决定以何种价格发行或购买证券比较合理。金融资产的价值评估大致可以分为两类：一类是未来现金流已知的资产评估；另一类是未来现金流不确定的资产价值评估。前者的典型代表是债券，后者的典型代表是股票。证券估价是财务管理中一个十分重要的基本理论问题。

3.3.1　影响债券价值的因素

影响债券价值的因素有很多，包括宏观经济因素和微观经济因素，还有市场方面的诸多因素，概括起来有经济周期、财政政策、货币政策、通货膨胀、资本市场的供求关系以及市场利率水平及发行人的情况等。这里我们仅就市场利率水平的变动来考虑债券理论价值水平。

对于债券的估值，必须知道债券的到期时间、面值、票面利息和类似风险、偿还期的债券的利率水平。在此前提下，可以计算出现金流的现值大小，从而估算出债券在某一时点的价值。

3.3.2 债券估价模型

根据利息支付方式的不同，债券分为附息债券、一次还本付息债券、永久债券和零息债券。下面分别来看看不同类型债券的估值模型。

1. 附息债券的估值

附息债券是指按照债券票面利率及支付方式定期支付利息的债券。发行人定期支付利息，并且在债券到期之时偿还本金。根据前面介绍的知识，我们知道债券的价格应等于债券未来收益即未来现金流量的现值。而债券未来的现金流包括两部分，即持有期的利息收入和到期时的本金，那么附息债券的价格应等于按市场利率贴现计算出来的债券利息收入和所偿付本金的现值之和，可用公式表示如下：

$$P = \sum_{t=1}^{n} \frac{rF}{(1+i)^t} + \frac{F}{(1+i)^n} \tag{3-25}$$

式中，P 为债券的理论价格；i 为市场利率（到期收益率）；F 为债券票面价值；r 为票面利率；n 为自买方买入到持有债券到期的利息支付次数。

【例 3-5】 甲公司计划通过以发行债券的方式向公众借款 1 000 元，偿还期为 10 年，目前市场上同类债券的利率水平为 6%。甲公司每年向公众支付 60 元的利息，共支付 10 年，并且到期归还 1 000 元本金，请问甲公司发行的这张债券的理论价格是多少？

$$P = \sum_{t=1}^{n} \frac{rF}{(1+i)^t} + \frac{F}{(1+i)^n} = \sum_{t=1}^{10} \frac{60}{(1+6\%)^t} + \frac{1\,000}{(1+6\%)^{10}} = 1\,000(\text{元})$$

即甲公司发行的债券的理论价格为 1 000 元。

2. 一次还本付息债券的估值

一次还本付息债券的现金流是到期时的本利和。那么它的估值应该是将到期时债券按票面利率计算出来的本利和按照市场利率进行贴现计算的复利现值，用公式表示如下：

$$P = \frac{F(1+r)^m}{(1+i)^n} \tag{3-26}$$

式中，m 为全部计息次数；n 为持有剩余期间的期数。

【例 3-6】 债券面值 1 000 元，期限 5 年，票面利率 8%，市场利率 6%，到期一次还本付息，该债券发行的理论价格应为多少？

$$m = n = 5,\ P = \frac{F(1+r)^m}{(1+i)^n} = \frac{1\,000 \times (1+8\%)^5}{(1+6\%)^5} = 1\,097.34\ (\text{元})$$

如果该债券持有 2 年，则第三年的理论价格为

$$m = 5,\ n = 5-2 = 3,\ P = \frac{F(1+r)^m}{(1+i)^n} = \frac{1\,000 \times (1+8\%)^5}{(1+6\%)^3} = 1\,233.67\ (\text{元})$$

3. 永久债券的估值

永久债券没有到期日，投资者可以定期、持续、永远地获得固定利息，实际上是附息债券的特殊形式，利息支付的次数趋于无穷大，因此永久债券的估值公式可

以借助附息债券的公式近似取得：

$$P = \frac{rF}{i} \tag{3-27}$$

4. 零息债券的估值

零息债券在持有期内不支付利息，投资者通过购买价格和期满偿还本金的差额来获益。零息债券未来的现金流只有面额部分，因此在考虑零息债券的面值和市场利率后，它的估值公式表示如下：

$$P = \frac{F}{(1+i)^n} \tag{3-28}$$

3.4 股票估价

股票与债券不同，没有偿还期限，除了优先股，普通股的收益也不确定。下面主要来探讨普通股的估价方法。

3.4.1 影响股票价值的因素

股票本身是没有价值的，它是一种凭证，之所以股票会有价格，可以买卖，是因为它可以给持有人带来预期收益。一般来说，当公司第一次发行股票时，要规定发行总额和每股金额，一旦股票发行上市买卖，股票价格就与面值相分离。这时的价格主要由预期股利和当时的市场利率决定，即股利的资本价值决定了股票价格。此外，股票价格还受整个经济环境变化和投资者的心理等复杂因素的影响。

3.4.2 股利折现模型

股票价值评估最基本的方法就是股利折现模型——股票的价值是该股票预期未来现金流的现值。股利折现模型是利用现金流折现方法评估普通股价值的基本方法。计算的关键是估计未来的现金股票分红，即投资者预期的未来收益。因为每年的红利金额不同，因此计算普通股股票价值的一般公式如下：

$$P = \frac{D_1}{1+r} + \frac{D_2}{(1+r)^2} + \cdots + \sum_{t=1}^{\infty} \frac{D_t}{(1+r)^t} \tag{3-29}$$

式中，P 为股票的理论价格；D_t 为第 t 期的现金股利；r 为股票的折现率。股票的价值就是用市场资本报酬率贴现的未来所有预期股利之和的现值。

1. 股利零增长模型

假设未来的股利不变，其支付过程是一个永续年金，则股票价值如下：

$$P = D/r \tag{3-30}$$

【例3-7】 每年分配股利2元，最低报酬率为16%，则股票价值为多少？

$P = D/r = 2/16\% = 12.5$（元）

2. 股利稳定增长模型

有些企业的股利是不断增长的，假设增长率是固定的 g，那么计算方法如下：

$$P = D_1/(r-g) \tag{3-31}$$

式中，D_1 为未来一年的股利。

【例3-8】公司报酬率为16%，年增长率为12%，今年的股利为2元，计算股票的内在价值。

$$P = D_1/(r-g) = 2 \times (1+12\%)/(16\%-12\%) = 56\text{（元）}$$

3.5 公司价值评估

公司价值评估是财务股价原理的一种应用形式，也是财务管理的重要工具。公司价值评估简称公司估值，目的是分析一个企业或一个经营单位的公平市场价值，并提供有关信息帮助投资者或管理者进行决策判断。

3.5.1 公司价值评估的步骤

1. 了解评估对象的背景

了解评估对象，首先要对其进行战略分析，主要包括以下方面：

（1）一般宏观环境分析，包括公司的政治和法律环境、经济环境、社会文化环境和技术环境等。

（2）行业环境分析，包括公司所在行业的生命周期、竞争状况等。

（3）经营环境分析，包括公司的产品市场状况、资本市场状况和劳动力市场状况。

（4）公司资源分析，包括公司的有形资源、无形资源和组织资源。

（5）公司能力分析，包括公司的研发能力、生产管理能力、营销能力、财务能力和组织管理能力。

（6）公司竞争能力分析，包括产品的顾客价值分析、与竞争对手相比的优势分析以及优势的可持续性分析等。

2. 为公司定价

为公司定价，包括收集信息、预测损益、把预测转化为定价三部分。

（1）收集信息，通常可以从财务报表分析开始，提取有用的预测信息。同时还要收集包括消费者变化、技术变化、管理的变化等信息。

（2）预测损益，包括定义损益（使用流量还是净利润等）和预测未来若干年的损益。

（3）把预测转化为定价，包括估计时间价值和风险价值，以及将损益流转化为企业价值。

3. 根据评估价值进行决策

定价目的是改善决策。外部投资者通过比较定价和市场价格，决定是否需要进行交易，如购买股票。内部投资者通过比较定价和成本，决定是否进行投资，如收购。

3.5.2 现金流量估值模型

现金流量模型是公司价值评估使用最广泛、理论上最健全的模型。它的基本思想是任何资产的价值都是其产生的未来现金流量按照含有风险的折现率的现值。

任何资产都可以使用现金流量折现模型来估价：

$$价值 = \sum_{t=1}^{\infty} \frac{现金流量_t}{(1 + 资本成本)^t} \tag{3-32}$$

现金流量$_t$是指各期的预期现金流量。而对于投资者而言公司现金流量有三种——股利现金流量、股权现金流量和实体现金流量。那么依据现金流量的不同，公司估价模型也分为三种：股利现金流量模型、股权现金流量模型、实体现金流量模型。

1. 股利现金流量模型

股利现金流量模型的基本形式如下：

$$股权价值 = \sum_{t=1}^{\infty} \frac{股利现金流量_t}{(1 + 股权资本成本)^t} \tag{3-33}$$

股利现金流量是公司分配给股权投资人的现金流量。

2. 股权现金流量模型

股权现金流量模型的基本形式如下：

$$股权价值 = \sum_{t=1}^{\infty} \frac{股权现金流量_t}{(1 + 股权资本成本)^t} \tag{3-34}$$

股权现金流量是一定期间公司可以提供给股权投资人的现金流量，等于公司实体现金流量扣除对债权人支付后剩余的部分，也称为“股权自由现金流量”。

股权现金流量 = 实体现金流量 - 债务现金流量，有多少股权现金流量会作为股利分配给股东，取决于公司的筹资和股利分配政策。

3. 实体现金流量模型

实体现金流量模型的基本形式如下：

$$股权价值 = 实体价值 - 净债务价值$$

$$实体价值 = \sum_{t=1}^{\infty} \frac{实体自由现金流量_t}{(1 + 股权资本成本)^t}$$

$$净债务价值 = \sum_{t=1}^{\infty} \frac{偿还债务现金流量_t}{(1 + 等风险债务成本)^t} \tag{3-35}$$

通过上述公式我们就可以估算出企业的股权价值。

一般情况下，因为股利分配政策变动较大，股利现金流量很难预测，因此在实务中很少使用股利现金流量模型。大多数公司估价多使用股权现金流量模型和实体现金流量模型。

案例扩展

为迎接 2017 年全运会，小张决定加强锻炼，争取为全运会多做服务工作，因此他决定锻炼身体。小张去了一个健身馆，健身馆的负责人告诉他，如果成为健身馆的会员，可以在 5 年时间内免费享受各种锻炼设施，但需一次交纳会费 15 000 元。此外，小张也可以每年年初交纳 4 000 元，享受会员待遇。如果小张想在这 5 年内在健身馆锻炼，应该采用哪种方式更合适呢（假定银行存款年利率为 5%）?

每年年初交纳会费的现值 =4 000 +4 000 ×（P/A，5%，4）=18 180（元）

因为每年交纳会费的现值大于一次性交纳费用，因此应一次性交纳。

Excel 实务：财务函数

Excel 自带一些财务函数，使得一些计算变得相对简便。下面举例简单介绍一下财务函数的用法。

PV 函数：返回年金投资的现值。

语法：PV（rate，nper，pmt，fv，type）

FV 函数：基于固定利率及等额分期付款方式，返回某项投资的未来值。

语法：FV（rate，nper，pmt，pv，type）

PMT 函数：基于固定利率及等额分期付款方式，返回贷款的每期付款额。

语法：PMT（rate，nper，pv，fv，type）

RATE 函数：返回未来款项的各期利率。

语法：RATE（nper，pmt，pv，fv，type，guess）

NPER 函数：指定定期定额支付且利率固定的总期数。

语法：NPER（rate，pmt，pv，fv，type）

函数语法具有下列参数：

rate 必需。各期利率。例如，如果按10%的年利率借入一笔贷款，按月偿还，则月利率为10%/12。

nper 必需。年金的付款总期数。例如，对于一笔4年期按月偿还的汽车贷款，共有4×12个偿还期。

pmt 必需。各期应支付的金额，其数值在整个年金期间保持不变。通常，pmt 包括本金和利息。

fv 可选。未来值，或在最后一次支付后希望得到的现金余额。如果省略 fv，则假设其值为0。如果省略 fv，则必须包含 pmt 参数。

type 可选。数字为0或1。取值为0，代表每期期末支付；取值为1，代表每期期初支付。如果省略，默认取值为0。

【例3-9】普通年金年末支付500元，共支付4期，合理贴现率为5%，试计算年金现值。

普通年金现值计算列表如图3-4所示。

	A	B
4	A	B
5	贴现率	0.05
6	持续期（年）	4
7	年金金额（元）	-500
8	现值	=PV（B5，B6，B7）

图3-4 普通年金现值计算列表

【例3-10】每年年末存入1 000元，年利率4%，连续存入10年，试计算第10年年末的本息和。

普通年金终值计算列表如图3－5所示。

	A	B	C	D	E	F
13	每年存款额（元）	－1 000				
14	利率	4%				
15	年限（年）	10				
16	终值	¥12 006.11				

图3－5　普通年金终值计算列表

【例3－11】 贷款150 000元，30年期，9%的年固定利率。计算等额本息和等额本金（每月偿还本金416.67元）两种情况下的每月偿还金额。

普通年金计算列表如图3－6所示。

	A	B	C	D	E	F
21	现值（元）	150 000				
22	持续期（月）	360.00				
23	贴现率	0.007 5				
24	年金（元）	(1 206.93)				
25						
26	两种还款方式:					
27	等额本息					单位：元
28		本息和	偿还利息	偿还本金	累计偿还本金	
29	1	1 206.93	1 125.00	81.93	81.93	
30	2	1 206.93	1 124.39	82.54	164.47	
31	3	1 206.93	1 123.77	83.16	247.64	
32	4	1 206.93	1 123.14	83.79	331.43	
33	5	1 206.93	1 122.51	84.42	415.84	
34	⋮					
35						
36	等额本金		416.67元			单位：元
37		本息和	偿还利息	偿还本金	累计偿还本金	
38	1	1 541.67	1 125.00	416.67	416.67	
39	2	1 538.54	1 121.87	416.67	833.34	
40	3	1 535.42	1 118.75	416.67	1 250.00	
41	4	1 532.29	1 115.62	416.67	1 666.67	
42	5	1 529.17	1 112.50	416.67	2 083.34	
43	⋮					

图3－6　普通年金计算列表

【例3－12】 如果以12%的回报率投资25 000元，要多长时间投资才能增加到50 000元？

普通年金回收期计算列表如图 3-7 所示。

	A	B	C	D	E	F
51	现值（元）	25 000				
52	终值（元）	50 000				
53	利率	12%				
54	期数（期）	6.12				

图 3-7　普通年金回收期计算列表

【例 3-13】 苏珊向银行贷款 100 万元，期限 20 年，每月本息摊还 6 600 元，问该贷款年利率是多少？

普通年金利率计算列表如图 3-8 所示。

	A	B	C	D	E	F
60	本金（元）	1 000 000				
61	期限（期）	240				
62	每月还款（元）	6 600				
63	利率	5%				

图 3-8　普通年金利率计算列表

Excel 实务：债券估价

公司进行投资理财时，会对债券和股票进行估价，根据已发行的票面信息和市场利率等进行评估。

【例 3-14】 某债券票面利率为 8%，30 年到期，面值为 1 000 元，每半年付息一次，投资者要求的报酬率为 10%，该债券的价值为多少？

债券估价计算公式表如图 3-9 所示。

	A	B
2	面值（元）	1 000
3	期限（期）	30
4	票面利率	0.08
5	年支付次数	2
6	市场利率	0.1
7	年金（元）	40
8		
9	年金因素	=PV（B6/B5，B3*B5，-B7）
10	面值因素	=PV（B6/B5，B3*B5，0，-B2）
11	债券价值	=SUM（B9：B10）

图 3-9　债券估价计算公式表

债券估价计算结果如图 3－10 所示。

	A	B
2	面值（元）	1 000
3	期限（期）	30
4	票面利率	0.08
5	年支付次数	2
6	市场利率	0.1
7	年金（元）	40
8		
9	年金因素（元）	757
10	面值因素（元）	54
11	债券价值（元）	811

图 3－10　债券估价计算结果

Excel 实务：股票估价

股票估计中，对于股利增长率的预估是很重要的。

【例 3－15】 假设某股票当年支付的股利为每股 6.64 元。按某证券分析师的估计，未来 5 年股利的增长率分别为 12%、11%、10%、9% 和 8%，随后股利保持在 7% 的稳定增长。股权资本成本为 12%，试计算股票的价值。

股票估价计算公式如图 3－11 所示。

	A	B	C	D	E	F	G	H
2	年数	0	1	2	3	4	5	6
3	股利增长率		0.12	0.11	0.1	0.09	0.08	0.07
4	股利(元)	6.64	= B4 * (1 + C3)	= C4 * (1 + D3)	= D4 * (1 + E3)	= E4 * (1 + F3)	= F4 * (1 + G3)	= G4 * (1 + H3)
5	股权成本	0.12						
6	持续价值						= H4/(B5 − H3)	
7	股利 + 持续价值		= C4 + C6	= D4 + D6	= E4 + E6	= F4 + F6	= G4 + G6	
8	现值		= C7/(1 + $B $5) ^C2	D7/(1 + $B $5)^D2	E7/(1 + $B $5)^E2	F7/(1 + $B $5) ^F2	G7/(1 + $B $5) ^G2	
9	股票价值	= SUM (C8:G8)						

图 3－11　股票估价计算公式表

股票估价计算结果如图3－12所示。

	A	B	C	D	E	F	G	H
2	年数	0	1	2	3	4	5	6
3	股利增长率		12%	11%	10%	9%	8%	7%
4	股利(元)	6.64	7.44	8.25	9.08	9.90	10.69	11.44
5	股权成本	12%						
6	持续价值(元)						228.75	
7	股利+持续价值(元)		7.44	8.25	9.08	9.90	239.44	
8	现值(元)		6.64	6.58	6.46	6.29	135.87	
9	股票价值(元)	161.84						

图3－12 股票估价计算结果

本章专有名词中英文对照

财务估价 Financial Valuation

债券 Bond

现值 Present Value

折现率 Discount Rate

普通股 Ordinary Share

资本配置线 Capital Allocation Line，CAL

资本资产定价模型 Capital Asset Pricing Model，CAPM

本章小结

一笔资金现在的价值要比将来相同金额的资金价值更高或者说更值钱，指的就是货币时间价值。复利是指每经过一个计息期，要将所生利息加入本金再计利息，逐期滚算，俗称“利滚利”。

年金是在一定时期内每隔相等时间、发生相等数额的收付款项，是一系列均等的现金流。按年金每次发生的时间不同，年金可分为普通年金、即时年金、递延年金和永续年金。

风险是一个非常重要的财务概念。“风险是发生财务损失的可能性。”发生损失的可能性越大，风险越大。它可以用不同结果出现的概率来描述。

资本资产定价模型由威廉·夏普根据投资组合的理论提出，它使人们可以量化市场的风险程度，并能够对风险进行具体的定价。这一模型现在已成为现代投资理论的核心。

债券和股票是两种最常见的金融证券。当企业发行债券或股票时，无论筹资者还是投资者都会对这种证券进行估值，以决定以何种价格发行或购买证券比较合理。

公司价值评估是财务估价原理的一种应用形式，也是财务管理的重要工具。公司价值评估简称公司估值，目的是分析一个企业或一个经营单位的公平市场价值，并提供有关信息帮助投资人或管理者进行决策判断。

习　题

1. 某公司要在5年后筹集190万元用于增加投资，因此现在准备向信托投资公司投入一笔资金。假设信托投资公司保证每年的投资收益率不低于10%，问公司现在需要在信托投资公司投入多少资金？

2. 张先生2018年购买3项证券，其中短期国债100万元，投资收益率为5%，A公司股票100万元，B公司股票200万元，两公司股票的β系数分别为0.8和1.5。

要求：

（1）计算组合投资的β系数。

（2）假设2018年市场投资组合收益率为8%，试估计张先生的投资组合预期收益率。

3. 某公司2018年年初发行债券，票面利率为5%，期限3年，每年付息一次，到期一次还本，票面价值100元。张先生以99元每份的价格购买该公司债券，张先生期望投资收益率为6%。

试回答以下问题：

（1）按张先生年收益率为6%来估计，该债券的价值是多少？

（2）如果张先生按99元/份的价格购买，则债券实际收益率是多少？

4. 某公司最近一次支付股利为每股0.2元，未来预计该公司股票每股股利按5%的比例增长。投资者李先生要求的投资收益率为11%，并按每股4元的价格购买该公司股票。

试回答以下问题：

（1）该公司股票按每年11%的预期收益率估计时价值是多少？

（2）李先生按每股4元投资该股票的实际收益率是多少？

第4章

资本预算

导　论

环球集团打算新上一条生产线，这条生产线主要生产一种新产品，根据市场预测这条生产线每年可以为环球集团增加收入1 000万元，预计项目可以持续10年，生产线需投资1亿元，分2年投入，2年建成投产。由于是新产品项目风险较大，新产品投入市场会对原来自有产品造成一定的冲击，对于这个项目，财务部部长想让小薇去搜集相关资料，小薇需要怎么做呢？

学习目标

通过本章的学习，你应该了解：项目投资的类型；项目投资的原则；项目投资的评价方法；项目的现金流估计。

4.1　项目投资的类型和原则

4.1.1　项目投资的类型

企业通过投资，购买具有实质内涵的经营资产，包括有形资产和无形资产，形成具体的生产经营能力，开展实质性的生产经营活动，谋取利润。这类投资称为项目投资。项目投资是一种以特定建设项目为对象，直接与新建项目或更新改造项目有关的长期投资行为。本章所介绍的企业投资项目主要包括新建项目和更新改造项目两种类型。

与其他形式的投资相比，项目投资具有投资内容独特（每个项目都至少涉及一项固定资产投资）、投资数额多、影响时间长（至少一年或一个营业周期以上）、发生频率低、变现能力差和投资风险大等特点。

4.1.2　项目投资的原则

为了适应投资项目的特点和要求，实现投资管理的目标，做出合理的投资决策，需要制定投资管理的基本原则。

1. 可行性分析原则

项目投资的金额大、时间长，一旦投资后具有不可逆转性，对企业的财务经营状况和经营前景影响重大。因此在投资决策之前，必须建立严密的投资决策程序，进行科学的可行性分析。

项目投资的可行性分析是投资管理的重要组成部分，主要包括环境可行性、技术可行性、市场可行性、财务可行性等。环境可行性，要求投资项目对环境的不利影响最小，并能带来有利影响。技术可行性，是在项目形成的生产能力上，具有技术上的适应性和先进性。市场可行性，要求项目投资生产出的产品能够被市场接受，具有市场占有率。财务可行性，是要求投资项目在经济上具有效益性，而且这种效益是可持续的。

2. 结构平衡原则

由于投资项目往往是一个综合性的项目，不仅涉及固定资产等生产能力和生产条件的构建，还涉及使生产能力和生产条件正常发挥作用还需要的流动资产配置。如何合理配置资源，使有限的资金发挥最大的效用，是投资管理中资金投放所面临的重要问题。一个投资项目的管理是综合的管理，资金既要投放于主要生产设备，又要投放于辅助设备；既要满足长期资产的需要，又要满足流动资产的需要。因此，项目投资的资金投放时，要遵循结构平衡的原则，合理分布资金，具体包括固定资金与流动资金的配套关系、生产能力与经营规模的平衡关系、投资进度和资金供应的协调关系等。

3. 控制风险原则

在项目投资过程中，投资项目的质量对投资决策结果的影响更重要。投资必然面临着风险，对于任何一个企业而言，都必须非常重视项目投资管理，也就是要在各种可供选择的项目投资方案中选择最恰当的投资方案。项目投资要实现动态监控，对投资项目实施过程中的进程控制，特别是对工程量大、工期长的建造项目，更需要按照工程预算进行动态的投资控制。

4.2 项目投资的评价方法

在进行项目投资的决策时，应对各个可行方案进行分析和评价，并从中选择最优方案。投资项目决策的分析评价，需要采用一些专门的评价指标和方法。常用的财务指标有净现值法、内含报酬率法、会计收益率法和回收期法。同时从货币时间价值的角度分析，又分为静态分析和动态分析。

4.2.1 净现值法（NPV）

1. 基本原理

一个投资项目，其未来的净现金流量现值与原始投资额现值之间的差额，称为净现值。

计算净现值时，要按预定的贴现率对投资项目的未来现金流量和原始投资额进行贴现。预定贴现率是投资者所期望的最低投资报酬率。净现值为正，方案可行，说明方案的实际报酬率高于所要求的报酬率；净现值为负，方案不可取，说明方案的实际投资报酬率低于所要求的报酬率。当净现值为零，说明方案的投资报酬刚好达到所要求的投资报酬，方案也可行。所以，净现值的经济含义是投资方案报酬超过基本报酬后的剩余收益。其他条件相同时，净现值越大，方案越好。

采用净现值法来评价投资方案，一般有以下步骤：

（1）测定投资方案分年的现金流量，包括现金流出量和现金流入量。

（2）设定投资方案采用的贴现率。确定贴现率的标准有三种：①以市场利率为标准；②以投资者希望获得的最低投资报酬率为标准；③以企业平均资本成本率为标准。

（3）按照贴现率，将每年的现金流出量和现金流入量进行贴现。

（4）将未来净现金流量现值与投资额现值进行比较，判断是否进行投资。

2. 净现值的计算

净现值是指在项目计算期内，按设定折现率或基准收益率计算的各年净现金流量现值的代数和。其基本计算公式如下：

净现值（NPV）＝未来净现金流量现值－原始投资额现值 （4－1）

计算净现值指标具体有一般方法、特殊方法和插入函数法三种方法。

（1）净现值指标计算的一般方法，具体包括公式法和列表法两种形式。

1）公式法。本方法是指根据净现值的定义，直接利用理论计算公式来完成该指标计算的方法。

2）列表法。本方法是指通过现金流量表计算净现值指标的方法。即在现金流量表上，根据已知的各年净现金流量，分别乘以各年的复利现值系数，从而计算出各年折现的净现金流量，最后求出项目计算期内折现的净现金流量的代数和，就是所求的净现值指标。

（2）净现值指标计算的特殊方法。本方法是指在特殊条件下，当项目投产后净现金流量表现为普通年金或递延年金时，可以利用计算年金现值或递延年金现值的技巧直接计算出项目净现值的方法，又称简化方法。

由于项目各年的净现金流量 NCF_t（$t=0, 1, \cdots, n$）属于系列款项，所以当项目的全部投资均于建设期投入，运营期不再追加投资，投产后的经营净现金流量表现为普通年金或递延年金的形式时，就可视情况不同分别按不同的简化公式计算净现值指标。

当建设期为零，投产后的净现金流量表现为普通年金形式时，公式如下：

$$NPV = NCF_0 + NCF_{1\sim n}(P/A, i, n) \quad (4-2)$$

当建设期为零，投产后每年经营净现金流量（不含回收额）相等，但终结点第 n 年有回收额 R_n（如残值）时，公式如下：

$$NPV = NCF_0 + NCF_{1\sim(n-1)}(P/A, i, n-1) + NCF_n(P/F, i, n) \quad (4-3)$$

或

$$NPV = NCF_0 + NCF_{1\sim n}(P/A, i, n) + R_n(P/F, i, n) \quad (4-4)$$

当建设期为 s，全部投资在建设起点一次投入，投产后每年净现金流量为递延年金形式时，公式如下：

$$NPV = NCF_0 + NCF_{(n+1)\sim(n+s)}\left[(P/A,\ i,\ n+s) - (P/F,\ i,\ n)\right] \quad (4-5)$$

或

$$NPV = NCF_0 + NCF_{(n+1)\sim(n+s)}(P/A,\ i,\ n)(P/F,\ i,\ s) \quad (4-6)$$

当建设期为 s，全部投资在建设起点分次投入，投产后每年净现金流量为递延年金形式时，公式如下：

$$NPV = NCF_0 + NCF_1(P/F,\ i,\ 1) + \cdots + NCF_n(P/F,\ i,\ s) + NCF_{(n+1)\sim(n+s)}\left[(P/A,\ i,\ n+s) - (P/F,\ i,\ s)\right] \quad (4-7)$$

【例4-1】 环球集团准备购进一套机械设备，所得税前净现金流量如下：NCF_0 为 -1 000 万元，NCF_1 为 0 万元，$NCF_{2\sim10}$ 为 200 万元，NCF_{11} 为 300 万元。假设基准折现率为10%。求该方案的净现值。

根据净现值的计算公式，可以得出：

$NPV = -1\,000\times1 - 0\times(P/F,\ 10\%,\ 1) + 200\times(P/F,\ 10\%,\ 2) + 200\times(P/F,\ 10\%,\ 3) + 200\times(P/F,\ 10\%,\ 4) + 200\times(P/F,\ 10\%,\ 5) + 200\times(P/F,\ 10\%,\ 6) + 200\times(P/F,\ 10\%,\ 7) + 200\times(P/F,\ 10\%,\ 8) + 200\times(P/F,\ 10\%,\ 9) + 200\times(P/F,\ 10\%,\ 10) + 300\times(P/F,\ 10\%,\ 11) = 52.23$（万元）

$NPV = -1\,000 + [200\times(P/A,\ 10\%,\ 10) - 200(P/A,\ 10\%,\ 1)] + 300(P/F,\ 10\%,\ 11) = 52.23$（万元）

【例4-2】 环球集团准备购入一套机械设备，现有两个方案可供选择。甲方案需投资50万元，使用寿命5年，采用直线法计提折旧，5年后设备无残值。5年中每年营业收入为20万元，每年付现成本4万元。乙方案投资80万元，采用直接法计提折旧，使用寿命为5年，5年后有残值收入8万元，5年中每年的营业收入为30万元，付现成本每年为5万元，以后逐年增加修理费用2 000元，需在初始年垫支营运资金3万元。所得税税率为25%，折现率为10%。

要求：计算出两方案的净现值。

(1) 甲方案的现金流：

$NFC_0 = 50$（万元）

$NFC_{1\sim5} = (20-4)\times(1-25\%) + 10\times25\% = 14.5$（万元）

$NPV = 14.5\times(P/A,\ 10\%,\ 5) - 50 = 14.5\times3.79 - 50 = 4.96$（万元）

(2) 乙方案的现金流：

$NFC_0 = 80 + 3 = 83$（万元）

$NFC_1 = (30-5)\times(1-25\%) + 17.6\times25\% = 23.15$（万元）

$NFC_2 = (30-5-0.2)\times(1-25\%) + 17.6\times25\% = 23$（万元）

$NFC_3 = (30-5-0.4)\times(1-25\%) + 17.6\times25\% = 22.85$（万元）

$NFC_4 = (30-5-0.6)\times(1-25\%) + 17.6\times25\% = 22.7$（万元）

$NFC_5 = (30-5-0.8)\times(1-25\%) + 17.6\times25\% + 3 + 8 - 0 = 33.5$（万元）

$NPV = -83 + 23.15\times(P/F,\ 10\%,\ 1) + 23\times(P/F,\ 10\%,\ 2) + 22.85\times(P/F,\ 10\%,\ 3) + 22.7\times(P/F,\ 10\%,\ 4) + 33.5\times(P/F,\ 10\%,\ 5) = 10.53$（万元）

因为甲方案的净现值为 4.96 万元，乙方案的净现值为 10.53 万元，乙方案的净现值大于甲方案的净现值，所以在进行投资决策时应选择乙方案进行投资。

（3）净现值指标计算的插入函数法。本方法是指运用 Excel 软件，通过插入财务函数“NPV”，并根据计算机系统的提示正确地输入已知的基准折现率和电子表格中的净现金流量，来直接求得净现值指标的方法。

当第一次原始投资发生在建设起点时，按插入函数法计算出来的净现值与按其他两种方法计算的结果有一定误差，但可以按一定方法将其调整正确。

3. 净现值的特点

净现值指标的优点是综合考虑了货币时间价值、项目计算期内的全部净现金流量和投资风险、灵活地考虑了投资风险。

其缺点是无法从动态的角度直接反映投资项目的实际收益率水平，而且计算比较烦琐；贴现率不易确定。

4.2.2 内含报酬率法（IRR）

1. 基本原理

内含报酬率是指投资方案未来的每年现金净流量进行贴现，使所得的现值恰好与原始投资额现值相等，从而使净现值等于零时的贴现率。

内含报酬率是投资收益率的直接体现。在计算净现值时，以投资收益率作为贴现率，净现值最终计算大于零或者小于零，从而决定是否投资该项目。如果该项目的投资和回报相等，也就是投入和产出相等时，会存在一个盈亏平衡的投资报酬率。所以，内含报酬率就是能使项目的净现值等于零时的贴现率，这个贴现率就是投资方案可能达到的投资报酬率。

2. 计算方法

（1）未来每年净现金流量相等。当未来的每年净现金流量相等时，可以使用简便算法，通过查年金现值系数表或者插值法进行计算。每年现金流量相等是一种年金的形式，通过查年金现值系数表，公式如下：

$$\text{未来每年现金净流量} \times \text{年金现值系数} - \text{原始投资额现值} = 0 \qquad (4-8)$$

如果根据年金现值系数表可以查到相对应的利率，则可以直接查找。如果在表中没有直接对应的利率，则要使用插值法进行计算。

【例 4-3】 接例 4-2，计算甲方案的内部报酬率。

甲方案的现金流：

$NFC_0 = 50$（万元）

$NFC_{1\sim5} = (20-4) \times (1-25\%) + 10 \times 25\% = 14.5$（万元）

代入公式：

$14.5 \times (P/A, i, 5) - 50 = 0$

$(P/A, i, 5) = 3.4483$

通过查年金现值系数表可以得出：$(P/A, 14\%, 5) = 3.4331$，$(P/A, 12\%, 5) = 3.6048$

通过插值法：$\frac{14\% - i}{3.4331 - 3.4483} = \frac{12\% - 14\%}{3.6048 - 3.4331}$，得出

$i = 13.82\%$

（2）未来每年净现金流量不相等。如果投资方案的未来每年净现金流量不相等，每年净现金流量的分布就不是年金形式，不能直接查表进行计算，而需要采用逐次测试法。

逐次测试法的具体做法是：根据已知的数据资料，先估计一次贴现率，计算未来净现金流量的现值，并将这个现值和原来投资额现值相比较，如净现值大于零，则表示估计的贴现率低于方案实际可能达到的投资报酬率，需要选择一个较高的贴现率重新进行计算。如果计算出来净现值小于零，则表示估计的贴现值高于方案实际可能达到的投资报酬率，需要重新低估一个较低的贴现率进行。如此反复试算，直到净现值等于零或基本接近于零，这就是估计的实际内含报酬率。

（3）内含报酬率指标的插入函数法。本方法是指运用 Excel 软件，通过插入财务函数“IRR”，并根据计算机系统的提示正确地输入已知的电子表格中的净现金流量，来直接求得内含报酬率指标的方法。但是，按插入函数法计算的结果可能与其他方法计算的结果不一致，也无法调整。

3. 内含报酬率的特点

内含报酬率指标的优点是既可以从动态的角度直接反映投资项目的实际收益水平，又不受基准收益率高低的影响，比较客观；其缺点是计算过程复杂，尤其当经营期大量追加投资时，有可能导致多个内含报酬率出现，或偏高或偏低，缺乏实际意义。只有内含报酬率指标大于或等于基准收益率或资本成本的投资项目才具有财务可行性。

4.2.3 其他方法

1. 会计收益率法

（1）会计收益率的计算。会计收益率（ROI）又称投资报酬率，是指达产期正常年份的年息税前利润或运营期年均息税前利润占投资总额的百分比。其计算公式如下：

会计收益率（ROI）= 年息税前利润或年均息税前利润/投资总额 × 100%　　（4-9）

（2）会计收益率的特点。会计收益率的优点是计算公式最为简单；其缺点是没有考虑货币时间价值因素，不能正确反映建设期长短及投资方式不同和回收额的有无对项目的影响，分子、分母计算口径的可比性较差，无法直接利用净现金流量信息。只有会计收益率指标大于或等于无风险投资收益率的投资项目才具有财务可行性。

2. 静态回收期法

回收期是指投资项目的未来现金流量与原始投资额相等时所经历的时间。根据是否考虑货币时间价值，分为静态回收期和动态回收期。

静态回收期是指以投资项目经营净现金流量抵偿原始投资所需要的全部时间。它有“包括建设期的投资回收期（PP）”和“不包括建设期的投资回收期（PP′）”两种形式。

（1）计算方法。确定静态回收期指标可分别采取公式法和列表法。

1）公式法。这种方法主要针对未来现金流量相等时的情况，即某一项目的投资集中发生在建设期内，投产后一定期间内每年经营净现金流量相等，且其合计大于或等于原始投资额。可按以下简化公式直接求出不包括建设期的投资回收期：

$$\text{不包括建设期的投资回收期}=\frac{\text{原始投资额}}{\text{每年现金净流量}} \tag{4-10}$$

【例4-4】接例4-2，计算甲、乙两种方案的投资回收期。

（1）甲方案的现金流：

$NFC_0=50$（万元）

$NFC_{1\sim5}=(20-4)\times(1-25\%)+10\times25\%=14.5$（万元）

甲方案的现金流如表4-1所示。

表4-1 甲方案的现金流 单位：万元

投资额	50	35.5	21	6.5	0
每年回收额	14.5	14.5	14.5	14.5	14.5

$PP=\frac{50}{14.5}=3.4$（年）

（2）乙方案的现金流：

$NFC_0=80+3=83$（万元）

$NFC_1=(30-5)\times(1-25\%)+17.6\times25\%=23.15$（万元）

$NFC_2=(30-5-0.2)\times(1-25\%)+17.6\times25\%=23$（万元）

$NFC_3=(30-5-0.4)\times(1-25\%)+17.6\times25\%=22.85$（万元）

$NFC_4=(30-5-0.6)\times(1-25\%)+17.6\times25\%=22.7$（万元）

$NFC_5=(30-5-0.8)\times(1-25\%)+17.6\times25\%+3+8-0=33.5$（万元）

乙方案的现金流如表4-2所示。

表4-2 乙方案的现金流 单位：万元

投资额	83	59.85	36.85	14	0
每年回收额	23.15	23	22.85	22.7	33.5

$PP=3+\frac{14}{22.7}=3.62$（年）

由以上分析，可看出甲方案的回报期比乙方案的回报期短。

2）列表法。所谓列表法，是指通过列表计算“累计净现金流量”的方式，来确定包括建设期的投资回收期，进而再推算出不包括建设期的投资回收期的方法。

无论未来每年现金净流量是否相等，都可以通过此种方法进行计算。因为不论在什么情况下，都可以通过这种方法来确定静态回收期，所以此方法又称为一般方法。

按照回收期的定义，包括建设期的投资回收期满足以下关系式：

包括建设期的投资回收期 = 不包括建设期的投资回收期 + 建设期

这表明在财务现金流量表的“累计净现金流量”一栏中，包括建设期的投资回收期恰好是累计净现金流量为零的年限。

无法在“累计净现金流量”栏上找到零，必须按下式计算包括建设期的投资回收期：

包括建设期的投资回收期（PP）= 最后一项为负值的累计净现金流量对应的年数 + 最后一项为负值的累计净现金流量绝对值 ÷ 下年净现金流量 (4 - 11)

或

包括建设期的投资回收期（PP）= 累计净现金流量第一次出现正值的年份 - 1 + 该年年初尚未回收的投资 ÷ 该年净现金流量 (4 - 12)

（2）静态回收期法的特点。静态回收期法的优点是能够直观地反映原始总投资的返本期限，便于理解，计算也比较简单，可以直接利用回收期之前的净现金流量信息。其缺点是没有考虑货币时间价值因素和回收期满后继续发生的现金流量，不能正确反映投资方式不同对项目的影响。只有静态回收期指标小于或等于基准投资回收期的投资项目才具有财务可行性。

3. 动态回收期法

动态回收期法是将投资引起的未来净现金流量进行贴现，以未来净现金流量的现值等于原始投资额现值时所经历的时间为动态回收期。

（1）计算方法

1）公式法。针对未来每年现金净现值相等的情况，在这种年金形式下，假定经历几年之后净现金流量的年金现值系数如下：

$$(P/A,\ i,\ n) = \frac{\text{原始投资额现值}}{\text{每年净现金流量}} \tag{4-13}$$

在计算出年金现值系数之后，通过查年金现值系数表，利用插值法，计算出动态回收期。

2）列表法。这种方法主要针对未来每年净现金流量不相等的情况。遇到这种情况时，应把净现金流量贴现并加总，根据累计现金流量现值来确定回收期。

（2）动态回收期法的特点。动态回收期法计算简单，便于理解，可以用投资回收的时间长短来衡量方案的优劣。一般认为，投资时间越短，所冒的风险就越低。动态回收期法考虑了货币时间价值。但是无论是静态回收期还是动态回收期，都不能准确测量出投资经济效益。

4.3 投资项目现金流估计

4.3.1 项目现金流量

项目投资决策中的现金是指区别于观念货币的现实货币资金，现金流量是指投资项目在其计算期内因资本循环而可能或应该发生的各项现金流入量与现金流出量的统称。

固定资产投资项目是指只涉及固定资产投资而不涉及无形资产投资、其他资产投资和流动资金投资的建设项目。它以新增生产能力、提高生产效率为特征。其现金流入量包括增加的营业收入和回收固定资产余值等内容；现金流出量包括固定资产投资、新增经营成本和增加的各项税款等内容。

在估算现金流量时，为防止多算或漏算有关内容，需要注意：①必须考虑现金流量的增量；②尽量利用现有的会计利润数据；③不能考虑沉没成本因素；④充分关注机会成本；⑤考虑所得税影响。

1. 初始投资现金流估计

在初始投资阶段的现金流主要是现金流出量，即在该投资项目上的原始投资，包括在长期资产上的投资和垫支的营运资金。一般情况下，初始阶段中固定资产的原始投资通常在年内一次性投入，如果原始投资不是一次性投入的，则将投资归于不同的年份中。

(1) 固定资产原始投资额。它包括固定资产的购入、建造、运输、安装、运行等方面的现金支出，如购置成本、运输成本、安装费等。对于投资实施后导致固定资产性能改进的改良支出，属于固定资产的后期投资。

(2) 营运资金垫支。垫支资金是投资项目形成生产能力的资金，是流动资产上追加的投资。由于扩大了企业生产能力，需要追加投入日常盈余资金。营运资金垫支，一般在投资初始投入，在投资终结期可以回收。

(3) 建设期的初始投资净现金流量。根据以上分析，建设期的初始投资净现金流量的计算公式如下：

建设期的初始投资净现金流量 = - 固定资产原始投资额 - 营运资金垫支　(4-14)

2. 存续期现金流估计

存续期的现金流是投资项目最主要的现金流入和流出。现金流入量主要是营运各年的营业收入，现金流出量主要是营运各年的付现营运成本。

(1) 现金流入。现金流入主要包括营业收入和由于折旧抵减的所得税。

营业收入是运营期最主要的现金流入量，应按项目在经营期内有关产品的各年预计单价和预测销售量（假定经营期每期均可以自动实现产销平衡）进行估算。营业收入导致的现金流入额应该是考虑完所得税后的数值。

折旧抵减的所得税是由于固定资产折旧形成该项目的费用，从而降低所得税的缴纳。是一种机会成本。

（2）现金流出。固定资产投资是所有类型的项目投资在建设期必然会发生的现金流出量，经营成本又称付现的营运成本（或简称付现成本），是指在经营期内为满足正常生产经营而动用现实货币资金支付的成本费用。经营成本是所有类型的项目投资在运营期都要发生的主要现金流出量，它与融资方案无关。

经营成本是经营期内主要的现金流出，一般包括该年外购原材料、燃料和动力费，该年工资及福利费，该年修理费，该年其他费用等。经营成本是建设期的付现成本，是考虑所得税后的成本。

（3）净现金流量。根据以上分析，存续期净现金流量的计算公式如下：

$$
\begin{aligned}
\text{存续期净现金流量}_{1\sim n} &= \text{营业收入} - \text{经营成本} - \text{所得税} \\
&= \text{营业收入} \times (1 - \text{所得税税率}) + \text{折旧} \times \text{所得税税率} \\
&\quad - \text{经营成本} \times (1 - \text{所得税税率})
\end{aligned} \tag{4-15}
$$

3. 项目终结现金流估计

项目终结阶段现金流量主要是现金流入量，包括固定资产变价净收入、垫支营运资金回收、固定资产净损益。

（1）固定资产变价净收入。投资项目在终结阶段，原有的固定资产要退出生产经营，企业对固定资产进行清理处置。固定资产在终结阶段的变价净收入是指固定资产出售或报废时的出售价款或残值收入扣除清理费用后的净额。

（2）垫支营运资金回收。在初始阶段投入的垫支营运资金在报废时，投资项目的经济寿命结束，企业将相关的流动资产进行出售。所以营运资金恢复到原有水平，项目开始恢复到原有水平，项目在初始时期垫支的营运资金在这时要原价收回。

（3）固定资产净损益。固定资产净损益是指固定资产变现之后，由于变现收入和账面价值存在差额，而导致对所得税的影响。当变现收入大于账面价值时，说明企业出售固定资产有盈余，需要缴纳企业所得税；当变现收入小于账面价值时，说明企业出售亏损，可以抵免所得税。

$$
\begin{aligned}
\text{项目终结净现金流量}_{n} &= \text{固定资产变价净收入} + \text{垫支营运资金} \\
&\quad + \text{固定资产净收益交税（或} - \text{固定资产净损失抵税）}
\end{aligned} \tag{4-16}
$$

4.3.2 固定资产更新决策

固定资产更新改造投资项目，可分为以恢复固定资产生产效率为目的的更新项目和以改善企业经营条件为目的的改造项目两种类型。固定资产更新决策一般采用净现值法来进行估计。

（1）现金流入量：因使用新固定资产而增加的营业收入、处置旧固定资产的变现净收入和新旧固定资产回收固定资产余值的差额等内容。

（2）现金流出量：购置新固定资产的投资、因使用新固定资产而增加的经营成本、因使用新固定资产而增加的流动资金投资和增加的各项税款等内容。其中，因提前报废旧固定资产所发生的清理净损失而产生的抵减当期所得税额用负值表示。

【例4-5】 环球集团现有一台旧设备，适用的企业所得税税率为25%，该公司要求的最低收益率为12%，为了节约成本支出，提升运营效率和盈利水平，拟对正在使用的一台旧设备予以更新。现有两种决策：一个是继续使用旧设备，另一个是购买新设备。其他资料如表4-3所示。

表4-3 新旧设备资料

项目	使用旧设备	购置新设备
原值（万元）	4 500	4 800
预计使用年限（年）	10	6
已使用年限（年）	4	0
尚可使用年限（年）	6	6
税法残值（万元）	500	600
最终报废残值（万元）	400	600
目前变现价值（万元）	1 900	4 800
年折旧（万元）	400	700
年付现成本（万元）	2 000	1 500
年营业收入（万元）	2 800	2 800

要求：

(1) 计算与购置新设备相关的下列指标：①税后年营业收入；②税后年付现成本；③每年折旧抵税；④残值变价收入；⑤残值净收益纳税；⑥第1~5年净现金流量（$NCF_{1\sim5}$）和第6年净现金流量（NCF_6）；⑦净现值（NPV）。

(2) 计算与使用旧设备相关的下列指标；①目前账面价值；②目前资产报废损益；③资产报废损益对所得税的影响；④残值报废损失减税。

(3) 已知使用旧设备的净现值（NPV）为943.29万元，根据上述计算，做出固定资产是否更新的决策，并说明理由。

计算过程如下：

(1) 根据购进设备的数据可以分别计算出如下结果：

①税后年营业收入 =2 800×（1-25%）=2 100（万元）

②税后年付现成本 =1 500×（1-25%）=1 125（万元）

③每年折旧抵税 =700×25% =175（万元）

④残值变价收入 =600（万元）

⑤残值净收益纳税 =（600-600）×25% =0（万元）

⑥$NCF_{1\sim5}$ =2 100-1 125+175=1 150（万元）

NCF_6 =1 150+600-0=1 750（万元）

⑦NPV = -4 800 + 1 150 × (*P/A*, 12%, 5) + 1 750 × (*P/F*, 12%, 6) = -4 800 + 1 150 × 3.604 8 + 1 750 × 0.506 6 = 232.07(万元)

(2)根据旧设备的相关数据可以计算出如下结果:

①目前账面价值 = 4 500 - 400 × 4 = 2 900(万元)

②目前资产报废损失 = 1 900 - 2 900 = -1 000(万元)

③资产报废损失抵税 = 1 000 × 25% = 250(万元)

④残值报废损失减税 = (500 - 400) × 25% = 25(万元)

(3)因为继续使用旧设备的净现值大于使用新设备的净现值,所以应选择继续使用旧设备,不应更新。

案例扩展

除了设备更新决策之外,还有扩充型投资,现通过案例介绍扩充型投资项目(指新建或扩大收入的投资项目)。

光大公司是一个生产球类制品的厂家,主要生产足球、网球、高尔夫球等。20世纪90年代兴起的保龄球运动方兴未艾,其销售市场前景看好。为了解保龄球的潜在市场,公司支付了50 000元,聘请咨询机构进行市场调查,调查结果表明保龄球市场大约有10% ~15%的市场份额有待开发。公司决定对保龄球投资进行成本效益分析。其有关预测资料如下:

(1)市场调查费50 000元属于沉没成本。

(2)保龄球生产车间可利用公司一处闲置的厂房,该厂房当前市场价格为105 000元。

(3)保龄球生产设备购置费(原始价值加运费、安装费等)为110 000元,使用年限为5年,税法规定设备残值为10 000元。按直线法计提折旧,每年折旧费20 000元;预计5年后不再生产保龄球可将设备出售。其售价为30 000元。

(4)预计保龄球各年的销售量依次为(单位:个):5 000,8 000,12 000,1 000,6 000。保龄球市场销售价格,第一年为每个20元。由于通货膨胀等因素,售价每年将以2%的幅度增长;保龄球单位付现成本第一年为10元。以后随着原材料价格的大幅度上升,单位成本每年将以10%的比率增长。

(5)生产保龄球需垫支的流动资金为第一年年初投资的10 000元。

(6)公司所得税税率为25%。

请问此企业要不要进行扩建投资?

根据题意描述进行分析如下:

(1)初始年分析:市场调查费属于沉没成本,无论是否扩展业务都要进行花费,这部分费用不计入成本。而自有厂房的估值不会影响业务成本。只有设备购置和垫支流动资金为现金流出。所以:

初始年现金流出 NCF_0 = -110 000 - 10 000 = -120 000(元)

(2)第一年到第四年分别有销售收入、营运成本、折旧抵税等,第五年还增加了残值回收。

第一年 $NCF_1 = 5\ 000 \times 20 \times (1-25\%) + 20\ 000 \times 25\% - 5\ 000 \times 10 \times (1-25\%) = 42\ 500$（元）

第二年 $NCF_2 = 8\ 000 \times 20 \times (1+2\%) \times (1-25\%) + 20\ 000 \times 25\% - 8\ 000 \times 10 \times (1+10\%) \times (1-25\%) = 61\ 400$（元）

第三年 $NCF_3 = 12\ 000 \times 20 \times (1+2\%)^2 \times (1-25\%) + 20\ 000 \times 25\% - 12\ 000 \times 10 \times (1+10\%)^2 \times (1-25\%) = 83\ 372$（元）

第四年 $NCF_4 = 10\ 000 \times 20 \times (1+2\%)^3 \times (1-25\%) + 20\ 000 \times 25\% - 10\ 000 \times 10 \times (1+10\%)^3 \times (1-25\%) = 64\ 356$（元）

第五年 $NCF_5 = 6\ 000 \times 20 \times (1+2\%)^4 \times (1-25\%) + 20\ 000 \times 25\% - 6\ 000 \times 10 \times (1+10\%)^4 \times (1-25\%) + 30\ 000 + 10\ 000 - (30\ 000 - 10\ 000) \times 25\%$
$= 71\ 534$（元）

（3）将每年的现金流量，按10%的利率进行复利贴现，通过贴现进行合计计算。

$NCF = -120\ 000 + 42\ 500 \times 0.909\ 1 + 61\ 400 \times 0.826\ 4 + 83\ 372 \times 0.751\ 3 + 64\ 356 \times 0.683\ 0 + 71\ 534 \times 0.620\ 9 = 228\ 384$（元）

综上分析，NCF大于0，并且可以有效利用闲置厂房，所以，可以扩建。

Excel实务：资本预算

SUM：求和公式，返回某一单元格区域中数字、逻辑值及数字的文本表达式之和。

语法：SUM（number1，number2，…）

其中的number为求和的参数。

NPV：在项目计算期内，按行业基准折现率或其他设定的折现率计算的各年净现金流量现值的代数和。

语法：NPV（rate，value1：value2）

rate为折现率，value为各年限的现金流量。

INDEX：返回表或区域中的值或对值的引用。

语法：INDEX（array，row_ num，column_ num）

返回数组中指定的单元格或单元格数组的数值。参数：array为单元格区域或数组常数；row_ num为数组中某行的行序号，函数从该行返回数值。column_ num是数组中某列的列序号，函数从该列返回数值。

【例4-6】环球集团面临的情况如表4-4所示。新设备19 000元，使用8年，每年维修费1 000元，8年后残值2 000元，如果使用旧设备，每年维修费递增，残值递减，假定修理费都是年末支付，资本成本为15%。

表 4-4 新设备现金流量表 单位：元

新购设备		旧设备		
		年限	修理费	残值
购置成本	19 000	第 0 年	0	4 000
年维修成本	1 000	第 1 年	1 000	2 500
残值	2 000	第 2 年	2 000	1 500
使用年限	8 年	第 3 年	3 000	1 000
资本成本	0.15	第 4 年	4 000	0

要求：根据新设备现金流量表计算出每年的现金流量，然后计算出净现值。通过 Excel 软件进行新设备现金流量表计算，如图 4-1 所示。

	A	B	C	D	E	F	G	H	I	J
12	新设备现金流量表									
13		第 0 年	第 1 年	第 2 年	第 3 年	第 4 年	第 5 年	第 6 年	第 7 年	第 8 年
14	购置成本(元)	-19 000								
15	维修成本(元)		-1 000	-1 000	-1 000	-1 000	-1 000	-1 000	-1 000	-1 000
16	残值(元)		0	0	0	0	0	0	0	2 000
17	合计现金流量	=SUM(B14:B16)	=SUM(C14:C16)	=SUM(D14:D16)	=SUM(E14:E16)	=SUM(F14:F16)	=SUM(G14:G16)	=SUM(H14:H16)	=SUM(I14:I16)	=SUM(J14:J16)
18	NPV	=NPV(B10,C17:J17)+B17								
19	新设备约当成本	=PMT(B10,8)								

图 4-1 新设备现金流量计算公式表

得到结果如图 4-2 所示。

	A	B	C	D	E	F	G	H	I	J
12	新设备现金流量表									
13		第 0 年	第 1 年	第 2 年	第 3 年	第 4 年	第 5 年	第 6 年	第 7 年	第 8 年
14	购置成本(元)	-19 000								
15	维修成本(元)		-1 000	-1 000	-1 000	-1 000	-1 000	-1 000	-1 000	-1 000
16	残值(元)		0	0	0	0	0	0	0	2 000
17	合计现金流量	-15 000	-1 000	-1 000	-1 000	-1 000	-1 000	-1 000	-1 000	-1 000
18	NPV	-22 834								
19	新设备约当成本	5 088								

图 4-2 新设备现金流量计算表

通过 Excel 软件进行旧设备现金流量表计算，如图 4-3 所示。

	A	B	C	D	E	F
21	旧设备现金流量表					
22	更换年份	第0年	第1年	第2年	第3年	第4年
23	维修费(元)	0	-1 000	-2 000	-3 000	-4 000
24	残值(元)	4 000	2 500	1 500	1 000	0
25	未能卖出的机会成本(元)	0	-4 000	-2 500	-1 500	-1 000
26	第i年末终值	=B23+B24+B25*(1+15%)	=C23+C24+C25*(1+15%)	=D23+D24+D25*(1+15%)	=E23+E24+E25*(1+15%)	=F23+F24+F25*(1+15%)

图 4-3 旧设备现金流量公式表

得到结果如图 4-4 所示。

	A	B	C	D	E	F
21	旧设备现金流量表					
22	更换年份	第0年	第1年	第2年	第3年	第4年
23	维修费(元)	0	-1 000	-2 000	-3 000	-4 000
24	残值(元)	4 000	2 500	1 500	1 000	0
25	卖出的机会	0	-4 000	-2 500	-1 500	-1 000
26	第i年末终值	4 000	-3 100	-3 375	-3 725	-5 150

图 4-4 旧设备现金流量计算表

通过 Excel 软件进行替换方案现金流计算，如图 4-5 所示。

	A	B	C	D	E	F	G	H	I	J
28	替换方案的约当现金流	第1年	第2年	第3年	第4年	第5年	第6年	第7年	第8年	终值之和
29	第0年更换(元)	-1 088	-5 088	-5 088	-5 088	-5 088	-5 088	-5 088	-5 088	=SUM(B29:I29)
30	第1年更换(元)	-3 100	-5 088	-5 088	-5 088	-5 088	-5 088	-5 088	-5 088	=SUM(B30:I30)
31	第2年更换(元)	-3 100	-3 375	-5 088	-5 088	-5 088	-5 088	-5 088	-5 088	=SUM(B31:I31)
32	第3年更换(元)	-3 099	-3 375	-3 725	-5 088	-5 088	-5 088	-5 088	-5 088	=SUM(B32:I32)
33	第4年更换(元)	-3 098	-3 375	-3 725	-5 150	-5 088	-5 088	-5 088	-5 088	=SUM(B33:I33)
34	最小值	=MAX(J29:J33)								
35	替换方案	=INDEX(A29:A33,MATCH(B34,J29:J33,0),1)								

图 4-5 替换方案现金流公式表

得到结果如图4－6所示。

	A	B	C	D	E	F	G	H	I	J
28	替换方案的约当现金流	第1年	第2年	第3年	第4年	第5年	第6年	第7年	第8年	终值之和
29	第0年更换（元）	－1 088	－5 088	－5 088	－5 088	－5 088	－5 088	－5 088	－5 088	－36 704
30	第1年更换（元）	－3 100	－5 088	－5 088	－5 088	－5 088	－5 088	－5 088	－5 088	－38 716
31	第2年更换（元）	－3 100	－3 375	－5 088	－5 088	－5 088	－5 088	－5 088	－5 088	－37 003
32	第3年更换（元）	－3 099	－3 375	－3 725	－5 088	－5 088	－5 088	－5 088	－5 088	－35 639
33	第4年更换（元）	－3 098	－3 375	－3 725	－5 150	－5 088	－5 088	－5 088	－5 088	－35 700
34	最小值	－35 639								
35	替换方案	第3年更换								

图4－6　替换方案现金流计算表

本章专有名词中英文对照

资本预算 Capital Budget

项目投资 Project Investment

净现值 Net Present Value，NPV

内含报酬率 Internal Rate of Return，IRR

会计收益率 Return On Investment，ROI

回收期 Payback Period，PP

现金流 Net Cash Flow，NCF

本章小结

项目投资是一种以特定建设项目为对象，直接与新建项目或更新改造项目有关的长期投资行为。本章所介绍的企业投资项目主要包括新建项目和更新改造项目两种类型。

项目投资的原则有可行性分析原则、结构平衡原则、控制风险原则。

常用的财务指标有净现值法、内含报酬率法、会计收益率法和回收期法。同时从货币时间价值的角度分析，又分为静态分析和动态分析。

净现值是使用最频繁的财务指标。净现值为正，方案可行，说明方案的实际报酬率高于所要求的报酬率；净现值为负，方案不可行，说明方案的实际投资报酬率低于所要求的报酬率。当净现值为零时，说明方案的投资报酬刚好达到所要求的投资报酬，方案也可行。所以，净现值的经济含义是投资方案报酬超过基本报酬后的剩余收益。其他条件相同时，净现值越大，方案越好。

内含报酬率是指投资方案未来的每年净现金流量进行贴现，使所得的现值恰好与原始投资额现值相等，从而使净现值等于零时的贴现率。

会计收益率又称投资报酬率，是指达产期正常年份的年息税前利润或运营期年均息税前利润占投资总额的百分比。

静态回收期是指以投资项目经营净现金流量抵偿原始投资所需要的全部时间。动态回收期是将投资引起的未来净现金流量进行贴现，以未来净现金流量的现值等于原始投资额现值时所经历的时间为动态回收期。

习　题

某企业打算变卖一套尚可使用 5 年的旧设备，另购置一套新设备来替换它。取得新设备的投资额为 180 000 元，旧设备的折余价值为 95 000 元，其变价净收入为 80 000 元，到第 5 年年末新设备与继续使用旧设备届时的预计净残值相等。新旧设备的替换将在当年内完成（即更新设备的建设期为零）。使用新设备可使企业在第 1 年增加营业收入 50 000 元，增加经营成本 25 000 元；第 2 ~5 年内每年增加营业收入 60 000 元，增加经营成本 30 000 元。设备采用直线法计提折旧。适用的企业所得税税率为 25%。

要求：

（1）估算该更新设备项目的项目计算期内各年的差量净现金流量（ΔNCF_t）。

（2）计算该项目的差额内含报酬率指标。

（3）分别就以下两种不相关情况为企业做出是否更新设备的决策，并说明理由：

1）该企业所在行业基准折现率为 8%。

2）该企业所在行业基准折现率为 12%。

第3篇　筹资决策

第5章

财务杠杆与资本结构

导　论

最近环球集团在进行筹资，财务部部长赵佑想让小薇列一下环球集团的筹资来源。筹集资金是企业资金运动的起点，是决定企业资金运动规模和生产经营发展程度的重要环节。企业的筹资活动需要通过一定的方式来完成。环球集团筹集资金的来源主要涉及长期借款、债券、普通股、留存收益等。关于如何筹资他们展开了讨论。

学习目标

通过本章的学习，你应该了解：杠杆原理；资本成本；资本结构。

5.1　杠杆原理

杠杆作用是指由于固定费用（包括生产经营方面的固定费用和财务方面的固定费用）的存在，使得当业务量发生比较小的变化时，利润会产生比较大的变化。企业进行资本结构决策时应当在杠杆利益与风险之间进行权衡。本章主要分析并衡量经营杠杆利益与风险、财务杠杆利益与风险、复合杠杆利益与风险，以及资本结构决策的方法。

5.1.1　成本按习性分类

成本按习性可划分为固定成本、变动成本和混合成本三类。

1. 固定成本

固定成本是指其总额在一定时期和一定业务量范围内不随业务量发生任何变动的那部分成本。属于固定成本的主要有按直线法计提的折旧费、保险费、管理人员工资、办公费等。

固定成本具有单位固定成本的反方向变动性和固定成本总额的不变性，即固定成本总额是不随业务量变动而变动的，但单位固定成本会随着业务量的变动而发生反方向的变动。固定成本与业务量的关系如图5－1和图5－2所示。

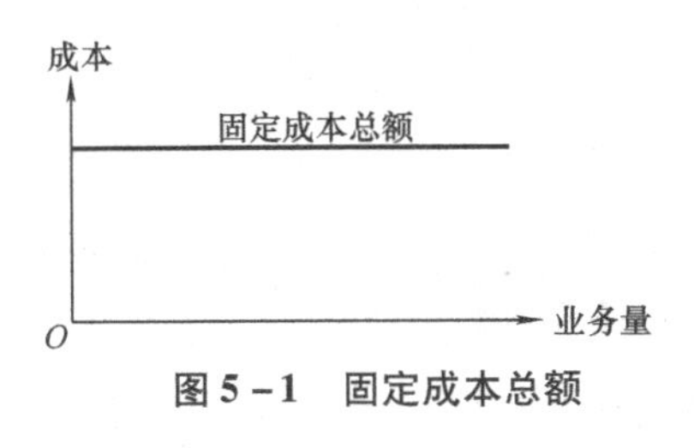

图5-1 固定成本总额

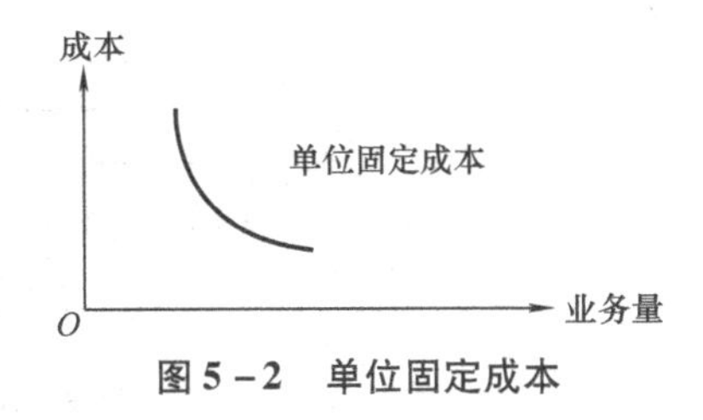

图5-2 单位固定成本

2. 变动成本

变动成本是指在一定时期和一定业务量范围内，其总额随着业务量成正比例变动的那部分成本。直接材料、直接人工等都属于变动成本。

变动成本具有单位变动成本的固定不变性和变动成本总额的正比例变动性，即单位变动成本是不随业务量变动而变动的，但变动成本总额却随着业务量的变动而发生正比例的变动。变动成本与业务量的关系如图5-3和图5-4所示。

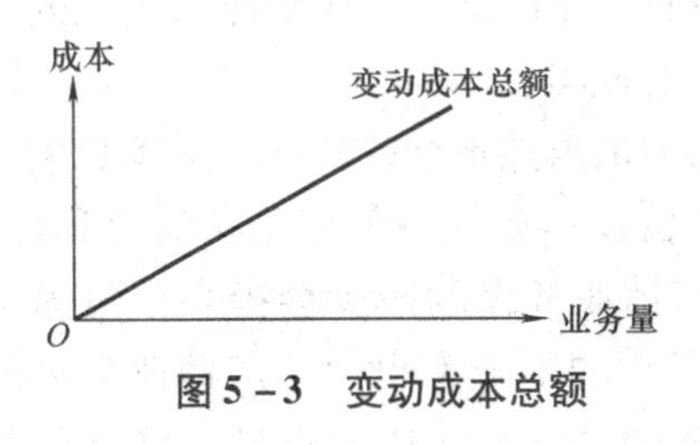

图5-3 变动成本总额

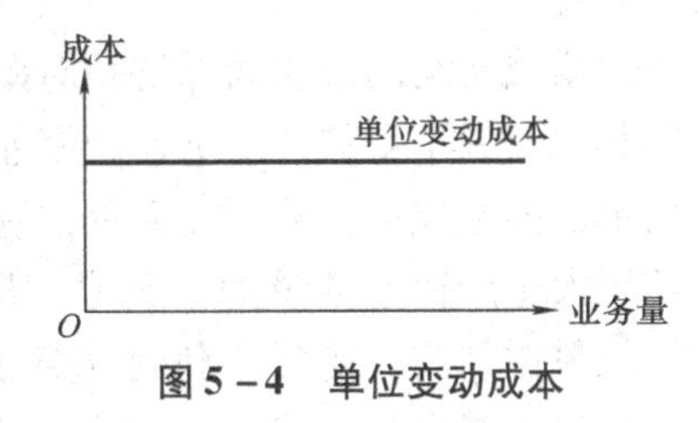

图5-4 单位变动成本

3. 混合成本

有些成本虽然也随业务量的变动而变动，但不成同比例变动，这类成本称为混合成本。混合成本按其与业务量的关系又可分为半变动成本和半固定成本。

（1）半变动成本。它通常有一个初始量，类似于固定成本，在这个初始量的基础上随产量的增长而增长，又类似于变动成本，如电话费。半变动成本与业务量的关系如图5-5所示。

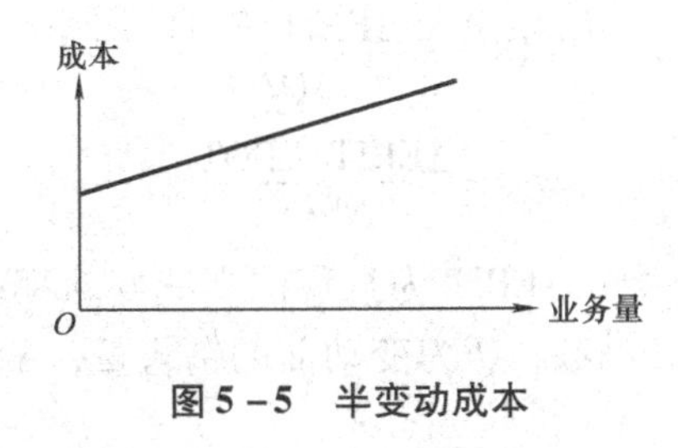

图5-5 半变动成本

（2）半固定成本。这类成本随业务量的变化而呈阶梯形增长，业务量在一定限度内，这种成本不变，当业务量增长到一定限度后，这种成本就跳跃到一个新水平。半固定成本与业务量的关系如图5-6所示。

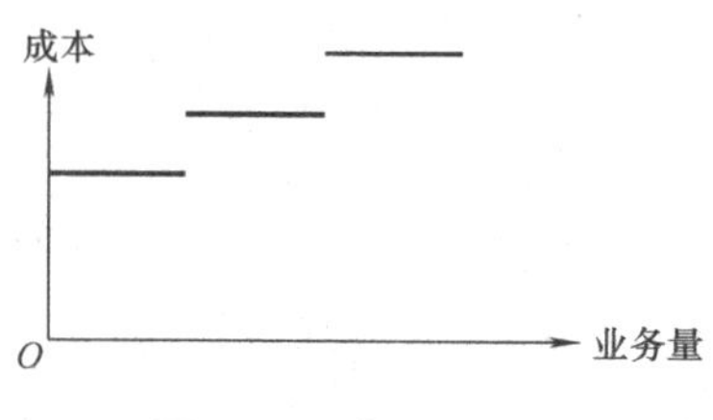

图 5-6　半固定成本

5.1.2　经营杠杆

1. 经营杠杆的概念

经营杠杆是指企业在经营活动中由于营业成本中固定成本的存在而导致营业利润的变动率大于产销业务量变动率的杠杆效应。企业营业成本按其与产销业务量的依存关系可分为变动成本和固定成本两大类。其中，变动成本是指随着业务量的变动而成同比例增减变动的成本；固定成本是指在一定时期和一定业务量范围内，不受业务量增减变动的影响而保持相对固定不变的成本。

在其他条件不变的情况下，产销业务量的增加虽然不会改变固定成本总额，但会降低单位固定成本，从而提高单位利润，使营业利润（一般用息税前利润表示）的增长率大于产销业务量的增长率。反之，产销业务量的减少会提高单位固定成本，降低单位利润，使营业利润（息税前利润）的下降率也大于产销业务量的下降率。如果不存在固定成本，所有成本都是变动的，那么边际贡献就是息税前利润，这时息税前利润变动率就同产销业务量变动率完全一致。由此可见，企业利用经营杠杆，有时可以获得一定的经营杠杆利益，有时也承受着更大的经营损失风险，经营杠杆是一把“双刃剑”。

2. 经营杠杆系数的测算

经营杠杆的大小一般用经营杠杆系数来表示，它是指企业的息税前利润变动率相当于销售量（销售额）变动率的倍数。其基本计算公式如下：

$$\mathrm{DOL}=\frac{\Delta \mathrm{EBIT}/\mathrm{EBIT}}{\Delta Q/Q}$$

或

$$=\frac{\Delta \mathrm{EBIT}/\mathrm{EBOT}}{\Delta S/S}$$

式中，DOL 为经营杠杆系数；ΔEBIT 为息税前利润变动额；EBIT 为变动前的息税前利润；ΔQ 为销售量的变动额；Q 为变动前的销售量；ΔS 为销售额的变动额；S 为变动前的销售额。

为便于计算，经营杠杆系数的基本计算公式可做如下变换：

∵

$$\mathrm{EBIT}=Q\ (P-V)\ -F$$

$$\Delta \mathrm{EBIT}=\Delta Q\ (P-V)$$

∴

$$\mathrm{DOL}_Q=\frac{Q\ (P-V)}{Q\ (P-V)\ -F} \tag{5-1}$$

或

$$DOL_S = \frac{S - VC}{S - VC - F} \tag{5-2}$$

式中，DOL_Q 为销售量为 Q 时的经营杠杆系数；Q 为销售量；P 为产品单位销售价格；V 为产品单位变动成本；F 为固定成本总额；DOL_S 为销售额为 S 时的经营杠杆系数；S 为销售额；VC 为变动成本总额。

上述式（5－1）、式（5－2）可做进一步变换，盈亏平衡点（保本点）就是使总收入等于总营业成本，也就是使营业利润等于零时的销售量。由于营业利润通常用息税前利润表示，其计算公式如下：

$$EBIT = S - VC - F = PQ - VQ - F = Q(P - V) - F$$

在盈亏平衡点（Q_{BE}），EBIT 为零。因此

$$Q_{BE}(P - V) - F = 0$$

$$Q_{BE} = \frac{F}{P - V}$$

根据这一结论，经营杠杆系数的计算公式可进一步变换为用销售量表示的经营杠杆系数：

$$DLO_Q = \frac{Q(P - V)}{Q(P - V) - F} = \frac{Q}{Q - Q_{BE}} \tag{5-3}$$

式中，Q_{BE}为盈亏平衡点的销售量。

用销售额表示的经营杠杆系数：

$$DOL_S = \frac{S - VC}{S - VC - F} = \frac{M}{EBIT} = \frac{EBIT + F}{EBIT} \tag{5-4}$$

式中，M 为边际贡献；EBIT 为息税前利润。

在实际工作中，式（5－3）可用于计算单一产品的经营杠杆系数；式（5－4）除了用于单一产品外，还可用于计算多种产品的经营杠杆系数。

【例5－1】 XYZ 公司的产品销量为 40 000 件，单位产品售价 1 000 元，销售总额 4 000万元，固定成本总额为 800 万元，单位产品变动成本为 600 元，变动成本率为 60%，变动成本总额为 2 400 万元。

其经营杠杆系数测算如下：

$$DOL_Q = \frac{40\ 000 \times (1\ 000 - 600)}{40\ 000 \times (1\ 000 - 600) - 8\ 000\ 000} = 2\text{（倍）}$$

$$DOL_S = \frac{40\ 000\ 000 - 24\ 000\ 000}{40\ 000\ 000 - 24\ 000\ 000 - 8\ 000\ 000} = 2\text{（倍）}$$

在此例中，经营杠杆系数为 2 倍的意义在于：当企业销售量增长 1 倍时，息税前利润将增长 2 倍；反之，当企业销售量下降 100% 时，息税前利润将下降 200%。前种情形表现为经营杠杆利益，后一种情形则表现为经营风险。一般而言，企业的经营杠杆系数越大，经营杠杆利益和经营风险就越高；企业的经营杠杆系数越小，经营杠杆利益和经营风险就越低。

3. 影响经营杠杆利益与风险的其他因素

影响企业经营杠杆系数，或者说影响企业经营杠杆利益和经营风险的因素，除

了固定成本以外，还有许多其他因素，主要有：

（1）产品销售量的变动。产品销售量的变动，对产品的售价和变动成本都可能产生影响，从而对经营杠杆系数产生影响。

（2）产品售价的变动。在其他因素不变的条件下，产品售价的变动将会影响经营杠杆系数。假如在上例中，产品销售单价由 1 000 元上升为 1 100 元，其他条件不变，则经营杠杆系数会变为

$$DOL_S = \frac{40\ 000 \times (1\ 100 - 600)}{40\ 000 \times (1\ 100 - 600) - 8\ 000\ 000} = 1.67（倍）$$

（3）单位产品变动成本的变动。在其他因素不变的条件下，单位产品变动成本额或变动成本率的变动亦会影响经营杠杆系数。假如在上例中，变动成本率由 60% 升至 65%，其他条件不变，则经营杠杆系数会变为

$$DOL_S = \frac{40\ 000\ 000 - 26\ 000\ 000}{40\ 000\ 000 - 26\ 000\ 000 - 8\ 000\ 000} = 2.33（倍）$$

（4）固定成本总额的变动。在一定的产销规模内，固定成本总额相对保持不变。如果产销规模超出了一定的限度，固定成本总额也会发生一定的变动。假如在上例中，产品销售总额由 4 000 万元增至 5 000 万元，同时固定成本总额由 800 万元增至 950 万元，变动成本率仍为 60%。这时，XYZ 公司的经营杠杆系数会变为

$$DOL_S = \frac{5\ 000 - 3\ 000}{5\ 000 - 3\ 000 - 950} = 1.91（倍）$$

在上列因素发生变动的情况下，经营杠杆系数一般也会发生变动，从而产生不同程度的经营杠杆利益和经营风险。由于经营杠杆系数影响着企业的息税前利润，从而也就制约着企业的筹资能力和资本结构。因此，经营杠杆系数是资本结构的一个重要因素。

5.1.3 财务杠杆

1. 财务杠杆的概念

财务杠杆是指企业在筹资活动中由于固定财务费用的存在，使普通股每股盈余的变动幅度大于息税前利润的变动幅度的杠杆效应。不论企业的营业利润有多少，债务的利息和优先股的股利通常都是固定不变的。当息税前利润增大时，每 1 元盈余所负担的固定财务费用就会相对减少，这能给普通股股东带来更多的盈余；反之，当息税前利润减少时，每 1 元盈余所负担的固定财务费用就会相对增加，这就会大幅度减少普通股的盈余。因此，企业利用财务杠杆，有时可能会给普通股股东带来额外的收益即财务杠杆利益，有时也可能造成一定的损失即财务风险。

2. 财务杠杆系数的测定

从上述分析可知，只要在企业的筹资方式中有固定财务支出的债务和优先股，就存在财务杠杆的作用。但不同企业，财务杠杆的作用程度是不完全一致的，为此，需要对财务杠杆进行计量。对财务杠杆进行计量最常用的指标是财务杠杆系数。财务杠杆系数是普通股每股盈余的变动率相当于息税前利润变动率的倍数。其

基本计算公式如下：

$$\mathrm{DFL}=\frac{\Delta \mathrm{EPS}/\mathrm{EPS}}{\Delta \mathrm{EBIT}/\mathrm{EBIT}} \tag{5-5}$$

式中，DFL为财务杠杆系数；ΔEPS为普通股每股盈余变动额；EPS为变动前的普通股每股盈余；ΔEBIT为息税前利润变动额；EBIT为变动前的息税前利润。

上述公式是计算财务杠杆系数的理论公式，运用时必须已知变动前后的相关资料，比较麻烦。上述公式还可以进一步简化。

由于普通股每股盈余可以表示为

$$\mathrm{EPS}=\frac{(\mathrm{EBIT}-I)(1-T)-D_P}{N}$$

而利息费用I、优先股股利D_P是固定不变的，因此

$$\Delta \mathrm{EPS}=\frac{\Delta \mathrm{EBIT}(1-T)}{N}$$

代入财务杠杆系数的基本公式，得

$$\mathrm{DFL}=\frac{\Delta \mathrm{EBIT}(1-T)N}{[(\mathrm{EBIT}-I)(1-T)-D_P]/N}\ \frac{\mathrm{EBIT}}{\Delta \mathrm{EBIT}}$$

$$=\frac{\mathrm{EBIT}}{\mathrm{EBIT}-I-D_P/(1-T)}$$

即

$$\mathrm{DFL}=\frac{\mathrm{EBIT}}{\mathrm{EBIT}-I-D_P/(1-T)} \tag{5-6}$$

式中，I为债务利息；D_P为优先股股息；T为所得税税率；N为发行在外的普通股股数。

【例5-2】 ABC公司全部长期资本为7 500万元，债权资本比例为0.4，债务年利率为8%，公司所得税税率为25%。在息税前利润为800万元时，税后利润为294.8万元。其财务杠杆系数测算如下：

$$\mathrm{DFL}=\frac{800}{800-7\,500\times 0.4\times 8\%}=1.43\text{（倍）}$$

上例中财务杠杆系数1.43倍表示：当息税前利润增长1倍时，普通股每股税后利润将增长1.43倍；反之，当息税前利润下降100%时，普通股每股利润将下降143%。前一种情形表现为财务杠杆利益，后一种情形表现为财务风险。一般而言，财务杠杆系数越大，企业的财务杠杆利益和财务风险就越高；财务杠杆系数越小，企业的财务杠杆利益和财务风险就越低。

3. 影响财务杠杆利益与风险的其他因素

影响企业财务杠杆系数，或者说影响企业财务杠杆利益和财务风险的因素，除了债权资本固定利息以外，还有许多其他因素，主要有：

(1) 资本规模的变动。在其他因素不变的情况下，如果资本规模发生了变动，则财务杠杆系数也将随之变动。例如在上例中，假如资本规模为8 000万元，其他因素保持不变，则财务杠杆系数变为

$$DFL=\frac{800}{800-8\ 000\times 0.4\times 8\%}=1.47\text{（倍）}$$

（2）资本结构的变动。一般而言，在其他因素不变的情况下，资本结构发生变动，或者说债权资本比例发生变动，财务杠杆系数也会随之变动。例如在上例中，假如债权资本比例变为0.5，其他因素保持不变，则财务杠杆系数变为

$$DFL=\frac{800}{800-7\ 500\times 0.5\times 8\%}=1.6\text{（倍）}$$

（3）债务利率的变动。在债务利率发生变动的情况下，即使其他因素不变，融资杠杆系数也会发生变动。假如在上例中其他因素不变，只有债务利率发生了变动，由8%降为7%，则财务杠杆系数变为

$$DFL=\frac{800}{800-7\ 500\times 0.4\times 7\%}=1.36\text{（倍）}$$

（4）息税前利润的变动。息税前利润的变动通常也会影响财务杠杆系数。假如上例的息税前利润由800万元增至1 000万元，在其他因素不变的情况下，财务杠杆系数则变为

$$DFL=\frac{1\ 000}{1\ 000-7\ 500\times 0.4\times 8\%}=1.32\text{（倍）}$$

在上列因素发生变动的情况下，财务杠杆系数一般也会发生变动，从而产生不同程度的财务杠杆利益和财务风险。因此，财务杠杆系数是资本结构决策的一个重要因素。

5.1.4 复合杠杆

1. 复合杠杆的概念

复合杠杆也称总杠杆，是指经营杠杆和财务杠杆的综合运用，即由于固定生产经营成本和固定财务费用的共同存在而导致的每股盈余变动幅度大于产销业务量变动幅度的杠杆效应。如前所述，由于存在固定的生产经营成本，产生经营杠杆作用，使息税前利润的变动率大于业务量的变动率；又由于存在固定的财务费用（如固定利息和优先股股利），产生财务杠杆作用，使企业每股盈余的变动率大于息税前利润的变动率。如果企业既存在固定的生产经营成本，又存在固定的财务费用，则两种杠杆共同作用，使得销售额稍有变动就会引起每股盈余产生很大的变动。

2. 复合杠杆系数

从以上分析可知，只要企业同时存在固定的生产经营成本和固定的利息费用等财务支出，就会存在复合杠杆的作用。但不同企业，复合杠杆作用的程度是不完全一致的，为此，需要对复合杠杆作用的程度进行计量。对复合杠杆进行计量最常用的指标是复合杠杆系数。所谓复合杠杆系数，是指每股盈余变动率相当于业务量变动率的倍数。其计算公式如下：

$$DCL=\frac{\Delta EPS/EPS}{\Delta S/S}=\frac{\Delta EPS/EPS}{\Delta Q/Q} \tag{5-7}$$

式中，DCL 为复合杠杆系数；EPS 为变动前的每股盈余；ΔEPS 为每股盈余变动额；S 为变动前的销售额；ΔS 为销售额的变动额。Q 为变动前的产销量；ΔQ 为产销量的变动量。

【例 5－3】 某企业有关资料如表 5－1 所示，要求分析复合杠杆作用。

表 5－1　复合杠杆计算表　　单位：万元

项目	2016 年	2017 年	2017 年比 2016 年增减变动率
销售收入	1 000	1 200	+20%
变动成本	400	480	+20%
固定成本	400	400	0
息税前利润（EBIT）	200	320	+60%
利息	80	80	0
税前盈余	120	240	+100%
所得税（税率为 25%）	30	60	+100%
税后盈余	90	180	+100%
普通股发行在外的股数（万股）	100	100	0
每股盈余	0.9	1.8	+100%

①单位产品售价 10 元。

②单位变动成本 4 元。

根据表 5－1 中的资料，该企业的复合杠杆系数为

$$DCL=\frac{0.90/0.90}{200/1\,000}=\frac{100\%}{20\%}=5\text{（倍）}$$

为简化计算，可根据上述公式推导出计算复合杠杆系数的简单公式为

$$\begin{aligned}DCL&=\frac{\Delta EPS/EPS}{\Delta S/S}\\&=\frac{\Delta EPS/EPS}{\Delta EBIT/EBIT}\cdot\frac{\Delta EBIT/EBIT}{\Delta S/S}\\&=DOL\cdot DFL\end{aligned}\tag{5-8}$$

即复合杠杆系数等于经营杠杆系数与财务杠杆系数之积。因此，复合杠杆系数的计算公式可进一步变换为

$$\begin{aligned}DCL&=\frac{EBIT+F}{EBIT}\,\frac{EBIT}{EBIT-I-D_P/(1-T)}\\&=\frac{EBIT+F}{EBIT-I-D_P/(1-T)}\end{aligned}$$

或

$$=\frac{Q(P-V)}{Q(P-V)-F-I-D_P/(1-T)}\tag{5-9}$$

根据表 5－1 中 2016 年的资料，可求得该企业 2016 年的复合杠杆系数为

$$DCL=\frac{200+400}{200-80}=5\text{（倍）}$$

也就是说，在本例中，企业的产销业务量每增减1%，每股盈余就会相应增减5%。因此，产销业务量有一个比较小的增长，每股盈余就会大幅度增长；反之，产销业务有比较小的下降，每股盈余也会大幅度下降。

同理，可利用表5-1中2017年的数据计算出该企业2017年的复合杠杆系数：

$$DCL=\frac{320+400}{320-80}=3\text{（倍）}$$

在此例中，复合杠杆系数为3倍，这意味着当公司营业总额或营业总量增长1倍时，普通股每股税后利润将增长3倍，具体反映公司的复合杠杆利益；反之，当公司营业总额下降100%时，普通股每股税后利润将下降300%，具体反映公司的复合杠杆风险。

3. 影响复合杠杆利益与风险的其他因素

因为复合杠杆是经营杠杆与财务杠杆的综合，因此影响经营杠杆和财务杠杆的因素也影响复合杠杆。

5.2 资本成本

5.2.1 资本成本的概念

从会计学理论来讲，资本是指所有者投入生产经营，能产生效益的资金。资本是企业经营活动的一项基本要素，是企业创建、生存和发展的一个必要条件。

资本成本是企业为筹集和使用资金而付出的代价，也称资金成本。从融资角度分析，资本成本是企业筹措资金所支付的最低价格，一般包括使用费用和筹资费用两部分；从投资角度分析，资本成本是企业投资所要求的最低报酬。

资本成本依据不同的资金来源，分为债务资本成本、权益资本成本等。在资本结构决策时，通常使用加权平均资本成本和边际资本成本。

5.2.2 资本成本的功能

资本成本是企业投融资的重要依据，也是衡量企业经营业绩的核心指标。它的作用主要体现为以下方面：

（1）资本成本是企业筹资决策的主要依据。企业资金有多种来源和筹资方式，资本成本的高低是决定筹资活动的首要因素，因此企业资金筹集必须正确估算各种资本成本，并加以合理配置。

（2）资本成本是评价投资项目的重要标准。投资项目的决策主要依据投资的项目预期回报率与资本成本孰高孰低。如果企业项目投资回报率小于资本成本，那么企业价值减少，不进行投资；反之，则可以进行投资。

(3) 资本成本是衡量企业经营业绩的核心指标。企业经营利润率与资本成本进行比较，只有当企业经营利润率大于资本成本时，才说明企业业绩越来越好；反之，则说明业绩不佳，需要改善经营管理，提高利润率和降低资本成本。

5.2.3 债务资本成本估计

1. 债券资本成本

债券资本成本主要是债券利息和筹资费用。由于债券利息在税前支付，具有减税效应，其债券利息的处理与银行长期借款相同。债券的筹资费用一般较高，这类费用包括申请发行债券的手续费、债券注册费、印刷费、上市费以及推销费用等，其公式如下：

$$K_b = \frac{I(1-T)}{B_0(1-f)} = \frac{Bi(1-T)}{B_0(1-f)} \tag{5-10}$$

式中，K_b为债券资本成本；I为每年支付的利息；i为债券票面利率；T为所得税税率；B为债券面值；B_0为债券发行价格；f为债券筹资费率。

【例5-4】 环球集团拟发行一笔期限为10年的企业债券，债券面值是100万元，票面利率为10%，每年支付一次利息，发行费率为2%，假定所得税税率为25%，债券面值等价发行，则该笔债券的资本成本为

$$K_b = \frac{100 \times 10\% \times (1-25\%)}{100 \times (1-2\%)} = 7.65\%$$

2. 长期借款资本成本

银行借款成本是指借款利息和筹资费用。由于借款利息计入税前费用，可以起到抵税作用，其资本成本计算公式如下：

$$K_d = \frac{I(1-T)}{L(1-f)} = \frac{i(1-T)}{(1-f)} \tag{5-11}$$

式中，K_d为银行借款资本成本；I为每年支付的利息；i为借款利率；T为所得税税率；L为银行借款总额；f为筹资费率。

【例5-5】 环球集团从银行取得长期借款100万元，年利率7%，期限5年，每年年末支付利息一次，假定筹资费率为1%，企业所得税税率为25%，则其借款的资本成本为

$$K_d = \frac{100 \times 7\% \times (1-25\%)}{100 \times (1-1\%)} = 5.30\%$$

5.2.4 权益资本成本估计

1. 优先股资本成本

企业发行优先股，主要是支付筹资费用和固定股利。由于优先股股东承担的风险比债券持有人大，这就使优先股的股息率高于债券利率。优先股由于从净利润中支付，因此，不能抵减所得税。其资本成本的计算公式如下：

$$K_p = \frac{D}{P_0(1-f)} \tag{5-12}$$

式中，K_p为优先股资本成本；D为每年股利；P_0为发行优先股总额；f为筹资费率。

【例5－6】 环球集团发行优先股，按面值发行100万元，筹资费率为5%，每年支付12%的股利，则优先股的资本成本为

$$K_p=\frac{100\times 12\%}{100\times(1-5\%)}=12.63\%$$

2. 普通股资本成本

与优先股相比，普通股的收益不是固定的，普通股股东相对于债务人和优先股股东承担的风险更大一些，因此普通股股东要求的必要收益率也要高一些。通常有三种估算方法：现金流量折现法、资本资产定价模型、债券收益加风险溢价法。

（1）现金流量折现法（股利增长模型）。根据普通股股票预计现金流收益，普通股股票每股当前市场价格等于预期每股股利现金流量的现值之和。经过整理，资本成本计算公式如下：

$$K_c=\frac{D_1}{P_0(1-f)}+g \tag{5-13}$$

式中，K_c为普通股资本成本；D_1为第一年发放股利；P_0为普通股金额；f为筹资费率；g为股利年增长率。

（2）资本资产定价模型（CAPM法）。按照资本资产定价模型，普通股股东对某种股票的期望收益率的公式如下：

$$K_c=R_f+\beta(K_m-R_f) \tag{5-14}$$

式中，K_c为普通股资本成本；R_f为无风险收益率；β为股票的系统风险，即β系数；K_m为证券市场预期收益率。

（3）债券收益加风险溢价法。对股票未上市的企业，以上两种方法都无法使用，这时可以采用债券收益加风险溢价法。如果有公司发行债券，债务资本成本为债券收益率；如果没有公司债券，则采用企业平均负债资本成本。因为普通股股东对企业的投资风险大于债券的投资风险，因而要在债券收益率上再加上一定的风险溢价。其计算公式如下：

$$K_c=K_b+R_{PC} \tag{5-15}$$

式中，K_c为普通股资本成本；K_b为企业债券资本成本；R_{PC}为普通股风险溢价。

【例5－7】 环球集团股票市场价格为20元，第一年预期股利为1元，已发行普通股600万股，每股发行价10元，每年增长3%，筹资费率是2%。普通股β系数为1.5，此时一年期国债利率为5%，市场平均报酬率为12%。企业债券收益率为7%，普通股风险溢价为4%。试估算企业普通股资本成本。

按现金流量折现法：

$$K_c=\frac{1}{10\times(1-2\%)}+3\%=13\%$$

按资本资产定价模型：

$$K_c=5\%+1.5\times(12\%-5\%)=15\%$$

按债券收益加风险溢价法：

$$K_c = 7\% + 4\% = 11\%$$

3. 留存收益成本

一般企业都不会把全部收益以股利形式分给股东，所以，留存收益是企业资金的重要来源。留存收益成本是将企业的利润再投资，因此不产生筹资费用。但是由于股东这部分资金可以用于其他投资，要求投资回报率，因此留存收益存在资本成本。其计算公式如下：

$$K_e = \frac{D_1}{P_0} + g \tag{5-16}$$

式中，K_e为留存收益资本成本；D_1为第一年发放股利；P_0为普通股金额；g 为股利年增长率。

【例 5-8】环球集团将去年的利润作为今年的投资金额，已发行普通股 600 万股，每股 10 元，每年发放股利 1 元，每年增长 2%，则留存收益资本成本为

$$K_e = \frac{1 \times 600 \times (1 + 2\%)}{6\ 000} + 2\% = 12.20\%$$

5.2.5 加权平均资本成本估计

企业可以通过多种渠道、多种方式筹集资金，但是各种渠道与方式筹措资金的成本是不同的。为了正确地进行筹资和投资决策，要使用加权平均资本成本进行决策。加权平均资本成本（WACC）是指企业以各种资本在企业全部资本中所占的比重为权数，对各种长期资金的资本成本加权平均计算出来的资本总成本。加权平均资本成本可用来确定平均风险投资项目所要求的收益率。计算个别资金占全部资金的比重时，可分别选用账面价值、市场价值、目标资本结构来计算。其计算公式如下：

$$K_w = \sum_{j=1}^{n} K_j W_j \tag{5-17}$$

1. 账面价值权数

账面价值权数是指债券、股票以各项资金的账面价值进行计算来确定权数。这种方式简单，数据易获得，结果相对稳定，但是如果债券和股票的市场价值已经脱离账面价值，则不能反映实际的资本成本水平。

2. 市场价值权数

市场价值权数是指债券、股票以市场价格确定权数。这样计算的加权平均资本成本能反映企业目前的实际情况。同时，为弥补证券市场价格变动频繁的不便，也可以用平均价格。

3. 目标资本结构权数

目标资本结构权数是指债券、股票以未来预计的目标市场价值确定权数。这种能体现期望的资本结构，而不像账面价值权数和市场价值权数那样只反映过去和现在的资本成本结构，所以按目标资本结构权数计算的加权平均资本成本更适用于企业筹措新资金。然而，企业很难客观合理地确定证券的目标资本结构，又使这种计

算方法不易推广。

【例5-9】环球集团共有资金1 000万元，其中债券100万元，优先股100万元，普通股600万元，留存收益200万元，各种资金的成本分别为7.6%、12%、15%和12%。试计算该企业的加权平均资本成本。

（1）计算各种资金所占的比重。

债券 = 100/1 000 = 10%

优先股 = 100/1 000 = 10%

普通股 = 600/1 000 = 60%

留存收益 = 200/1 000 = 20%

（2）计算加权平均资本成本。

$$K_w = \sum_{j=1}^{n} K_j W_j = 10\% \times 7.6\% + 10\% \times 12\% + 60\% \times 15\% + 20\% \times 12\% = 13.36\%$$

5.2.6 边际资本成本与投资项目资本成本

1. 边际资本成本

公司无法以某一固定的资本成本筹集无限的资金，当公司筹集的资金超过一定限度时，原来的资本成本就会增加，追加一个单位的资本增加的成本称为边际资本成本。边际资本成本是企业投资和筹资过程中必须考虑的问题。

2. 投资项目资本成本

投资项目资本成本是针对投资项目进行决策的主要依据。与公司资本成本相区别，公司资本成本是投资者针对整个公司要求的报酬率，投资项目资本成本是公司投资于资本支出项目所要求的最低报酬率。

5.3 资本结构

资本结构问题是财务管理理论与实践中的一个重要问题。合理的资本结构，有利于企业的健康发展，而不合理的资本结构，可能导致企业的财务危机。

5.3.1 资本结构的概念

资本结构是指企业资本总额中各种资本的构成及其比例关系。筹资管理中，资本结构有广义和狭义之分。广义的资本结构是指全部债务与股东权益的构成比率；狭义的资本结构则是指长期负债与股东权益资本构成比率。狭义资本结构下，短期债务作为营运资金来管理。本书所指的资本结构通常仅指狭义的资本结构，也就是长期债务资本在股东权益资本中所占的比重。

不同的资本结构会给企业带来不同的后果。企业利用债务资本进行举债经营具有双重作用，既可以发挥财务杠杆效应，也可能带来财务风险。因此企业必须权衡财务风险和资本成本的关系，确定最佳的资本结构。评价企业资本结构最佳状态的标准应该是能够提高股权收益或降低资本成本，最终目的是提升企业价值。股权收益，表现为净资产报酬率或普通股每股收益；资本成本，表现为企业的平均资本成本。根据资本结构理论，当公司平均资本成本最低时，公司价值最大。

5.3.2 资本结构理论

资本结构是指企业各种来源的长期资本的构成及其比例关系。资本结构是否合理会影响企业资本成本的高低、财务风险的大小以及投资者的收益，是企业筹资管理的核心问题。因为企业资本主要有债务资本和权益资本两类，因此资本结构主要研究的是债务资本比例问题，即负债在全部资本中所占的比重。我们认为资本结构决策主要涉及的是风险和收益之间的权衡与取舍；更多的债务会增加企业的财务风险；然而，在通常情况下，更多的债务能提高权益资本的报酬率（财务杠杆利益），还有一定的抵税收益。因此，企业最优的资本结构必须在风险和收益之间进行权衡来确定。

需要说明的是，由于短期资本的需要量和筹集是经常变化的，且在整个资本总量中所占的比重不稳定，因此不列为资本结构的管理范围。

1. MM 资本结构理论

现代资本结构理论是由莫迪格利安尼（Modiglian）与米勒（Miller）（简称 MM）基于完美资本市场的假设条件提出的，MM 资本结构理论所依据的直接及隐含的假设条件如下：

（1）经营风险可以用息税前利润的方差来衡量，具有相同经营风险的公司称为风险同类。

（2）投资者等市场参与者对公司未来的收益与风险的预期是相同的。

（3）借债无风险，即公司或个人投资者的所有债务利率均为无风险报酬率，与债务数量无关。

（4）完善的资本市场，即在股票与债券进行交易的市场中没有交易成本，且个人与机构投资者的借款利率与公司相同。

（5）全部现金流是永续的，即公司息税前利润具有永续的零增长特征，债券也是永续的。

在上述假设的基础上，莫迪格利安尼与米勒首先研究“没有企业所得税”情况下的资本结构理论，其后又研究了“有企业所得税”情况下的资本结构理论。因此，MM 资本结构理论可以分为无税 MM 理论和有税 MM 理论。

（1）无税 MM 理论。无税 MM 理论指出，一个公司所有证券持有者的总风险不会因为资本结构的改变而发生变动。因此，无论公司的融资组合如何，公司的总价值必然相同。资本市场套利行为的存在，是该假设重要的支持。套利行为避免了完全替代物在同一市场上会出现不同的售价。在这里，完全替代物是指两个或两个以上具有相同风险而只有资本结构不同的公司。MM 资本结构理论主张，这类公司的总价值应该相等。

可以用公式来定义在无企业所得税时的公司价值。把公司的营业净利按一个合适的资本化比率转化为资本就可以确定公司的价值。公式如下：

$$V_L = V_U = \frac{\text{EBIT}}{K_{\text{WACC}}^0} = \frac{\text{EBIT}}{K_e^u} \tag{5-18}$$

式中，V_L为有负债企业的价值；V_U为无负债企业的价值；EBIT 为全部资产的预期收益（永续）；K_{WACC}^0为有负债企业的综合资本成本；K_e^u 为既定风险等级的无负债企业的权益资本成本。

根据无税 MM 理论，公司价值与公司资本结构无关。也就是说，不论公司是否有负债，公司的综合资本成本是不变的。

（2）有税 MM 理论。有企业所得税时 *MM* 资本结构理论认为，存在企业所得税时，举债的优点是负债利息支付可以用于抵税，因此财务杠杆降低了公司税后的综合资本成本。

避税收益的现值可以用以下公式表示：

$$\text{避税收益的现值} = \frac{T_C RB}{R} = T_C B \tag{5-19}$$

式中，T_C 为企业所得税税率；R 为债务利率；B 为债务的市场价值。

由此可知，公司负债越多，避税收益越大，公司的价值也就越大。因此，原始的 MM 模型经过加入企业所得税调整后，可以得出结论：税收的存在是资本市场不完善的重要表现，而资本市场不完善时，资本结构的改变就会影响公司的价值，也就是说公司的价值和资本成本随资本结构的变化而变化，有杠杆的公司的价值会超过无杠杆公司的价值（即负债公司的价值会超过无负债公司的价值），负债越多，这个差异越大，当负债达到 100% 时，公司价值最大。

2. 权衡理论

未来现金流的不确定以及对经济冲击高度敏感的企业，如果使用过多的债务，会导致其陷入财务困境，出现财务危机甚至破产。企业陷入财务困境后所引发的成本分为直接成本和间接成本。财务困境的直接成本是指企业因破产、进行清算或重组所发生的法律费用和管理费用等；间接成本通常比直接成本大得多，是指因财务困境所引发企业资信状况恶化以及持续经营能力下降而导致的企业价值损失。具体表现为企业客户、供应商、员工的流失，投资者的警觉与谨慎导致的融资成本的增加，被迫接受保全他人利益的交易条款等。因此，负债在为企业带来抵税收益的同时也给企业带来了陷入财务困境的成本。所谓权衡理论，就是强调在平衡债务利息的抵税收益与财务困境成本的基础上，实现企业价值最大化时的最佳资本结构。此时所确定的债务比率是债务抵税收益边际价值等于增加的财务困境成本的现值。

3. 契约理论

在资本结构的决策中，不完全契约，信息不对称以及经理、股东和债权人之间的利益冲突将影响投资项目的选择，特别是在企业陷入财务困境时，更容易引起过度投资问题和投资不足问题，导致发生债务代理成本。债务代理成本损害了债权人的利益，降低了企业价值，最终由股东承担这种损失。

（1）过度投资问题。过度投资问题是指企业采用不同盈利项目或高风险项目而产生的损害股东以及债权人的利益并降低企业价值的现象。发生过度投资问题的两种情形：一是当企业经理与股东之间存在利益冲突时，经理的自利行为产生的过度投资问题；二是当企业股东和债权人之间存在利益冲突时，经理代表股东利益采纳成功率较低甚至净现值为负的高风险项目产生的过度投资问题。

（2）投资不足问题。投资不足问题是指企业放弃净现值为正的投资项目而使债权人利益受损并进而降低企业价值的现象。投资不足问题发生在企业陷入财务困境且有比例较高的债务时（即企业具有高风险债务），如果用股东的资金去投资净现值为正的项目，可以在增加股东权益价值的同时，也增加债权人的债务价值。但是，当债务价值的增加超过权益价值的增加时，即从企业整体角度而言是净现值为正的新项目，而对股东而言则成为净现值为负的项目，投资新项目后将会发生财富从股东转移至债权人。因此，如股东事先预见到投资新项目后发生的大部分收益将由债权人获得并导致自身利益下降，就会拒绝为净现值为正的新项目投资。

（3）债务的代理收益。债务在产生代理成本的同时，也会伴生相应的代理收益。债务的代理收益将有利于减少企业的价值损失或增加企业价值，具体表现为债权人保护条款引入、对经理提升企业业绩的激励措施，以及对经理随意支配现金浪费企业资源的约束等。

1）债务的存在使得企业承担了未来支付利息的责任和义务，从而减少了企业剩余的现金流量，进而减少了管理者的浪费性投资。

2）企业的债务水平较高时，债权人自己也会密切监督管理者的行为，从而为抑制管理者的疏忽失职提供了额外的防护。

5.3.3 资本结构决策方法

资本结构决策方法可分为定量分析法和定性分析法两类，下面分别介绍其中常见的三种。

1. 比较资本成本法

企业在做出筹资决策之前，先拟订若干个备选方案，分别计算各方案的加权平均资本成本，并根据加权平均资本成本的高低来确定资本结构的方法，就是比较资本成本法。现举例说明如下：

【例5-10】 长江公司原来的资本结构如表5-2所示。普通股每股面值1元，发行价格每股10元，目前市场价格也是每股10元，今年预期股利为1元/股，预计以后每年增加股利5%。该企业所得税税率为25%，假定发行的各种证券均无筹资费。

表5-2 现有资本结构 单位：万元

筹资方式	金额
债券（年利率10%）	800
普通股（每股面值1元，发行价10元，共80万股）	800
合计	1 600

该企业现拟增资400万元，以扩大生产经营规模，现有如下三个方案可供选择。

甲方案：增加发行400万元的债券，因债务增加，投资人风险加大，债券利率增至12%才能发行，预计普通股股利不变，但由于风险加大，普通股市价降至8元/股。

乙方案：发行债券200万元，年利率为10%，发行股票20万股，每股发行价10元，预计普通股股利不变。

丙方案：发行股票36.36万股，普通股市价增至11元/股。

为了确定上述三个方案哪个最好，下面分别计算其加权平均资本成本。

（1）计算计划年初加权平均资本成本。各种资本的比重和资本成本分别为

$$W_B=\frac{800}{1\ 600}=50\%$$

$$W_S=\frac{800}{1\ 600}=50\%$$

$$K_B=10\%\times(1-25\%)=7.5\%$$

$$K_S=\frac{1}{10}+5\%=15\%$$

计划年初的加权平均资本成本为

$$K_{W0}=50\%\times7.5\%+50\%\times15\%=11.25\%$$

（2）计算甲方案的加权平均资本成本。各种资本的比重和资本成本分别为

$$W_{B1}=\frac{800}{2\ 000}=40\%$$

$$W_{B2}=\frac{400}{2\ 000}=20\%$$

$$W_S=\frac{800}{2\ 000}=40\%$$

$$K_{B1}=10\%\times(1-25\%)=7.5\%$$

$$K_{B2}=12\%\times(1-25\%)=9\%$$

$$K_S=\frac{1}{8}+5\%=17.5\%$$

甲方案的加权平均资本成本为

$$K_{W1}=40\%\times7.5\%+20\%\times9\%+40\%\times17.5\%=11.8\%$$

（3）计算乙方案的加权平均资本成本。各种资本的比重和资本成本分别为

$$W_B=\frac{200+800}{2\ 000}=50\%$$

$$W_S=\frac{200+800}{2\ 000}=50\%$$

$$K_B=10\%\times(1-25\%)=7.5\%$$

$$K_S=\frac{1}{10}+5\%=15\%$$

乙方案的加权平均资本成本为

$$K_{W2}=50\%\times7.5\%+50\%\times15\%=11.25\%$$

(4) 计算丙方案的加权平均资本成本。各种资本的比重和资本成本分别为

$$W_B=\frac{800}{2\ 000}=40\%$$

$$W_S=\frac{400+800}{2\ 000}=60\%$$

$$K_B=10\%\times(1-25\%)=7.5\%$$

$$K_S=\frac{1}{11}+5\%=14.1\%$$

丙方案的加权平均资本成本为

$$K_{W3}=40\%\times7.5\%+60\%\times14.1\%=11.46\%$$

从以上计算结果可以看出，乙方案的加权平均资本成本最低，所以应选用乙方案，即该企业应保持原来的资本结构，50%为债务资本，50%为自有资本。

这种方法通俗易懂，计算过程也不是十分复杂，是确定资本结构的一种常用方法。但因所拟订的方案数量有限，故存在把最优方案漏掉的可能。

2. 每股收益无差别点法（EBIT－EPS分析法）

债务的偿还能力是建立在未来盈利能力基础之上的。研究资本结构，不能脱离企业的盈利能力。企业的盈利能力，一般用息税前利润（EBIT）表示。

债务筹资是通过它的杠杆作用来增加股东财富的。确定资本结构不能不考虑它对股东财富的影响。股东财富通常可以用每股收益（EPS）来表示。

将以上两方面联系起来，分析资本结构与每股盈余之间的关系，进而来确定合理的资本结构的方法，就是息税前利润—每股收益分析法，简写为EBIT－EPS分析法。

这种方法因为要确定每股盈余的无差别点，所以又叫每股收益无差别点法。现举例说明如下：

【例5－11】 ABC公司目前拥有长期资本850万元，其资本结构为：长期债务100万元，普通股750万元。该公司现准备追加筹资150万元，有三种筹资方式可供选择：增发普通股、增加债务、发行优先股。有关资料如表5－3所示。

表5－3 ABC公司目前和追加筹资后的资本结构资料表 单位：万元

资本种类	目前资本结构		追加筹资后的资本结构					
			增发普通股		增加长期债务		发行优先股	
	金额	比例	金额	比例	金额	比例	金额	比例
长期债务	100	12%	100	10%	250	25%	100	10%
优先股	0	—	0	—	0	—	150	15%
普通股	750	88%	900	90%	750	75%	750	75%
资本总额	850	100%	1 000	100%	1 000	1.00	1 000	100%

（续）

资本种类	目前资本结构		追加筹资后的资本结构					
			增发普通股		增加长期债务		发行优先股	
	金额	比例	金额	比例	金额	比例	金额	比例
其他资料：								
年债务利息额	9		9		27		9	
年优先股股利额	0		0		0		15	
普通股股数/万股	10		13		10		10	

当息税前利润为 160 万元时，为便于计算假定公司所得税税率为 25%，可测算上述三种筹资方式追加筹资后的普通股每股收益，如表 5－4 所示。

表 5－4　ABC 公司预计追加筹资后的每股收益测算表　　单位：万元

项目	增发普通股	增加长期债务	发行优先股
息税前利润	160	160	160
减：长期债务利息	9	27	9
所得税前利润	151	133	151
减：企业所得税（25%）	37.75	33.25	37.75
税后利润	113.25	99.75	113.25
减：优先股股利	—	—	15
普通股可分配利润	113.25	99.75	98.25
普通股股数（万股）	13	10	10
每股收益（元）	8.71	9.98	9.83

由表 5－4 可见，不同增资方式下，普通股每股收益是不相等的。在息税前利润为 160 万元的条件下，普通股每股收益当增发普通股时最低，为每股 8.71 元；当增加长期债务时最高，为每股 9.98 元；当发行优先股时居中，为每股 9.83 元。这反映了在息税前利润一定的条件下，不同的资本结构对普通股每股收益的影响。

表 5－4 所测算的结果是在息税前利润预计为 160 万元时的情况。那么，息税前利润究竟为多少时，增发普通股或发行优先股更为有利呢？这需要通过测算息税前利润平衡点来判断。其测算公式为

$$\frac{(\overline{EBIT}-I_1)(1-T)-D_{P1}}{N_1}=\frac{(\overline{EBIT}-I_2)(1-T)-D_{P2}}{N_2}$$

式中，$\overline{EBIT}$为息税前利润平衡点，即每股收益无差别点；I_1、I_2为两种增资方式下的长期债务利息；D_{P1}、D_{P2}为两种增资方式下的优先股股利；N_1、N_2为两种增资方式下的普通股股数。

现将表5-4的有关资料代入上式，进行测算：

(1) 增发普通股与增加长期债务两种增资方式下的每股收益无差别点为

$$\frac{(\overline{EBIT}-9)\times(1-25\%)}{13}=\frac{(\overline{EBIT}-27)\times(1-25\%)}{10}$$

$\overline{EBIT}=87$（万元）

(2) 增发普通股与发行优先股两种增资方式下的每股收益无差异点为

$$\frac{(\overline{EBIT}-9)\times(1-25\%)}{13}=\frac{(\overline{EBIT}-9)\times(1-25\%)-15}{10}$$

$\overline{EBIT}=95.67$（万元）

测算结果是：当息税前利润为87万元时，增发普通股和增加长期债务的每股收益相等；同样道理，当息税前利润为95.67万元时，增发普通股和发行优先股的每股收益相等。为验证，还可测算如表5-5所示。

表5-5 ABC公司每股收益无差别点测算表 单位：万元

项目	增发普通股	增加长期债务	增发普通股	发行优先股
息税前利润	87	87	95.67	95.67
减：长期债务利息	9	27	9	9
所得税前利润	78	60	86.67	86.67
减：企业所得税（25%）	19.5	15	21.67	21.67
税后利润	58.5	45	65	65
减：优先股股利	0	0	0	15
普通股可分配利润	58.5	45	65	50
普通股股数（万股）	13	10	13	10
每股收益（元）	4.5	4.5	5	5

每股收益无差别点的息税前利润为87万元的意义在于：当EBIT大于87万元时，增加长期债务的EPS要比增发普通股的EPS大，债务筹资有利；当EBIT小于87万元时，增发普通股的EPS大于增加长期债务的EPS，普通股筹资更有利；而当EBIT等于87万元时，增发普通股与增加长期债务这两种筹资方式的EPS相等。同理，每股收益无差别点的息税前利润为95.67万元的意义在于：当EBIT大于95.67万元时，发行优先股要比增发普通股有利；当EBIT小于95.67万元时，增发普通股比发行优先股更有利；当EBIT等于95.67万元时，增发普通股与发行优先股这两种筹资方式的EPS相等。不管EBIT处于何种水平，增加长期债务的EPS总是大于发行优先股的EPS。

上述结论中，EBIT大于及等于每股收益无差别点EBIT的情况已在表中得到证明。现举例证实EBIT小于每股收益无差别点EBIT的情况。

【例5-12】 假设ABC公司息税前利润分别为50万元和100万元，其他资料同上例，下面通过表5－6测算每股收益。

表5－6　每股收益测算表　　单位：万元

项目	当息税前利润为50万元时			当息税前利润为100万元时		
	增发普通股	增加长期债务	发行优先股	增发普通股	增加长期债务	发行优先股
息税前利润	50	50	50	100	100	100
减：长期债务利息	9	27	9	9	27	9
所得税前利润	41	23	41	91	73	91
减：企业所得税（25%）	10.25	5.75	10.25	22.75	18.25	22.75
税后利润	30.75	17.25	30.75	68.25	54.75	68.25
减：优先股股利	0	0	15	0	0	15
普通股可分配利润	30.75	17.25	15.75	68.25	54.75	53.25
普通股股数（万股）	13	10	10	13	10	10
每股收益（元）	2.37	1.73	1.58	5.25	5.48	5.33

这种分析方法只考虑了资本结构对每股收益的影响，并假定每股收益最大，股票价格也就最高，没有反映资本结构对风险的影响，因而是不全面的。因为随着债务资本的增加，投资者的风险加大，股票价格和企业价值也会有下降的趋势，所以，单纯使用EBIT—EPS分析法有时会做出错误的决策。但在资本市场不完善的时候，投资人主要根据每股收益的多少做投资决策，每股收益的增加也的确有利于股票价格的上升。

3. 企业价值比较法

企业价值比较法是通过对不同资本结构下的企业价值和综合资本成本进行比较分析，从而选出最佳资本结构的方法。这种方法的基本步骤如下：

（1）测算不同资本结构下的企业价值。企业价值等于长期债务（包括长期借款和长期债券）价值与股票价值之和，即

$$V=B+S \tag{5-20}$$

式中，V为企业价值；B为企业长期债务价值；S为企业股票价值。

为简便起见，设长期债务价值等于其面值或本金，而股票价值等于未来净利润的折现值，且不考虑优先股的问题。假设未来企业每年净利润相等，且企业持续经营下去，借用永续年金的概念，得出：

$$S=\frac{(\text{EBIT}-I)(1-T)}{K_S} \tag{5-21}$$

式中，K_S为普通股资本成本。

（2）测算不同资本结构下的综合资本成本。企业的综合资本成本等于长期债务和股票的加权平均资本成本，即

$$K_W = K_b\ (1-T)\ \frac{B}{V} + K_e \frac{S}{V} \tag{5-22}$$

式中，K_W为综合资本成本；K_b为长期债务利率；K_e为权益资本成本。

（3）确定最佳资本结构。使得企业价值最大、综合资本成本最低的资本结构就是企业的最佳资本结构。

【例 5－13】 红星公司现有长期资金均为普通股，账面价值为 1 000 万元。公司认为这种结构不合理，没能发挥财务杠杆的作用，准备举借长期债务，购回部分普通股予以调整。公司预计每年息税前利润为 300 万元，公司所得税税率为 25%。市场平均风险报酬率 R_M 为 10%，无风险报酬率 R_F 为 6%。经测算，在不同的债务规模前提下，债务资本成本和普通股资本成本如表 5－7 所示。

表 5－7 红星公司不同债务规模下的债务资本成本和普通股资本成本

债务价值 B（万元）	债务利率 K_b	普通股 β 值	普通股资本成本 K_S
0		1. 15	10. 6%
200	7%	1. 25	11. 0%
400	7%	1. 35	11. 4%
600	8%	1. 60	12. 4%
800	9%	1. 90	13. 6%
1 000	11%	2. 25	15. 0%

根据上述资料测算不同债务规模下的企业价值和综合资本成本。测算结果如表 5－8 所示。

表 5－8 红星公司不同债务规模下的企业价值和综合资本成本

债务价值 B（万元）	普通股价值 S（万元）	企业价值 V（万元）	债务利率 K_b	普通股资本成本 K_S	综合资本成本 K_W
0	2 123	2 123		10. 6%	10. 60%
200	1 950	2 150	7%	11. 0%	10. 47%
400	1 789	2 189	7%	11. 4%	10. 28%
600	1 524	2 124	8%	12. 4%	10. 59%
800	1 257	2 057	9%	13. 6%	10. 94%
1 000	950	1 950	11%	15. 0%	11. 54%

由表 5－8 可知，红星公司在没有长期债务资金的情况下，企业价值等于普通股价值 2 123 万元，综合资本成本等于普通股资本成本 10. 6%。当公司利用长期债务部分替换普通股时，企业价值开始上升，同时综合资本成本开始下降。当长期债务达到 400 万元时，企业的价值达到最大（2 189 万元），同时综合资本成本达到最低（10. 28%）。当长期债务继续上升时，企业价值又逐渐下降，综合资本成本逐渐上升。因此，当长期债务为 400 万元时的资本结构为红星公司的最佳资本结构。此时，公司的长期资本价值为 2 189 万元，其中普通股价值 1 789 万元，占长

期资本的比例为81.73%，长期债务价值400万元，占长期资本的比例为18.27%。

案例扩展

鸿宇企业目前拥有资本1 000万元，其结构为：债务资本20%（年利息20万元），普通股权益资本80%（发行普通股10万股，每股面值80元）。现准备追加筹资400万元，有以下两种筹资方案可供选择：

（1）全部发行普通股：增发5万股，每股面值80元。

（2）全部筹集长期债务：利率为10%，利息为40万元。

企业追加筹资后，预计息税前利润160万元，所得税税率为25%。

如鸿宇企业采用每股收益无差别点法进行资本结构的决策，那么决策过程如下：

（1）(EBIT－20)×(1－25%)/(10＋5)＝(EBIT－20－40)×(1－25%)/10

得出无差别点的息税前利润EBIT＝140万元。

（2）企业息税前利润为140万元，发行普通股和公司债券所带来的普通股每股盈余相等。目前企业预计的息税前利润为160万元，利用债务筹资可带来税负抵免的好处，公司应选择方案（2）。

Excel实务：资本成本估算模型

1. 债务成本

【例5－14】某公司债务利率为10%，边际税率为25%，求公司的债务成本。

通过Excel软件进行计算，如图5－7所示。

	B	C
21	税前 k_d	0.1
22	税率	0.25
23		
24	税后 k_d	=C21*(1－C22)

图5－7 公司债务成本计算公式表

得到结果如图5－8所示。

	B	C
21	税前 k_d	0.1
22	税率	0.25
23		
24	税后 k_d	0.08

图5－8 公司债务成本计算表

2. 优先股成本

【例5－15】某公司每股发放10元的股利，公司新发行的优先股每股97.50元。求公司的优先股成本。

通过 Excel 软件进行计算，如图 5 -9 所示。

	B	C
35	优先股股利(元)	10
36	优先股价格(元)	97.5
37		
38	k_p	= D69/D70

图 5 -9　公司优先股成本计算公式表

得到结果如图 5 -10 所示。

	B	C
35	优先股股利(元)	10
36	优先股价格(元)	97.5
37		
38	k_p	10.26%

图 5 -10　公司优先股成本计算表

3. CAPM 方法

【例 5 -16】 假设无风险利率等于 8%，市场回报率是 13%，公司的贝塔系数是 0.5，求公司留存收益筹得的股本成本。

通过 Excel 软件进行计算，如图 5 -11 所示。

	B	E
59		
60	无风险利率	0.08
61	市场回报率	0.13
62	贝塔系数	0.5
63		
64	留存收益筹得的股本成本	= $C$119 + ($C$120 - $C$119) * C121

图 5 -11　公司留存收益筹得的股本成本计算公式表

得到结果如图 5 -12 所示。

	B	E
59		
60	无风险利率	0.08
61	市场回报率	0.13
62	贝塔系数	0.5
63		
64	留存收益筹得的股本成本	0.105

图 5 -12　公司留存收益筹得的股本成本计算表

4. 债券收益加风险溢价法

【例 5－17】 设股本溢价是 4%。①南方贝尔的长期债券利率是 8%，求其股本成本；②大洋航空的长期债券利率为 12%，求其股本成本。

通过 Excel 软件进行计算，如图 5－13 所示。

	B	C	D
110	股本溢价	0.04	
111			
112		债券利率	股本成本
113	南方贝尔	0.08	= D222 + $ D $ 219
114	大洋航空	0.12	= D223 + $ D $ 219

图 5－13　股本成本计算公式表

得到结果如图 5－14 所示。

	B	C	D
110	股本溢价	0.04	
111			
112		债券利率	股本成本
113	南方贝尔	0.08	0.12
114	大洋航空	0.12	0.16

图 5－14　股本成本计算表

5. WACC

【例 5－18】 某公司目标资本结构是 45% 的债务、2% 的优先股和 53% 的普通股。利用前面计算的相关成本，假设所有股本都来自留存收益，求公司的 WACC（股本成本用现金流量折现法，浮动成本忽略不计）。

通过 Excel 软件进行计算，如图 5－15 所示。

	C	D	E	F
182	W_d	0.45	K_d	= F205
183	W_p	0.02	K_p	= F219
184	W_s	0.53	K_s	= I317
185				
186	WACC =	= F363 * H363 + F364 * H364 + F365 * H365		

图 5－15　公司的 WACC 计算公式表

得到结果如图 5－16 所示。

	C	D	E	F
182	W_d	0.45	K_d	0.08
183	W_p	0.02	K_p	0.1026
184	W_s	0.53	K_s	0.1339
185				
186	WACC =	0.1068		

图 5－16　公司的 WACC 计算表

WACC 是资本的边际成本，即在特定时间内（通常是一年）最后一单位资本的成本。在公司发展很快以至于耗费所有年内留存收益并须发行新股时，WACC 会增长。

Excel 实务：财务杠杆和公司价值

【例 5－19】 公司的财务状况如图 5－17 所示，计算企业的息税前利润（EBIT）。

通过 Excel 软件进行计算，如图 5－17 所示。

	B	C
1		
2	所得税税率	0.25
3	总资产(元)	30 000
4	每股股价(元)	20
5	固定成本(元)	2 700
6	单位变动(元)	0.15
7	单价(元)	0.3
8	债务额(元)	20 000
9	债务利率	0.08
10		
11	销售量(件)	38 000
12	销售收入	= D12 * D8
13	成本(元)	= D12 * D7 + D6
14	EBIT(元)	= D13 - D14

图 5－17　企业息税前利润计算公式表

得到结果如图 5－18 所示。

	B	C
1		
2	所得税税率	0.25
3	总资产(元)	30 000
4	每股股价(元)	20
5	固定成本(元)	2 700
6	单位变动(元)	0.15
7	单价(元)	0.3
8	债务额(元)	20 000
9	债务利率	0.08
10		
11	销售量(件)	38 000
12	销售收入(元)	11 400
13	成本(元)	8 400
14	EBIT(元)	3 000

图 5－18　企业息税前利润计算表

根据设置不同的权益价值：30 000 元、10 000 元、5 000 元；发行股数分别为 1 500 股、500 股、250 股；计算企业净利润如图 5－19 所示。

	A	B	C	D
16				
17		无负债	低负债	高负债
18	权益价值(元)	30 000	10 000	5 000
19	发行股数(股)	1 500	500	250
20	负债价值(元)	0	= $B$4 - C18	= $B$4 - D18
21	利息费用	= B20 * $B$10	= C20 * $B$10	= D20 * $B$10
22	税前利润	= $B$15 - B21	= $B$15 - C21	= $B$15 - D21
23	所得税	= B22 * $B$3	= C22 * $B$3	= D22 * $B$3
24	净利润	= B22 - B23	= C22 - C23	= D22 - D23
25	EPS	= ($B$15 - B21 - B23)	= ($B$15 - C21 - C23)/C19	= ($B$15 - D21 - D23)/D19

图 5－19　企业净利润计算公式表

得到结果如图 5－20 所示。

	A	B	C	D
16				
17		无负债	低负债	高负债
18	权益价值(元)	30 000	10 000	5 000
19	发行股数(股)	1 500	500	250
20	负债价值(元)	0	20 000	25 000
21	利息费用(元)	0	1 600	2 000
22	税前利润(元)	3 000	1 400	1 000
23	所得税(元)	750	350	250
24	净利润(元)	2 250	1 050	750
25	EPS(元)	1.5	2.1	3

图5－20 企业净利润计算表

将净利润从0～4 000元进行递增，已知杠杆系数如图5－21行24所示，通过“模拟运算”进行计算，不同的净利润/不同杠杆程度之下计算财务杠杆如图5－21所示。

	C	D	E	F
24	EPS(元)	=($C$14－D19－D21)/D17	=($C$14－E19－E21)/E17	=($C$14－F19－F21)/F17
25	0	=表(,C14)	=表(,C14)	=表(,C14)
26	500	=表(,C14)	=表(,C14)	=表(,C14)
27	1 000	=表(,C14)	=表(,C14)	=表(,C14)
28	1 500	=表(,C14)	=表(,C14)	=表(,C14)
29	2 000	=表(,C14)	=表(,C14)	=表(,C14)
30	2 500	=表(,C14)	=表(,C14)	=表(,C14)
31	3 000	=表(,C14)	=表(,C14)	=表(,C14)
32	3 500	=表(,C14)	=表(,C14)	=表(,C14)
33	4 000	=表(,C14)	=表(,C14)	=表(,C14)

图5－21 不同净利润财务杠杆计算公式

得到结果如图5－22所示。不同EBIT下，不同负债程度下，EPS的变化可以利用模拟运算表计算。

	A	B	C	D
28	EPS / EBIT(元)	无负债(元)	低负债(元)	高负债(元)
29	3 000	1.5	2.1	3
30	500	0.25	－1.65	－4.5
31	1 000	0.5	－0.9	－3
32	1 500	0.75	－0.15	－1.5
33	2 000	1	0.6	0
34	2 500	1.25	1.35	1.5
35	3 000	1.5	2.1	3
36	3 500	1.75	2.85	4.5
37	4 000	2	3.6	6

图5－22 不同净利润财务杠杆计算表

不同净利润的财务杠杆如图5－23所示。

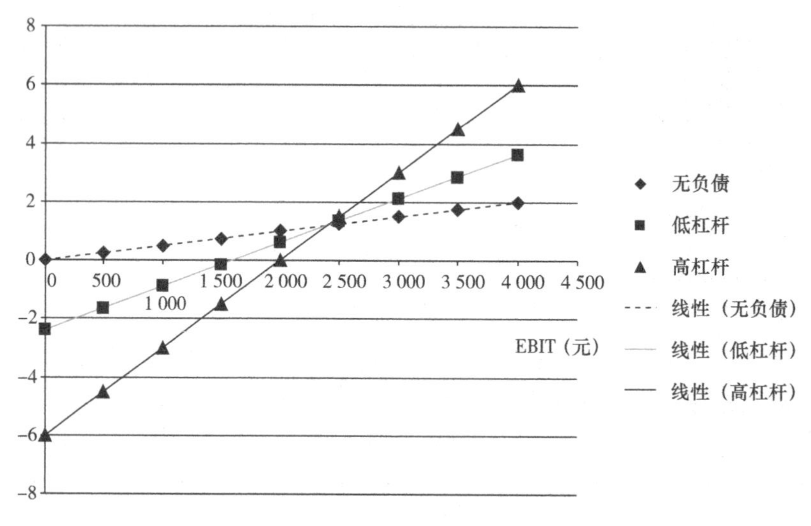

图5－23　不同净利润的财务杠杆

本章专有名词中英文对照

经营风险 Business Risk
财务风险 Financial Risk
资本成本 Capital Cost
筹资方式 Financing Way
筹资渠道 Financing Channel
权益资金 Equity Money
负债资金 Liability Money
资本成本 Cost of Capital
融资结构 Financing Mix
财务杠杆 Financial Leverage
经营杠杆 Operating Leverage
最优资本结构 Optimal Capital Structure
目标资本结构 Desired or Target Capital Structure
息税前利润 Earnings Before Interest and Taxes
经营收益 Operating Income
MM 定理 Modigliani and Miller Theorem
杠杆企业 Levered Firm
无杠杆企业 Unlevered Firm
权衡理论 Tradeoff Theory
财务灵活性 Financial Flexibility

本章小结

财务管理中的杠杆作用是指由于固定费用（包括生产经营方面的固定费用和财务方面的固定费用）的存在，使得当业务量发生比较小的变化时，利润会产生比较大的变化。

由于营业成本中固定成本的存在而导致营业利润的变动率大于产销业务量变动率的杠杆效应是经营杠杆，经营杠杆的大小用经营杠杆系数来表示，经营杠杆系数越大，经营风险越大。但应注意的是，经营中固定费用的存在并不是产生经营风险的原因，它只是放大了经营风险而已。

企业在筹资活动中由于固定财务费用的存在，使普通股每股盈余的变动幅度大于息税前利润的变动幅度的杠杆效应是财务杠杆，财务杠杆的大小用财务杠杆系数来表示。

由于固定生产经营成本和固定财务费用的共同存在而导致的每股盈余变动幅度大于产销业务量变动幅度的杠杆效应是复合杠杆，复合杠杆的大小用复合杠杆系数表示。

资本成本是企业为筹集和使用资金而付出的代价，也称资金成本。从融资的角度分析，资本成本是企业筹措资金所支付的最低价格，一般包括使用费用和筹资费用两部分；从投资角度分析，资本成本是企业投资所要求的最低报酬。资本成本依据不同的资金来源，分为债资本成本、权益资本成本等。在资本结构决策时，使用加权平均资本成本和边际资本成本。

资本成本的估计分为债务资本成本估计和权益资本成本估计。债务资本成本包括债务资本成本和长期借款资本成本。权益资本成本估计包括优先股资本成本、普通股资本成本和留存收益资本成本。其中，普通股资本成本的估计有三种方法：现金流量折现法、资本资产定价模型和债券收益加风险溢价法。

所谓最佳资本结构，是指在一定条件下使企业平均资本成本最低、企业价值最大的资本结构。资本结构优化的目标，是降低平均资本成本或提高普通股每股收益。具体方法有每股收益无差别点法、比较资本成本法和企业价值比较法。每股收益无差别点法首先计算不同筹资方式下每股收益相等时的息税前利润，即无差别点的息税前利润，当预期息税前利润大于无差别点的息税前利润时，采用债务筹资方式，否则采用股权筹资方式。比较资本成本法是计算不同资本结构时的综合资本成本，综合资本成本最低的资本结构是最优资本结构。企业价值比较法是通过对不同资本结构下的企业价值和综合资本成本进行比较分析，从而选出最佳资本结构的方法。

从理论上讲，最佳资本结构是存在的，但由于企业内部条件和外部环境的经常性变化，动态地保持最佳资本结构十分困难。因此在实践中，目标资本结构通常是企业结合自身实际进行适度负债经营所确立的资本结构。

习 题

1. 试说明经营杠杆的基本原理和经营杠杆系数的测算方法。

2. 试说明财务杠杆的基本原理和财务杠杆系数的测算方法。

3. 试说明复合杠杆的基本原理和复合杠杆系数的测算方法。

4. 试说明企业价值比较法的基本原理和决策标准。

5. 某公司目前拥有资金 2 000 万元，其中，长期借款 800 万元，年利率 10%；普通股 1 200 万元，上年支付每股股利 2 元，预计股利增长率为 5%，发行价格为 20 元，目前价格也为 20 元，该公司计划筹集资金 100 万元，企业所得税税率为 25%，有两种筹资方案：

方案 1：增加长期借款 100 万元，借款利率上升到 12%，股价下降到 18 元，假设公司其他条件不变。

方案 2：增发普通股 40 000 股，普通股市价增加到每股 25 元，假设公司其他条件不变。

要求：

（1）计算该公司筹资前加权平均资本成本。

（2）计算采用方案 1 的加权平均资本成本。

（3）计算采用方案 2 的加权平均资本成本。

（4）用比较资本成本法确定该公司的最佳资本结构。

6. 某企业取得 5 年期长期借款 200 万元，年利率为 10%，每年付息一次，到期一次还本，借款费用率为 0.2%，企业所得税税率为 20%。

要求：计算该借款的资本成本。

7. 某企业以 1 100 元的价格，溢价发行面值为 1 000 元、期限为 5 年、票面利率为 7% 的公司债券一批。每年付息一次，到期一次还本，发行费用率为 3%，所得税税率为 20%。

要求：计算该债券的资本成本。

8. 公司增发的普通股的市价为 12 元/股，筹资费率为市价的 6%，本年发放股利为每股 0.6 元，已知同类股票的预计收益率为 11%，则维持此股价需要的股利年增长率是多少？

9. 某公司普通股 β 系数为 1.5，此时一年期国债利率为 5%，市场平均报酬率为 15%。

要求：计算该普通股的资本成本。

10. 某公司普通股目前的股价为 10 元/股，筹资费率为 6%，支付的每股股利为 2 元，股利固定增长率为 2%，则该企业利用留存收益的资本成本是多少？

11. 万达公司 2017 年期末的长期资本账面总额为 1 000 万元，其中：银行长期贷款 400 万元；长期债券 150 万元；普通股 450 万元。个别资本成本分别为 5%、6%、9%，则平均资本成本是多少？

12. 某公司决定于 2018 年 1 月 1 日公开发行债券，总面值为 1 000 万元，票面利率为 10%，期限为 10 年，每年年末付息。公司确定的发行价为 1 100 元，筹资费率为 2%。假设该公司适用所得税税率为 25%。

要求：根据资料计算 2018 年发行债券的资本成本。

第6章

长期筹资

导　论

环球集团股东大会讨论通过了未来5年的经营方针，准备进行战略性的扩张，董事会也制订了扩大投资的方案。新投资需要大量的资本，财务部部长赵佑需要制订未来5年的筹资方案草案，提交董事会审议。5年期的长期筹资采用权益筹资还是债务筹资？不同筹资方式有什么样的特点？不同的筹资方式会给集团公司带来哪些影响？小薇将帮助财务部部长准备资料，以便向董事会进行详细的说明。

学习目标

通过本章的学习，你应该了解：长期筹资的方式；权益筹资；债务筹资。

6.1 权益筹资

权益筹资形成企业的股权资金，也称为权益资本，是企业最基本的筹资方式。股权筹资又包含吸收直接投资、发行普通股股票和留存收益筹资三种主要形式。

6.1.1 吸收直接投资

吸收直接投资是指企业按照“共同投资、共同经营、共担风险、共享收益”的原则，直接吸收国家、法人、个人和外商投入资金的一种筹资方式。吸收直接投资是非股份制企业筹集权益资本的基本方式，吸收直接投资的企业，资本不分为等额股份，无须公开发行股票。吸收直接投资实际出资额，注册资本部分形成实收资本；超过注册资本的部分属于资本溢价，形成资本公积。

1. 吸收直接投资中的出资方式

（1）以货币资产出资。以货币资产出资是吸收直接投资最重要的出资方式。企业有了货币资产，便可以获取其他物质资源，支付各种费用，满足企业创建时的开支和随后的日常周转需要。

（2）以实物资产出资。以实物资产出资是指投资者以房屋、建筑物、设备等固定资产和材料、燃料、商品、产品等流动资产进行的投资。以实物资产出资应符合以下条件：适合企业生产、经营、研发等活动需要；技术性能良好；作价公平合理。

（3）以土地使用权出资。土地使用权是指土地经营者对依法取得的土地在一定期限内有进行建筑、生产经营或其他活动的权利。企业吸收土地使用权投资应符合以下条件：适合科研、生产、经营、研发等活动需要；地理、交通条件适宜；作价公平合理。

（4）以工业产权出资。工业产权通常是指专业技术、商标权、专利权、非专利技术等无形资产。投资者以工业产权出资应符合以下条件：有助于企业研究、开发和生产出新的高科技产品；有助于企业提高生产效率，改进产品质量；有助于企业降低生产消耗、能源消耗等成本。

对无形资产出资方式的限制，《公司法》规定，股东或者发起人不得以劳务、信用、自然人姓名、商誉、特许经营权或者设定担保的财产等作价出资。对于非货币资产出资，需要满足三个条件：可以用货币估价；可以依法转让；法律不禁止。

2. 吸收直接投资的优缺点

吸收直接投资筹资的优点包括：

（1）能够尽快形成生产能力。吸收直接投资不仅可以取得一部分货币资金，而且能够直接获得所需的先进设备和技术，尽快形成生产经营能力。

（2）容易进行信息沟通。吸收直接投资的投资者比较单一，股权没有社会化、分散化，甚至投资者直接担任公司管理层职务，公司与投资者易于沟通。

（3）吸收投资的手续相对比较简便，筹资费用较低。

吸收直接投资筹资的缺点包括：

（1）资本成本较高。相对于股票筹资来说，吸收直接投资的资本成本较高。当企业经营较好，盈利较多时，投资者往往要求将大部分盈余作为红利分配，因为企业向投资者支付的报酬是按其出资数额和企业实现利润的比率来计算的。

（2）企业控制权集中，不利于企业治理。采用吸收直接投资方式筹资，投资者一般都要求获得与投资数额相适应的经营管理权。如果某个投资者的投资额比例较大，则该投资者对企业的经营管理就会有相当大的控制权，容易损害其他投资者的利益。

（3）不利于产权交易。吸收直接投入资本由于没有证券作为媒介，故不利于产权交易，难以进行产权转让。

6.1.2 发行普通股股票

普通股是最基本的一种股票形式，是相对于优先股的一种股票种类，它是指股份公司依法发行的具有表决权、股利不固定的一类股票。普通股具有股票最一般的特征，每一份股票都对公司的财产享有平等的权利。

1. 股票的分类

（1）按股东的权利和义务不同，股票分为普通股股票和优先股股票。

普通股股票简称普通股，是公司发行的代表着股东享有平等的权利和义务、不加限制的股利不固定的股票。普通股是最基本的股票，股份有限公司通常只发行普通股。

优先股股票简称优先股，是公司发行的相对于普通股具有一定优先权的股票。其优先权利主要表现在股利分配权和分取剩余财产优先权上。优先股股东在股东大会上无表决权，在参与公司经营管理上受到一定限制，仅对涉及优先股股利的问题有表决权。

（2）按票面有无记名，股票分为记名股票和无记名股票。

记名股票是在股票票面上记载股东姓名或将名称记入公司股东名册的股票，无记名股票不登记股东名称，公司只记载股票数量、编号及发行日期。

（3）按发行对象和上市地点的不同，股票分为 A 股、B 股、H 股、N 股和 S 股等。

A 股即人民币普通股票，由我国境内公司发行，境内上市交易，它以人民币标明面值，以人民币认购和交易。B 股即人民币特种股票，由我国境内公司发行，境内上市交易，以美元认购和交易。H 股是注册地在内地、在香港上市、以港元认购和交易的股票。依次类推，在纽约和新加坡上市的股票，分别称为 N 股和 S 股。

2. 普通股股东的权利

股东最基本的权利是按投入的股份额，依法享有公司管理权、收益分享权、股份转让权、优先认股权、剩余财产要求权等。

（1）公司管理权。股东对公司的管理权主要体现在重大决策参与权、经营者选择权、财务监控权、公司经营的建议和质询权、股东大会召集权等方面。

（2）收益分享权。股东有权通过股利方式获取公司税后利润，利润分配方案由董事会提出并经股东大会批准。

（3）股份转让权。股东有权将其所持有的股票出售或转让。

（4）优先认股权。原有股东拥有优先认购本公司增发股票的权利。

（5）剩余财产要求权。当公司解散、清算时，股东有对清偿债务、清偿优先股股东后的剩余财产进行索取的权利。

3. 普通股筹资的成本

普通股资本成本的估计方法有三种，即股利折现模型、资本资产定价模型和无风险利率加风险溢价法。三种方法各有优点和缺点，各有其适用性，而选择哪一种，往往要看相关数据的可靠性，选用最有把握的一种。其中，资本资产定价模型使用得最广泛。

4. 普通股筹资的优缺点

与其他筹资方式相比，普通股筹资具有如下优点：

（1）没有固定利息负担。公司有盈余，并认为适合分配股利，就可以分给股东；公司盈余较少，或虽有盈余但资金短缺或有更有利的投资机会，就可少支付或不支付股利。

（2）没有固定到期日。利用普通股筹集的是永久性资金，除非公司清算才需偿还。它对保证企业最低的资金需求有重要意义。

（3）筹资风险小。由于普通股没有固定到期日，不用支付固定利息，因此风险小。

（4）能增加公司的信誉。普通股股本与留存收益构成公司所借入一切债务的基础。有了较多的自有资金，就可为债权人提供较大的损失保障，因而，普通股筹资既可以提高公司的信用价值，同时也为使用更多的债务资金提供了强有力的支持。

（5）筹资限制少。利用优先股或债券筹资，通常有许多限制，这些限制往往会影响公司经营的灵活性，而利用普通股筹资则没有这种限制。

另外，由于普通股的预期收益较高并可在一定程度上抵消通货膨胀的影响（通常在通货膨胀期间，不动产升值时普通股也随之升值），因此普通股筹资容易吸收资金。

普通股筹资的缺点有：

（1）普通股的资本成本较高。首先，从投资者的角度来讲，投资于普通股风险较高，相应地要求有较高的投资报酬率。其次，对于筹资公司来讲，普通股股利从净利润中支付，不像债券利息那样作为费用从税前支付，因而不具有抵税作用。此外，普通股的发行费用一般也高于其他证券。

（2）以普通股筹资会增加新股东，这可能会分散公司的控制权，削弱原有股东对公司的控制。

（3）如果公司股票上市，则需要履行严格的信息披露制度，接受公众股东的监督，会带来较大的信息披露成本，也增加了公司保护商业秘密的难度。

股票上市会增加公司被收购的风险。公司股票上市后，其经营状况受到社会的广泛关注，一旦公司经营或是财务方面出现问题，可能面临被收购的风险。

6.1.3 留存收益筹资

企业通过合法有效经营所实现的税后净利润，都属于企业的所有者。企业将本年度的利润部分留存下来，可以用作生产经营的再投资。

1. 留存收益筹资的渠道

（1）提取盈余公积金。盈余公积金是指有指定用途的留存净利润。盈余公积金是从当期企业净利润中提取的积累资金，其提取基数是本年度的净利润，而不是税后利润，因为税后利润属于纳税申报计算的利润，包含纳税调整因素。

（2）未分配利润。未分配利润是指未限定用途的留存净利润。未分配利润有两层含义：①这部分净利润本年没有分配给公司股东；②这部分净利润未指定用途，可以用于企业未来的经营发展、转增股本（实收资本）、弥补以前年度的经营亏损及以后年度的利润分配。

2. 留存收益筹资的优缺点

（1）不用发生筹资费用。与普通股筹资相比较，留存收益筹资不需要发生筹资费用，资本成本较低。

（2）维持公司的控制权分布。利用留存收益筹资，不用对外发行新股或吸收新的投资者，由此增加的权益资本不会改变公司的股权结构，不会稀释原有股东的控制权。

（3）筹资数额有限。留存收益的最大数额是企业到期的净利润和以前年度未分配利润之和，不像外部筹资一次性可以筹集大量资金。如果企业发生亏损，那么当年就没有利润留存。

6.2 债务筹资

债务筹资是指通过负债筹集资金。负债是企业一项重要的资金来源，几乎没有一家企业是只靠自有资本，而不运用负债就能满足资金需要的。债务筹资是与普通股筹资性质不同的筹资方式。与普通股筹资相比，债务筹资的特点表现为：筹集的资金具有使用上的时间性，需到期偿还；不论企业经营好坏，需要固定支付债务利息，从而形成企业固定的负担；其资本成本一般比普通股筹资成本低，且不会分散投资者对企业的控制权。

6.2.1 长期借款

长期借款是指企业向银行或其他非银行金融机构借入的使用期超过 1 年的借款，主要用于购建固定资产和满足长期流动资金占用的需要。

1. 长期借款的种类

长期借款的种类很多，各企业可根据自身的情况和各种借款条件选用。我国目前各金融机构的长期借款主要有：

（1）按照用途，分为固定资产投资借款、更新改造借款、科技开发和新产品试制借款等。

（2）按照提供贷款的机构，分为政策性银行贷款、商业银行贷款等。此外，企业还可从信托投资公司取得实物或货币形式的信托投资贷款，从财务公司取得各种中长期贷款等。

（3）按照有无担保，分为信用贷款和抵押贷款。信用贷款是指不需要企业提供抵押品，仅凭其信用或担保人信誉而发放的贷款。抵押贷款是指要求企业以抵押品作为担保的贷款。长期贷款的抵押品常常是房屋、建筑物、机器设备、股票、债券等。

2. 长期借款筹资的成本

长期借款的利率通常高于短期借款，但信誉好或抵押品流动性强的借款企业，仍然可以争取到较低的长期借款利率。长期借款利率有固定利率和浮动利率两种。浮动利率通常有最高、最低限，并在借款合同中明确。对于借款企业来讲，若预测市场利率将上升，则应与银行签订固定利率合同；反之，则应签订浮动利率合同。

除了利息之外，银行还会向借款企业收取其他费用，如实行周转信贷协定所收取的承诺费、要求借款企业在本银行中保持补偿余额所形成的间接费用。这些费用会增加长期借款的成本。

3. 长期借款筹资的优缺点

与其他长期负债筹资相比，长期借款筹资的优点有以下几点：

（1）筹资速度快。发行各种证券筹集长期资金所需时间一般较长，做好证券发行的准备以及证券的发行都需要一定的时间。而向金融机构借款与发行证券相比，一般借款所需要的时间较短，可以迅速地获取资金。

（2）借款弹性好。企业与金融机构可以直接接触，可通过直接商谈来确定借款的时间、数量、利息、偿付方式等条件。在借款期间，如果企业情况发生了变化，也可与金融机构进行协商，修改借款合同。借款到期后，如有正当理由，还可延期归还。

长期借款筹资的缺点有以下几点：

（1）财务风险较大。企业举借长期借款，必须定期还本付息。在经营不利的情况下可能会产生不能偿付的风险，甚至会导致破产。

（2）限制条款较多。企业与金融机构签订的借款合同中，一般都有较多的限制条款，这些条款可能会限制企业的经营活动。

6.2.2 发行债券

债券是发行人依照法定程序发行，约定在一定期限内还本付息的有价证券。债券的发行人是债务人，投资于债券的人是债权人。这里所说的债券，指的是期限超过1年的公司债券，其发行目的通常是为建设大型项目筹集大笔长期资金。

1. 债券的种类

（1）按是否记名，分为记名债券和无记名债券。

记名债券，应当在公司债券存根簿上载明债券持有人的姓名及住所、债券持有人取得债券的日期及债券的编号等信息。无记名债券，应当在公司债券存根簿上载明债券总额、利率、偿还期限和方式、发行日期及债券的编号。

（2）按是否能够转换公司股权，分为可转换债券与不可转换债券。

对于可转换债券，债券持有者可以在规定的时间内按规定的价格转换为发债公司的股票。这种债券在发行时，对债券转换为股票的价格和比率等都做了详细规定。《公司法》规定，可转换债券的发行主体是股份有限公司中的上市公司。

不可转换债券是指不能转换为发债公司股票的债券，大多数公司债券都属于这种类型。

（3）按有无特定财产担保，分为担保债券和信用债券。

担保债券是指以抵押方式担保发行人按期还本付息的债券，主要是抵押债券。抵押债券按其抵押品的不同，又分为不动产抵押债券、动产抵押债券和证券信托抵押债券。

信用债券是指不通过特定财产担保发行的债券，一般信誉良好、实力较强的公司才能发行信用债券。

2. 债券的发行

（1）债券发行的条件。在我国，根据《公司法》的规定，股份有限公司和有限责任公司具有发行债券的资格。

根据《证券法》规定，公开发行公司债券，应当符合下列条件：股份有限公司的净资产不低于人民币 3 000 万元，有限责任公司的净资产不低于人民币 6 000 万元；最近 3 年平均可分配利润足以支付公司债券 1 年的利息；筹集的资金投向符合国家产业政策；债券的利率不超过国务院限定的利率水平；国务院规定的其他条件。

（2）债务发行的程序

1）做出发债决议。拟发行公司债券的公司，需要由公司董事会制订公司债券发行的方案，并由公司股东大会批准，做出决议。

2）提出发债申请。根据《证券法》规定，公司申请发行债券由国务院证券监督管理部门批准。公司申请应提交公司登记证明、公司章程、公司债券募集办法、资产评估报告和验资报告。

3）公告募集办法。企业发行债券的申请经批准后，向社会公告债券募集办法。公司债券有私募发行和公募发行之分，私募发行是以特定的少数投资者为对象发行债券，而公募发行则是在证券市场上以非特定的广大投资者为对象公开发行债券。

4）委托证券经营机构发售。债券发售分为代销和包销两种。代销是指承销机构代为推销债券，在约定期限内未售出的余额可退还发行公司，承销机构不承担发行风险。包销是由承销团先购入发行公司拟发行的全部债券，然后再售给社会上的投资者，如果在约定期限内未能全部售出，则余额由承销团负责认购。

5）交付债券，收缴债券款，登记债券存根簿。发行债券通常不需要填写认购证，可由债券购买人直接向承销机构付款购买，承销单位付给企业债券。然后，发行公司向承销机构收缴债券款并结算代理费及预付款项。

（3）债券的偿还。债券偿还时间按其实际发生与规定的到期日之间的关系，分为到期偿还、提前偿还与滞后偿还三类。

1）到期偿还。到期偿还又包括分批偿还和一次偿还两种。如果一个企业在发行同一种债券的当时就为不同编号或不同发行对象的债券规定了不同的到期日，这种债券就是分批偿还债券。因为各批债券的到期日不同，它们各自的发行价格和票面利率也可能不同，从而导致发行费较高。但由于这种债券便于投资者挑选最合适的到期日，因而便于发行。另一种就是最为常见的到期一次偿还的债券。

2）提前偿还。提前偿还又称提前赎回或收回，是指在债券尚未到期之前就予以偿还。只有在企业发行债券的契约中明确规定了有关允许提前偿还的条款，企业才可以进行此项操作。提前偿还所支付的价格通常要高于债券的面值，并随到期日的临近而逐渐下降。具有提前偿还条款的债券可使企业融资有较大的弹性。当企业资金有结余时，可提前赎回债券；当预测利率下降时，也可提前赎回债券，而后以较低的利率来发行新债券。

3）滞后偿还。债券在到期日之后偿还叫滞后偿还。这种偿还条款一般在发行时便订立，主要是给予持有人以延长持有债券的选择权。滞后偿还有转期和转换两种形式。转期是指将较早到期的债券换成到期日较晚的债券，实际上是将债务的期限延长。常用的办法有两种：一是直接以新债券兑换旧债券；二是用发行新债券得到的资金来赎回旧债券。转换通常是指股份有限公司发行的债券可以按一定的条件转换成本公司的股票。

3. 债券筹资的优缺点

（1）债券筹资的优点

1）筹资规模较大。债券属于直接融资，发行对象分布广泛，市场容量相对较大，且不受金融中介机构自身资产规模及风险管理的约束，可以筹集的资金数量也较多。

2）具有长期性和稳定性。债券的期限可以比较长，且债券的投资者一般不能在债券到期之前向企业索取本金，因而债券筹资方式具有长期性和稳定性的特点。金融机构对较长期限借款的比例往往会有一定的限制。

3）有利于资源优化配置。由于债券是公开发行的，是否购买债券取决于市场上众多投资者自己的判断，并且投资者可以方便地交易并转让所持有的债券，有助于加速市场竞争，优化社会资金的资源配置效率。

（2）债券筹资的缺点

1）发行成本高。企业公开发行公司债券的程序复杂，需要聘请保荐人、会计师、律师、资产评估机构以及资信评级机构等中介，发行的成本较高。

2）信息披露成本高。发行债券需要公开披露募集说明书及其引用的审计报告、资产评估报告、资信评级报告等多种文件。债券上市后也需要披露定期报告和临时报告，信息披露成本较高。同时也对保守企业的经营、财务等信息及其他商业机密不利。

3）限制条件多。发行债券的契约书中的限制条款通常比优先股及短期债务更为严格，可能会影响企业的正常发展和以后的筹资能力。

6.3 租赁

租赁是指在约定的期间内，出租人将资产使用权让与承租人以获取租金的合同。在这种交易中，承租方通过得到所需资产的使用权，完成了筹集资金的行为。

租赁涉及的当事人至少包括出租人和承租人两方，出租人是租赁资产的所有者，承租人是租赁资产的使用者。

1. 租赁的种类

（1）经营租赁。经营租赁是由租赁公司向承租单位在短期内提供设备，并提供维修、保养、人员培训等的一种服务性业务，又称服务性租赁。经营租赁的主要特点有：①出租的设备由出租人购买，然后再寻找承租人；②租赁期较短，短于资产的有效使用期，在合理的限制条件内承租人可以中途解约；③租赁设备的维修、保养由出租人负责；④租赁期满或合同中止以后，出租资产由出租人收回。经营租赁适用于租用技术过时比较快的生产设备。

（2）融资租赁。融资租赁是由租赁公司按承租单位要求出资购买设备，在较长的合同期内提供给承租企业使用的融资信用业务，它是以融通资金为主要目的的租赁。融资租赁的主要特点有：①出租的设备由承租企业提出要求购买，或者由承租企业直接从制造商或销售商那里选定；②租赁期较长，接近于资产的有效使用期，在租赁期间双方无权取消合同；③由承租企业负责设备的维修、保养；④租赁期满，按事先约定的方法处理设备，包括退还租赁公司，或继续租赁，或企业留购，通常采用企业留购的方法，即以很少的“名义价格”买下设备。

（3）杠杆租赁。该种租赁是有贷款者参与的一种租赁形式。在这种形式下，出租人引入资产时只支付引入所需款项（如购买资产的货款）的一部分（通常为资产价值的20%～40%），其余款项则以引入的资产或出租权等为抵押，向另外的贷款者借入；资产出租后，出租人以收取的租金向贷款者还贷。这样出租人利用自己的少量资金就推动了大额的租赁业务，故称为杠杆租赁。对承租人来说，杠杆租赁和直接租赁没有区别，都是向出租人租入资产；而对出租人而言，其身份则变了，既是资产的出租者，同时又是款项的借入者。因此杠杆租赁是一种涉及三方关系人的租赁形式。

（4）售后回租。该种租赁是指承租人先将某资产卖给出租人，再将该资产租回的一种租赁形式。在这种形式下，承租人一方面通过出售资产获得了现金；另一方面又通过租赁满足了对资产的需要，而租赁费却可以分期支付。

2. 租赁成本

（1）租赁租金的支付形式。租赁费用的报价形式有三种：

1）合同分别约定租赁费、利息和手续费。例如，租赁资产购置成本100万元，分10年偿付，每年租赁费10万元，在租赁开始日首付；尚未偿还的租赁资产购置成本按年利率6%计算利息，在租赁开始日首付；租赁手续费10万元，在租赁开始日一次付清。

2）合同分别约定租赁费和手续费。如上例中，租赁费110万元，分10年支付，每年11万元，在租赁开始日首付；租赁手续费10万元，在租赁开始日一次付清。

3）合同只约定一项综合租赁费，没有分项的价格。如上例中，租赁费120万元，分10年支付，每年12万元，在租赁开始日首付。

根据全部租赁费是否超过资产的成本，租赁分为不完全补偿租赁和完全补偿租赁。不完全补偿租赁是指租赁费不足以补偿租赁资产的全部成本的租赁。完全补偿租赁是指租赁费超过资产全部成本的租赁。

（2）租赁租金的计算方法

1）租金的构成。融资租赁每期租金的多少，取决于几项因素：①设备原价及预计残值，包括设备买价、运输费、安装调试费、保险费等，以及该设备租赁期满后，出售可得的市价；②利息，即租赁公司为承租企业垫付资金应支付的利息；③租赁手续费，即租赁公司承办租赁设备所发生的业务费用和必要的利润。

2）租金的支付形式。租金的支付形式也存在多样性。典型的租金支付形式是预付年金，即分期（年、半年、季度、月或日等）的期初等额系列付款。经过协商，也可以在每期期末支付租金，或者各期的支付额不等。

【例6－1】 北岗公司于2013年1月1日从租赁公司租入一套设备，价值60万元，租期6年，租赁期满时预计残值为5万元，归租赁公司，年利率为10%。租金每年年末支付一次，则

每年租金＝［600 000－50 000×（P/F，10%，6）］÷（P/F，10%，6）
＝131 283（元）

租金摊销计划表如表6－1所示。

表6－1　租金摊销计划表　　单位：元

年份	期初本金①	支付租金②	应计租费③＝①×10%	本金偿还额④＝②－③	本金余额⑤＝①－④
2013年	600 000	131 283	60 000	71 283	528 717
2014年	528 717	131 283	52 872	78 411	450 306
2015年	450 306	131 283	45 031	86 252	364 054
2016年	364 054	131 283	36 405	94 878	269 176
2017年	269 176	131 283	26 918	104 365	164 811
2018年	164 811	131 283	164 802	114 802	50 009
合计		787 698	237 707	549 991	50 009

3. 租赁与购买的分析比较

把租赁视为一种融资方式，如果租赁融资比其他融资方式更有利，则应优先考虑租赁融资。

租赁分析的主要程序如下：

（1）分析是否应该取得一项资产。这是租赁与购买分析的前置程序。承租人在决定是否租赁一项资产之前，先要判断该项资产是否值得投资。通过常规的资本预算程序完成。通常确信投资于该资产有正的净现值之后才会考虑如何筹资问题。

（2）分析公司是否有足够的现金用于该项资产投资。

（3）分析可供选择的筹资途径。筹资途径包括借款和发行新股等。租赁是可供选择的途径之一。如果公司拟通过借款筹资，就应分析借款和租赁哪个更有利。

（4）利用租赁分析模型计算租赁净现值。根据财务的基本原理，为获得同一资产的两个方案，现金流出的现值较小的方案是好方案。如果租赁方式取得资产的现金流出的总现值小于借款筹资，则租赁有利于增加股东财富。

租赁分析的基本模型如下：

租赁净现值 = 租赁的现金流量总现值 - 借款购买的现金流量总现值 (6-1)

应用该模型的主要问题是预计现金流量和估计折现率。预计现金流量包括：①预计借款筹资购置资产的现金流；②与可供选择的出租人讨论租赁方案；③判断租赁的税务性质；④预计租赁方案的现金流。估计折现率是个有争议的问题，实务中大多采用简单的解决方法，即采用有担保债券的税后利率作为折现率，它比无风险报酬率稍微高一点。

根据租赁净现值以及其他非计量因素，决定是否选择租赁。

【例6-2】 A公司是一个制造企业，为增加产品产量决定添置一台设备，预计该设备将使用4年。公司正在研究是通过自行购置还是租赁取得该设备。有关资料如下：

(1) 如果自行购置该设备，则预计购置成本为100万元。税法规定的折旧年限为5年，折旧期满时预计净残值率为5%。4年后该设备的变现价值预计为30万元。设备维护费用预计每年1万元，假设发生在每年年末。

(2) B租赁公司可提供该设备的租赁服务，租赁期4年，年租金20万元，在年初支付。租赁公司负责设备的维护，不再另外收取费用。租赁期内不得撤租。租赁期届满时租赁资产所有权不转让。

(3) A公司的企业所得税税率为25%，税前借款（有担保）利率为10%。

租赁方案决策分析如表6-2所示。

表6-2 租赁方案决策分析 单位：万元

时间（年末）	第0年	第1年	第2年	第3年	第4年
租赁方案：					
租金支付	-20	-20	-20	-20	
计税基础	80				
折旧		15.2	15.2	15.2	15.2
折旧抵税		3.8	3.8	3.8	3.8
期末资产变现流入					0
（期末资产账面价值）					19.2
（期末资产变现价值）					-19.2
期末资产变现损失减税					4.8
各年现金流量	-20	-16.2	-16.2	-16.2	8.6
折现系数（8%）	1	0.925 9	0.857 3	0.793 8	0.735 0
各年现金流量现值	-20.00	-15.00	-13.89	-12.86	6.32
租赁流出总现值	-55.43				
购买方案：					
购置设备	-100				

（续）

时间（年末）	第0年	第1年	第2年	第3年	第4年
折旧		19	19	19	19
折旧抵税		4.75	4.75	4.75	4.75
维修费用		-1	-1	-1	-1
维修费用抵税		0.25	0.25	0.25	0.25
税后维修费用		-0.75	-0.75	-0.75	-0.75
期末资产变现流入					30
（期末资产账面价值）					24
（期末资产变现损益）					6
期末资产变现利得缴税					-1.5
各年现金流量	-100	4	4	4	32.5
折现系数（8%）	1	0.925 9	0.857 3	0.793 8	0.735 0
各年现金流量现值	-100	3.70	3.43	3.18	23.89
购买流出总现值	-65.80				
租赁优势	10.37				

有关项目说明如下：

（1）租赁方案

1）判断租赁税务性质。该合同符合融资租赁的认定标准，租金每年20万元，不可在税前扣除。

2）租赁资产的计税基础。由于合同约定了承租人的付款总额，租金是取得租赁资产的成本，全部构成其计税基础：

租赁资产的计税基础 = 20 × 4 = 80（万元）

3）折旧抵税。按同类固定资产的折旧年限计提折旧费：

租赁资产的年折旧额 = 80 ×（1 - 5%）÷ 5 = 15.2（万元）

每年折旧抵税 = 15.2 × 25% = 3.8（万元）

4）期末资产变现。该设备租赁期满时租赁资产所有权不转让。

期末资产变现流入 = 0

期末资产账面价值 = 80 - 15.2 × 4 = 19.2（万元）

期末资产变现损失 = 0 - 19.2 = -19.2（万元）

期末资产变现损失减税 = 19.2 × 25% = 4.8（万元）

5）各年现金流量。

第1年年初（第0年年末）现金流量 = -20（万元）

第1年至第3年年末现金流量 = -20 + 3.8 = -16.20（万元）

第4年年末现金流量 = 3.8 + 4.8 = 8.6（万元）

6）租赁方案现金流出总现值。

租赁方案现金流出总现值 = -20 - 16.20 × 2.577 1 + 8.60 × 0.735 0 = -55.43（万元）

（2）购买方案

1）购置设备。

第1年年初购置设备 = 100（万元）

2）折旧抵税。按税法规定计提折旧费。

购买资产的年折旧额 = 100 ×（1 − 5%）÷ 5 = 19（万元）

每年折旧抵税 = 19 × 25% = 4.75（万元）

3）税后维修费用。

每年年末税后维修费用 = 1 ×（1 − 25%）= 0.75（万元）

4）期末资产变现。

期末资产变现流入 = 30（万元）

期末资产账面价值 = 100 − 19 × 4 = 24（万元）

期末资产变现利得 = 30 − 24 = 6（万元）

期末资产变现利得缴税 = 6 × 25% = 1.5（万元）

5）各年现金流量。

第1年至第3年年末现金流量 = 4.75 − 0.75 = 4（万元）

第4年年末现金流量 = 4.75 − 0.75 + 30 − 1.5 = 32.5（万元）

6）购买方案现金流出总现值。

购买方案现金流出总现值 = −100 + 4 × 2.577 1 + 32.5 × 0.735 0 = −65.80（万元）

(3) 租赁方案相对购买方案的净现值。

租赁方案相对购买方案的净现值 = −55.43 −（−65.80）= 10.37（万元）

本例中，采用租赁方案更有利。

案例扩展

垃圾债券是20世纪80年代为满足杠杆收购、兼并，以及为问题公司融资而设计推出的一种高风险高预期收益的债券品种，它的出现为一些无力与大公司抗衡的新兴公司提供了融资渠道，也为产权市场的并购与重组提供了可能，但它的高风险也让涉足于此的购买者尝到了苦果。如何看待垃圾债券这一融资手段？债券创新对公司融资产生了哪些影响？

垃圾债券在产业调整和重组中具有较大的优势，它提供了股市无法提供的资金，属于一种金融创新，特别是一些新兴企业，信用评级较低，这些小企业可以发行垃圾债券，采用杆杠收购整合产业资源，优化资源配置。但不可否认的是垃圾债券风险很高，利率很高，给发行企业带来了沉重的负担，一旦公司经营出现困难，会无法偿还利息，甚至产生破产倒闭的恶果。同时大量的垃圾债券也给信贷业、债券市场带来严重混乱。

Excel 实务：租赁

1. 承租方决策

【例6-3】 环球集团需要一种设备，每年可以得到现金流6 000万元，设备价值1

亿元，折旧期5年（直线折旧，无残值）；某一租赁公司可以以年租金2 500万元出租，租期也是5年，所得税税率为25%，利率为8%。试计算购买与租赁哪个比较划算？

折现率计算公式表如图6－1所示。

	A	B
4	利率	0.08
5	所得税	0.25
6	折现率	=ROUND(B4*(1－B5))
7	新增设备增加现金流	6 000
8	设备价值	10 000
9	使用年限	5
10	折旧	=B8/B9
11	租金	2 500

图6－1　折现率计算公式表

购买方案的净现值计算公式表如图6－2所示。

	A	B	C	D	E	F	G
14	购买	第0年	第1年	第2年	第3年	第4年	第5年
15	设备支出	=－B8					
16	税后增加现金		=$B$7*(1－$B$5)	=$B$7*(1－$B$5)	=$B$7*(1－$B$5)	=$B$7*(1－$B$5)	=$B$7*(1－$B$5)
17	折旧抵税		=$B$10*$B$5	=$B$10*$B$5	=$B$10*$B$5	=$B$10*$B$5	=$B$10*$B$5
18	合计	=SUM(B15:B17)	=SUM(C15:C17)	=SUM(D15:D17)	=SUM(E15:E17)	=SUM(F15:F17)	=SUM(G15:G17)
19	购买方案的净现值	=NPV(B6,C18:G18)+B18					

图6－2　购买方案的净现值计算公式表

租赁方案的净现值计算公式表如图6－3所示。

	A	B	C	D	E	F	G
23	税后现金流		=$B$7*(1－$B$5)	=$B$7*(1－$B$5)	=$B$7*(1－$B$5)	=$B$7*(1－$B$5)	=$B$7*(1－$B$5)
24	租金支出		=－$B$11	=－$B$11	=－$B$11	=－$B$11	=－$B$11
25	租金抵税		=$B$11*$B$5	=$B$11*$B$5	=$B$11*$B$5	=$B$11*$B$5	=$B$11*$B$5
26	合计		=SUM(C23:C25)	=SUM(D23:D25)	=SUM(E23:E25)	=SUM(F23:F25)	=SUM(G23:G25)
27	租赁方案的净现值	=NPV(B6,C26:G26)					

图6－3　租赁方案的净现值计算公式表

租赁代替购买的增量现金流计算公式表如图6－4所示。

	A	B	C	D	E	F	G
31	避免资产购置支出	= B8					
32	租金支出		= C24	= D24	= E24	= F24	= G24
33	租金抵税		= C25	= D25	= E25	= F25	= G25
34	损失的折旧抵税		= - C17	= - D17	= - E17	= - F17	= - G17
35	增量现金流	= SUM (B31 : B34)	= SUM (C31 : C34)	= SUM (D31 : D34)	= SUM (E31 : E34)	= SUM (F31 : F34)	= SUM (G31 : G34)
36	租赁相对于购买净现值	= NPV(B6 , C35 : G35) + B35					

图 6 -4　租赁代替购买的增量现金流计算公式表

通过 Excel 软件计算，得到结果如图 6 -5 ~ 图 6 -7 所示。折现率计算表如图 6 -5所示。

	A	B
4	利率	8.00%
5	所得税税率	25.00%
6	折现率	0.06
7	新增设备增加现金流(万元)	6 000
8	设备价值(万元)	10 000
9	使用年限(年)	5
10	折旧(万元)	2 000
11	租金(万元)	2 500

图 6 -5　折现率计算表

	A	B	C	D	E	F	G
13	购买现金流						
14	购买	第 0 年	第 1 年	第 2 年	第 3 年	第 4 年	第 5 年
15	设备支出(万元)	- 1 0000					
16	税后增加现金流(万元)		4 500	4 500	4 500	4 500	4 500
17	折旧抵税(万元)		500	500	500	500	500
18	合计(万元)	- 10 000	5 000	5 000	5 000	5 000	5 000
19	购买方案的净现值(万元)	11 061.82					

图 6 -6　购买方案的净现值计算表

	A	B	C	D	E	F	G
20							
21	租赁现金流						
22	租赁	第0年	第1年	第2年	第3年	第4年	第5年
23	税后现金流(万元)		4 500	4 500	4 500	4 500	4 500
24	租金支出(万元)		-2 500	-2 500	-2 500	-2 500	-2 500
25	租金抵税(万元)		625	625	625	625	625
26	合计(万元)		2 625	2 625	2 625	2 625	2 625
27	租赁方案的净现值(万元)	11 057.45					
28							
29	租赁代替购买的增量现金流						
30	B	C	D	E	F	G	H
31	避免资产购置支出(万元)	10 000.00					
32	租金支出(万元)		-2 500	-2 500	-2 500	-2 500	-2 500
33	租金抵税(万元)		625	625	625	625	625
34	损失的折旧抵税(万元)		-500	-500	-500	-500	-500
35	增量现金流(万元)	10 000	-2 375	-2 375	-2 375	-2 375	-2 375
36	租赁相对于购买净现值(万元)	-4.36					

图6-7 租赁方案的净现值计算表

2. 出租方决策

出租方净现值计算公式表如图6-8所示。

	A	B	C	D	E	F	G
44		第0年	第1年	第2年	第3年	第4年	第5年
45	设备成本支出	=-B8					
46	折旧抵税		=$B$10*$B$5	=$B$10*$B$5	=$B$10*$B$5	=$B$10*$B$5	=$B$10*$B$5
47	税后租金		=$B$11*(1-$B$5)	=$B$11*(1-$B$5)	=$B$11*(1-$B$5)	=$B$11*(1-$B$5)	=$B$11*(1-$B$5)
48	现金流合计	=SUM(B45:B47)	=SUM(C46:C47)	=SUM(D46:D47)	=SUM(E46:E47)	=SUM(F46:F47)	=SUM(G46:G47)
49	出租方NPV	=NPV(B6,C48:G48)+B48					

图6-8 出租方净现值计算公式表

本章专有名词中英文对照

长期筹资 Permanent Funding

吸收直接投资 Capital Financing

普通股 Common Stock

长期债券 Long-term Bonds

留存收益 Retained Earnings

融资租赁 Financial Leasing

杠杆租赁 Leverage Lease

本章小结

吸收直接投资是指企业直接吸收国家、法人、个人和外商投入资金的一种筹资方式。

普通股股票简称普通股，是公司发行的代表着股东享有平等的权利和义务、不加限制的股利不固定的股票。普通股融资属于权益融资。

普通股筹资的优缺点如下：①优点：没有固定利息负担；没有固定到期日；筹资风险小；筹资限制少。②缺点：普通股的资本成本较高；普通股筹资会增加新的股东，可能会分散公司的控制权，削弱原有股东对公司的控制。

留存收益筹资的优缺点如下：不用发生筹资费用；维持公司的控制权分布；筹资数额有限。

长期借款筹资的优缺点如下：①优点：筹资速度快；借款弹性好。②缺点：财务风险较大；限制条款较多。

债券筹资的优缺点如下：①优点：筹资规模较大；具有长期性和稳定性；有利于资源优化配置。②缺点：发行成本高；信息披露成本高；限制条件多。

租赁属于一种融资方式。租赁是指在约定的期间内，出租人将资产使用权让与承租人以获取租金的合同。在这种交易中，承租方通过得到所需资产的使用权，完成了筹集资金的行为。

对租赁与购买进行决策分析，核心问题是两种方案净现值的比较。

习　题

1. 什么是权益筹资？什么是债务筹资？
2. 权益筹资方式有哪几种？特点分别是什么？
3. 债务筹资方式有哪几种？特点分别是什么？
4. 如何进行租赁与购买的决策？
5. A公司是一个制造企业，拟添置一台设备，有关资料如下：

（1）如果自行购置该设备，预计购置成本1 300万元。该项固定资产的折旧年限为7年，残值率为购置成本的5%。预计该设备每年可以增加收入280万元，降低生产成本100万元，至少可以持续5年。预计该设备5年后的变现价值为350万元。设备每年营运成本（包括维修费、保险费和资产管理成本等）为60万元。

（2）B租赁公司表示可以为此项目提供融资，并提供了以下租赁方案：每年租金260万元，在每年年末支付；租期5年，租赁期内不得撤租，租赁期满设备所有权不转让，设备每年的营运成本由承租人承担。

（3）A公司的所得税税率为25%，税前借款（有担保）利率为10%。项目资本成本为12%。

要求：

（1）计算设备投资净现值。

（2）计算租赁净现值。

（3）评价设备投资的可行性。

第7章

股利政策

导　论

2017 年 4 月 26 日晚间，环球集团预披露年报：2016 年实现净利润 154.21 亿元，同比增长 23%；同时，公司拟每 10 股派 18 元（含税），按照公司总股本 60.16 亿股计算，此次环球集团的总分红额高达 108.28 亿元，分红金额创出历史新高，股息支付率高达 70%。

在分红方面，环球集团一直都表现得相当慷慨。在 2016 年的股东大会上，环球集团董事长董珍珠现场直接放话："环球集团没有亏待你们！我讲这个话一点都不过分。""两年给你们分了 180 亿元，你去看看哪个企业给你们这么多？"

7 年来环球集团累计分红超过 363 亿元。而董珍珠本人也在历次的分红中获得了超过 2 亿元的收入。

如何理解上市公司股票和分红政策？上市公司应制定和实施何种股利政策？

学习目标

通过本章的学习，你应该了解：股利支付；股利政策。

7.1　股利支付方式

利润分配是企业按照国家有关法律、法规以及企业章程的规定，在兼顾股东与债权人等其他利益相关者的利益关系基础上，将实现的利润在企业与企业所有者之间、企业内部的有关项目之间、企业所有者之间进行分配的活动。按照我国《公司法》的规定，公司利润分配的项目包括以下部分：

（1）法定公积金。法定公积金从净利润中提取形成，用于弥补公司亏损、扩大公司生产经营或者转为增加公司资本。公司分配当年税后利润时应当按照 10% 的比例提取法定公积金；当法定公积金累计额达到公司注册资本的 50% 时，可不再继续提取。任意公积金的提取由股东会或者股东大会根据需要决定。

（2）股利（向投资者分配的利润）。公司向股东（投资者）支付股利（分配利润），要在提取公积金之后。股利（利润）的分配应以各股东（投资者）持有股份（投资额）的数据为依据，每一股东（投资者）取得的股利（分得的利润）与其持有的股份（投资额）成正比。股份有限公司原则上应从累计盈利中分派股利，无盈利不得支付股利，即所谓“无利不分”原则。但在公司用公积金抵补亏损以后，为维护其股票信誉，经股东会或股东大会特别决议，也可用公积金支付股利。

股利是股息和红利的总称，是公司向股东分配的公司盈余。股利的种类可分为现金股利、股票股利。

1）现金股利。现金股利是以现金支付的股利，它是股利支付的主要方式。公司支付现金股利除了要有累计盈余外，还要有足够的现金，因此，公司在支付现金股利前需要筹备充足的现金。

2）股票股利。股票股利是公司以增发的股票作为股利的支付方式。

在我国上市公司的股利分配实践中，股利支付方式有现金股利、股票回购、股票股利、股票分割等四种方式。

7.1.1 现金股利

现金股利是以现金支付的股利，它是股利支付的主要方式。公司支付现金股利除了要有累计盈余外，还要有足够的现金，因此，公司在支付现金股利前需要筹备充足的现金。

股利支付过程中的重要日期有：

（1）股利宣告日（Announcement Date），即公司董事会将股东大会通过本年度利润分配方案的情况以及股利支付情况予以公告的日期。公告中将宣布每股派发股利、股权登记日、除息日、股利支付日以及派发对象等事项。

（2）股权登记日（Record Date），即有权领取本期股利的股东资格登记截止日期。只有在股权登记日这一天登记在册的股东才有资格领取本期股利，而在这一天之后登记在册的股东，即使是在股利支付日之前买入的股票，也无权领取本期分配的股利。

（3）除息日（Ex-dividend Date），也称除权日，是指股利所有权与股票本身分离的日期，将股票中含有的股利分配权利予以解除，即在除息日当日及以后买入的股票不再享有本次股利分配的权利。我国上市公司的除息日通常是在登记日的下一个交易日。由于在除息日之前的股票价格中包含了本次派发的股利，而自除息日起的股票价格中则不包含本次派发的股利，通常经过除权调整上市公司每股股票的对应价值，以便投资者对股价进行对比分析。

（4）股利支付日（Payable Date），是指公司确定的向股东正式发放股利的日期。公司通过资金清算系统或其他方式将股利支付给股东。

【例7-1】 ABC公司2017年7月4日发布了《ABC公司派发现金红利实施公告》。ABC公司本次公告称该公司2016年度利润分配方案（本次利润分配方案）已经2017年5月26日召开的2016年度股东大会审议通过。

股权登记日为2017年7月7日，除息日为2017年7月10日，现金红利发放日为2017年7月14日，如图7-1所示。

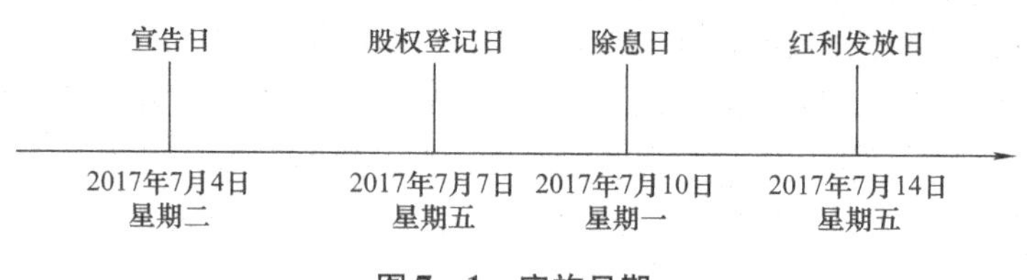

图7-1 实施日期

7.1.2 股票回购

股票回购是指公司在有多余现金时，向股东回购自己的股票，以此来代替现金股利。

1. 股票回购的意义

股票回购是公司出资购回自身发行在外的股票。公司以多余现金购回股东所持有的股份，使流通在外的股份减少，每股股利增加，从而使股价上升，股东能因此获得资本利得，这相当于公司支付给股东现金股利。所以，可以将股票回购看作是一种现金股利的替代方式。

股票回购有着与发放现金股利不同的意义。

（1）对股东而言，股票回购后股东得到的资本利得需缴纳资本利得税，发放现金股利后股东则需缴纳股息税。在前者低于后者的情况下，股东将得到纳税上的好处。

（2）对公司而言，股票回购有利于增加公司的价值：

1）公司进行股票回购的目的之一是向市场传递股价被低估的信号。股票回购有着与股票发行相反的作用。股票发行被认为是公司股票被高估的信号，当公司管理层认为公司目前的股价被低估时，通过股票回购，向市场传递了积极信息，有利于稳定乃至提升股票价格。

2）当公司可支配的现金流明显超过投资项目所需的现金流时，可以用自由现金流进行股票回购，有助于增加每股盈利水平。股票回购减少了公司自由现金流，起到了降低管理层代理成本的作用。

3）避免股利波动带来的负面影响。当公司剩余现金流是暂时的或者是不稳定的，没有把握能够长期维持高股利政策时，可以通过股票回购发放股利。

4）发挥财务杠杆的作用。如果公司认为资本结构中权益资本的比例较高，则可以通过股票回购提高负债比率，改变公司的资本结构，并有助于降低加权平均资本成本。例如，通过发行债券融资回购本公司的股票，可以快速提高负债比率。

5）通过股票回购，可以减少外部流通股的数量，提高股票价格，在一定程度上降低公司被收购的风险。

6）调节所有权结构。公司拥有回购的股票（库藏股），可以用来交换被收购或者兼并公司的股票，也可以用来满足认股权证持有人认购公司股票或可转换债券持有人转换公司普通股的需要，避免发行新股而稀释收益。

我国《公司法》规定，公司只有在以下四种情形下才能回购本公司的股份：

一是减少公司注册资本；二是与持有本公司股份的其他公司合并；三是将股份奖励给本公司职工；四是股东因对股东大会做出的合并、分立决议持异议，要求公司收购其股份。

2. 股票回购的方式

股票回购的方式按照不同的分类标准主要有以下几种：

（1）按照股票回购的地点不同，可以分为场内公开收购和场外协议收购两种。场内公开收购是指公司把自己等同于任何潜在的投资者，委托证券公司代自己按照公司股票当前市场价格回购。场外协议收购是指公司与某一类或某几类投资者直接见面，通过协商来回购股票的一种方式。

（2）按照股票回购的对象不同，可以分为资本市场上进行随机回购、向全体股东招标回购、向个别股东协商回购。在资本市场上随机收购的方式最为普遍；向全体股东招标回购的方式下，回购价格通常高于当时的股票价格，且成本费用较高；向个别股东协商回购，则必须保持回购价格的公正合理性，以免损害其他股东的利益。

（3）按照筹资方式不同，可分为举债回购、现金回购和混合回购。举债回购是指通过银行等金融机构借款的办法来回购公司的股份。其目的无非是防御其他公司的恶意兼并与收购。现金回购是指企业利用剩余资金来回购本公司的股票。如果企业既动用剩余资金，又向银行等金融机构举债回购本公司股票，则称为混合回购。

7.1.3 股票股利

股票股利是公司以发放的股票作为股利的支付方式。股票股利并不直接增加股东的财富，不会导致公司资产的流出或负债的增加，同时也并不因此而增加公司的财产，但会引起所有者权益各项目的结构发生变化。发放股票股利后，如果盈利总额与市盈率不变，则会由于普通股股数增加而引起每股收益和每股市价的下降。但由于股东所持股份的比例不变，每位股东所持有股票的市场价值总额仍保持不变，因而股票股利不涉及公司的现金流。

【例 7-2】 假定某公司宣布发放 10% 的股票股利，即发放 20 000 股普通股股票，并规定现有股东每持 10 股可得 1 股新发放股票。若该股票当时市价 20 元，随着股票股利的发放，按照股票市值需从留存收益划转出的资金为

$$20 \times 200\ 000 \times 10\% = 400\ 000 \text{（元）}$$

派发 20 000 股的股票股利后，使股本账户增加了 20 000 元，由于股票面额（1 元）不变，股本数量也增加了 20 000 股，即从派发前的 200 000 股增加到 220 000股。其余的 380 000 元应作为股票溢价转至“资本公积”账户，而公司股东权益总额保持不变。公司股东权益各项目在发放股票股利前后的情况如表 7-1 所示。

表7-1 股票股利发放前后对比表 单位：元

项目	发放股票股利前	发放股票股利后
股本（面额为1元，均为发行的普通股）	200 000	220 000
资本公积	400 000	780 000
留存收益	2 000 000	1 600 000
股东权益合计	2 600 000	2 600 000

发放股票股利后，如果盈利总额和市盈率不变，则会由于普通股股数增加而引起每股收益和每股市价的下降；但又由于股东所持股份的比例不变，每位股东所持股票的市场价值总额仍保持不变。

【例7-3】假定在例7-2中公司本年盈余为440 000元，某股东持有20 000股普通股，市盈率不变，发放股票股利对该股东的影响如表7-2所示。

表7-2 股票股利发放前后对比表 单位：元

项目	发放股票股利前	发放股票股利后
每股收益（EPS）	440 000/200 000 = 2.2	440 000/220 000 = 2
每股市价	20	20/（1+10%）=18.18
持股比例	（20 000/200 000）×100% = 10%	（22 000/220 000）×100% = 10%
所持股票价值	20×20 000 = 400 000	18.18×22 000 = 400 000

从经济的角度来看，股票股利没有改变公司股东权益总额，既不增加股东财富与公司的价值，也不改变财富的分配，仅仅增加了股份数量，但对股东和公司都有特殊意义。股票股利的意义主要表现在以下几个方面：

1. 使股票的交易价格保持在合理的范围之内

在盈余和现金股利不变的情况下，发放股票股利可以降低每股价值，使股价保持在合理的范围之内，从而吸引更多的投资者。我们可以设想，如果微软等优秀公司从不发放股票股利或进行股票分割，那么其股价会很高，从而超出正常的交易价格范围。

2. 以较低的成本向市场传达利好信号

通常管理者在公司前景看好时，才会发放股票股利。管理者拥有比外部人更多的信息，外部人把股票股利的发放视为利好信号。

3. 有利于保持公司的流动性

公司持有一定数量的现金是公司流动性的标志。向股东分派股票股利本身并未发生现金流出，其仅改变了所有者权益的内部结构。如果每股现金股利的水平较高会影响到公司现金持有水平，配合适当发放一定数量的股票股利可以使股东在分享公司盈余的同时也使现金留存在企业内部，作为营运资金或用于其他用途。

7.1.4 股票分割

股票分割是指面额较高的股票交换成面额较低的股票的行为。例如，将原来的 1 股股票交换成 2 股股票。股票分割不属于某种股利方式，但其所产生的效果与发放股票股利近似。

从实践效果来看，由于股票分割与股票股利非常接近，所以一般要根据证券管理部门的具体规定对两者加以区分。例如，有的国家证券交易机构规定，发放 25% 以上的股票股利即属于股票分割。

对于公司来讲，实行股票分割的主要目的在于通过增加股票股数降低每股市价，从而吸引更多的投资者。此外，股票分割往往是成长中公司的行为，所以宣布股票分割后容易给人一种“公司正处于发展之中”的印象，这种利好信息会在短时间内提高股价。从经济的角度来看，股票分割和股票股利没有什么区别。

尽管股票分割和股票股利都能达到降低公司股价的目的，但只有在公司股价暴涨且预期难以下降时，才采用股票分割的办法降低股价；而在公司股价上涨幅度不大时，往往通过发放股票股利将股价维持在理想的范围之内。

7.2 股利政策理论

股利分配的核心问题是如何权衡公司股利支付决策与未来长期增长之间的关系，以实现公司价值最大化的财务管理目标。股利政策是指公司股东大会或董事会对一切与股利有关的事项，所采取的较具原则性的做法，是关于公司是否发放股利、发放多少股利以及何时发放股利等方面的方针和策略，所涉及的主要是公司对其收益进行分配还是留存以用于再投资的策略问题。

围绕着公司股利政策是否影响公司价值这一问题，主要有两类不同的股利理论：股利无关论和股利相关论。

7.2.1 股利无关论

股利无关论认为股利分配对公司的市场价值（或股票价格）不会产生影响。这一理论是米勒与莫迪格利安尼于 1961 年在以下假设之上提出的：①公司的投资政策已确定并且已经为投资者所理解；②不存在股票的发行和交易费用；③不存在个人或公司所得税；④不存在信息不对称；⑤经理与外部投资者之间不存在代理成本。上述假设描述的是一种完美资本市场，因而股利无关论又被称为完全市场理论。

股利无关论认为：

1. 投资者并不关心公司股利的分配

若公司留存较多的利润用于再投资，则会使公司股票价格上升；此时尽管股利较低，但需用现金的投资者可以出售股票换取现金。若公司发放较多的股利，则投资者又可以用现金再买入一些股票以扩大投资。也就是说，投资者对股利和资本利得并无偏好。

2. 股利的支付比率不影响公司的价值

既然投资者不关心股利的分配，公司的价值就完全由其投资政策及其获利能力所决定，公司的盈余在股利和保留盈余之间的分配并不影响公司的价值，既不会使公司价值增加，也不会使公司价值降低（即使公司有理想的投资机会而又支付了高额股利，也可以募集新股，新投资者会认可公司的投资机会）。

7.2.2 股利相关论

股利无关论是在完美资本市场的一系列假设下提出的，如果放宽这些假设条件，股利政策就会显现出对公司价值（或股票价格）产生的影响。

1. 税差理论

在股利无关论中假设不存在税收，但在现实条件下，现金股利和资本利得都存在税，而且还有差异。税差理论强调了税收在股利分配中对股东财富的重要作用。一般来说，出于保护和鼓励资本市场投资的目的，会采用股利收益的税率高于资本利得的税率差异税率制度，致使股东会偏好资本利得而不是派发现金股利。

税差理论认为，如果不考虑股票交易成本，分配股利的比率越高，股东的股利收益纳税负担越重，企业应采取低现金股利比率的分配政策，以提高留存收益再投资的比率，使股东在实现未来的资本利得中享有税收节省。

2. 客户效应理论

客户效应理论是对税差理论的进一步扩展，研究处于不同税收等级的投资者对待股利分配态度的差异，认为投资者不仅仅是对资本利得和股利收益有偏好，即使是投资者本身，因其所处不同等级的边际税率，对企业股利政策的偏好也是不同的。收入高的投资者因为较高的税率表现出偏好低股利支付率的股票，希望少分或不分现金股利，以便企业再投资，从而提高所持有的股票价格。而收入低的投资者以及享有税收优惠的养老基金投资者偏好高股利支付率的股票，希望支付较高而且稳定的现金股利。

3. “一鸟在手”理论

由于企业在经营过程中存在着诸多不确定性因素，股东会认为现实的现金股利要比未来的资本利得更为可靠，会更偏好于确定的股利收益。因此，资本利得好像林中之鸟，虽然看上去很多，但却不一定抓得到。而现金股利则好像在手之鸟，是股东有把握按时、按量得到的现实收益。股东对未来价值不确定的态度偏好，被称为“一鸟在手，强于二鸟在林”。

4. 代理理论

企业中的股东、债权人、经理人员等诸多利益相关者的目标并非完全一致，在追求自身利益最大化的过程中有可能会以牺牲另一方的利益为代价，这种利益冲突关系反映在公司股利分配决策过程中表现为不同形式的代理成本：反映两类投资者之间利益冲突的是股东与债权人之间的代理关系；反映股权分散情形下，内部经理人员与外部分散投资者之间利益冲突的经理人员与股东之间的代理关系；反映股权集中情形下控制性大股东与外部中小股东之间利益冲突的是控股股东与中小股东之间的代理关系。

5. 信号理论

股利无关论假设不存在信息不对称，即外部投资者与内部经理人员拥有企业投资机会与收益能力的相同信息。但在现实条件下，企业经理人员比外部投资者拥有更多的企业经营状况与发展前景的信息，这说明在内部经理人员与外部投资者之间存在信息不对称。在这种情形下，可以推测分配股利可以作为一种信息传递机制，使企业股东或市场中的投资者依据股利信息对企业经营状况与发展前景做出判断。

信号理论认为股利向市场传递企业信息可以表现为两个方面：一种是股利增长的信号作用，即如果企业股利支付率提高，则被认为是经理人员对企业发展前景做出良好预期的结果，表明企业未来业绩将大幅度增长，通过增加发放股利的方式向股东与投资者传递了这一信息。此时，随着股利支付率提高，企业股票价格应该是上升的。另一种是股利减少的信号作用，即如果企业股利支付率下降，则股东与投资者会感受到这是企业经理人员对未来发展前景做出无法避免衰退预期的结果。随着股利支付率下降，企业股票价格应该是下降的。

7.3 股利政策实施

在现实生活中，公司的股利分配是在种种制约因素下进行的，采取何种股利政策虽然是由管理层决定的，但是实际上在其决策过程中会受到诸多主观与客观因素的影响。

7.3.1 影响股利政策的因素

1. 法律因素

为了保护债权人和股东的利益，有关法规对公司的股利分配经常做如下限制：

（1）资本保全的限制。规定公司不能用资本发放股利。股利的支付不能减少法定资本，如果一个公司的资本已经减少或因支付股利而引起资本减少，则不能支付股利。

（2）企业积累的限制。为了制约公司支付股利的任意性，按照法律规定，公司税后利润必须先提取法定公积金。此外还鼓励公司提取任意公积金，只有当提取的法定公积金达到注册资本的50%时，才可以不再提取。提取法定公积金后的利润净额才可以用于支付股利。

（3）净利润的限制。规定公司年度累计净利润必须为正数时才可发放股利，以前年度亏损必须足额弥补。

（4）超额累积利润的限制。由于股东接受股利缴纳的所得税高于其进行股票交易的资本利得税，于是许多国家规定公司不得超额累积利润，一旦公司的保留盈余超过法律认可的水平，将被加征额外税额。

（5）无力偿付的限制。基于对债权人的利益保护，如果一个公司已经无力偿付负债，或股利支付会导致公司失去偿债能力，则不能支付股利。

2. 公司因素

公司的经营情况和经营能力，也会影响其股利政策。

（1）盈余的稳定性。公司是否能获得长期稳定的盈余，是其股利决策的重要基础。盈余相对稳定的公司相对于盈余不稳定的公司而言具有较高的股利支付能力，因为盈余稳定的公司对保持较高股利支付率更有信心。收益稳定的公司面临的经营风险和财务风险较小，筹资能力较强，这些都是其股利支付能力的保证。

（2）公司的流动性。较多地支付现金股利会减少公司的现金持有量，使公司的流动性降低。这里的公司流动性是指及时满足财务应付义务的能力；而公司保持一定的流动性，不仅是公司经营所必需的，也是在实施股利分配方案时需要权衡的。

（3）举债能力。具有较强举债能力的公司因为能够及时地筹措到所需的现金，有可能采取高股利政策；而举债能力弱的公司则不得不多滞留盈余，因而往往采取低股利政策。

（4）投资机会。有着良好投资机会的公司，需要有强大的资金支持，因而往往少发放股利，将大部分盈余用于投资。缺乏良好投资机会的公司，保留大量现金会造成资金的闲置，于是倾向于支付较高的股利。正因为如此，处于成长中的公司多采取低股利政策；处于经营收缩中的公司多采取高股利政策。

（5）资本成本。与发行新股相比，保留盈余不需要花费筹资费用，是一种比较经济的筹资渠道。所以，从资本成本考虑，如果公司有扩大资金的需要，也应当采取低股利政策。

（6）债务需要。具有较高债务偿还需要的公司，可以通过举借新债、发行新股筹集资金偿还债务，也可直接用经营积累偿还债务。如果公司认为后者适当的话，将会减少股利的支付。

3. 股东因素

公司的股利政策最终由代表股东利益的董事会决定，因此，股东的要求不可忽视。股东从自身经济利益需要出发，对公司的股利分配往往产生以下影响：

（1）稳定的收入和避税。一些股东的主要收入来源是股利，他们往往要求公司支付稳定的股利。他们认为通过保留盈余引起股价上涨而获得资本利得是有风险的。若公司留存较多的利润，将受到这部分股东的反对。另外，一些股利收入较多的股东出于避税的考虑（股利收入的所得税高于股票交易的资本利得税），往往反对公司发放较多的股利。

（2）控制权的稀释。公司支付较高的股利，就会导致留存盈余减少，这又意味着将来发行新股的可能性加大，而发行新股必然稀释公司的控制权，这是公司拥有控制权的股东们所不愿看到的局面。因此，若他们拿不出更多的资金购买新股，则宁肯不分配股利。

7.3.2 具体股利政策

在进行股利分配的实务中，公司经常采用的股利政策如下：

1. 剩余股利政策

股利分配与公司的资本结构相关，而资本结构又是由投资所需资金构成的，因此实际上股利政策要受到投资机会及其资本成本的双重影响。剩余股利政策就是在公司有着良好的投资机会时，根据一定的目标资本结构（最佳资本结构），测算出投资所需的权益资本，先从盈余当中留用，然后将剩余的盈余作为股利予以分配。

采用剩余股利政策时，应遵循以下四个步骤：①设定目标资本结构，即确定权益资本与债务资本的比率，在此资本结构下，加权平均资本成本将达到最低水平；②确定目标资本结构下投资所需的股东权益数额；③最大限度地使用保留盈余来满足投资方案所需的权益资本数额；④投资方案所需权益资本已经满足后若有剩余盈余，再将其作为股利发放给股东。

【例7-4】某公司上年税后利润600万元，今年年初公司讨论决定股利分配的数额。预计今年需要增加投资资本800万元。公司的目标资本结构是权益资本占60%，债务资本占40%，今年继续保持。按法律规定，至少要提取10%的公积金。公司采用剩余股利政策，问公司应分配多少股利？

利润留存 $=800\times60\%=480$（万元）

股利分配 $=600-480=120$（万元）

2. 固定股利政策

固定股利政策是将每年发放的股利固定在某一相对稳定的水平上并在较长的时期内不变，只有当公司认为未来盈余会显著地、不可逆转地增长时，才提高年度的股利发放额。

固定股利政策的主要目的是避免出现由于经营不善而削减股利的情况。采用这种股利政策的理由在于：

（1）稳定的股利向市场传递着公司正常发展的信息，有利于树立公司良好形象，增强投资者对公司的信心，稳定股票的价格。

（2）稳定的股利额有利于投资者安排股利收入和支出，特别是对那些对股利有着很高依赖性的股东更是如此。而股利忽高忽低的股票，则不会受这些股东的欢迎，股票价格会因此而下降。

（3）稳定的股利政策可能会不符合剩余股利理论，但考虑到股票市场会受到多种因素的影响，其中包括股东的心理状态和其他要求，因此为了使股利维持在稳定的水平上，即使推迟某些投资方案或者暂时偏离目标资本结构，也可能要比降低股利或降低股利增长率更为有利。

该股利政策的缺点在于股利的支付与盈余相脱节。当盈余较低时仍要支付固定的股利，这可能导致资金短缺，财务状况恶化；同时不能像剩余股利政策那样保持较低的资本成本。

3. 低正常股利加额外股利政策

低正常股利加额外股利政策是公司一般情况下每年只支付固定的、数额较低的股利，在盈余多的年份，再根据实际情况向股东发放额外股利。但额外股利并不固定化，不意味着公司永久地提高了规定的股利率。

采用低正常股利加额外股利政策的理由如下：

（1）这种股利政策使公司具有较大的灵活性。当公司盈余较少或投资需用较多资金时，可维持设定的较低但正常的股利，股东不会有股利跌落感；而当盈余有较大幅度增加时，则可适度增发股利，把经济繁荣的部分利益分配给股东，使他们增强对公司的信心，这有利于稳定股票的价格。

（2）这种股利政策可使那些依靠股利度日的股东每年至少可以得到虽然较低但比较稳定的股利收入，从而吸引住这部分股东。

4. 固定股利支付率政策

固定股利支付率政策是公司确定一个股利占盈余的比率，长期按此比率支付股利的政策。在这一股利政策下，各年股利额随公司经营的好坏而上下波动，获得较多盈余的年份股利额高，获得盈余少的年份股利额就低。

主张实行固定股利支付率的人认为，这样做能使股利与公司盈余紧密地配合，以体现多盈多分、少盈少分、无盈不分的原则，才算真正公平对待了每一位股东。但是，在这种政策下各年的股利变动较大，极易造成公司不稳定的感觉，对于稳定股票价格不利。

以上各种股利政策各有所长，公司在分配股利时应借鉴其基本决策思想，制定适合自己实际情况的股利政策。

7.3.3 股利的支付程序

股利的支付程序如下：

1. 决策程序

上市公司股利分配的基本程序是：首先由公司董事会根据公司盈利水平和股利政策，制订股利分派方案，提交股东大会审议，通过后方能生效。然后，由董事会向股东宣布，并在规定的股利发放日以约定的支付方式派发。在经过上述决策程序之后，公司方可对外发布股利分配公告、具体实施分配方案。我国股利分配决策权属于股东大会。我国上市公司的现金分红一般是按年度进行，也可以进行中期现金分红。

2. 分配信息披露

根据有关规定，股份有限公司利润分配方案、公积金转增股本方案须经股东大会批准，董事会应当在股东大会召开后两个月完成股利派发或股份转增事项。在此期间，董事会必须对外发布股利分配公告，以确定分配的具体程序与时间安排。

股利分配公告一般在股权登记前3个工作日发布。如果公司股东较少，股票交易又不活跃，则公告日可以与股利支付日在同一天。公告内容包括：

（1）利润分配方案。

（2）股利分配对象，为股权登记日当日登记在册的全体股东。

（3）股利发放方法。我国上市公司的股利分配程序应当按登记的证券交易所的具体规定进行。

3. 分配程序

以深圳证券交易所（以下简称深交所）的规定为例：对于流通股份，其现金股利由上市公司于股权登记日前划入深交所账户，再由深交所于登记日后第3个工作日划入各托管证券经营机构账户，托管证券经营机构于登记日后第5个工作日划入股东资金账户。红股则于股权登记日后3个工作日直接记入股东的证券账户，并自即日起开始上市交易。

案例扩展

XYZ是一家处于高速发展阶段的高科技公司，根据公司的战略规划，公司需要增发新股满足投资需要。因此，管理层希望制定一个合适的股利政策，提高股票市场价格。公司的一位高层主管正在听一门财务管理课程，他说，课程中介绍股利政策不影响价格，因为投资者可以通过自制股利改变自己投资的现金流量和获利水平。因此，他建议公司不支付任何股利，将公司的税后利润全部用于项目投资。你认为这位高层主管的建议及其理由正确吗？你认为XYZ公司应采取何种股利政策？

这位高层主管的建议不正确。首先，股利与股票市场价格无关只是股利无关论的一家之言，股利政策不影响价格是不准确的。高速发展的公司需要增发新股筹集大量的资本，因此获得的税后利润采取高股利政策是不合适的，但是完全不分配股利，不利于吸引股票投资者，也无法传递公司经营状况良好等信息，无法保持股票价格的高水平，因此比较适宜的股利政策可以为低正常股利加额外股利政策。

本章专有名词中英文对照

股利政策 Dividend Policy

股票股利 Stock Dividend

现金股利 Cash Dividend

股利支付率 Dividend Payout Ratio

本章小结

发放股利是企业进行利润分配的一种方式。

股利的种类可分为现金股利、股票股利。

股利支付方式有现金股利、股票回购、股票股利、股票分割等。

关于公司股利政策是否影响公司价值这一问题，主要有两类不同的股利理论：股利无关论和股利相关论。股利无关论认为股利政策不会影响公司价值或股票价格，而股利相关论认为在不完美的市场假设下，股利政策会影响公司价值。

股利政策的分类包括剩余股利政策、固定股利政策、低正常股利加额外股利政策和固定股利支付率政策。

习　题

1. 如何理解影响股利政策的因素？
2. 股利支付方式有哪几种？
3. 典型的股利政策包括什么？其特点是什么？
4. 如何理解股利相关论与股利无关论？

第 4 篇　营运资本管理

第8章

营运资金管理

导　论

营运资金管理是企业财务管理的重要组成部分，一个企业要维持正常的运转就必须拥有适量的营运资金。环球集团营运资金占用比例较高，占到总资产的将近一半。营运资金运营的情况直接影响公司的盈利情况，公司最近决定加强营运资金管理。针对应从哪些方面和如何加强营运资金管理，财务部门展开了讨论，小薇也进行了深入的思考。

学习目标

通过本章的学习，你应该了解：营运资金的概念；现金日常收支管理；应收账款信用政策；存货管理。

8.1 营运资金投资概述

8.1.1 营运资金的含义

营运资金有广义和狭义之分。广义的营运资金是指一个企业流动资产的总额；狭义的营运资金是指流动资产减去流动负债后的余额。营运资金的管理既包括流动资产的管理，也包括流动负债的管理。

1. 流动资产

流动资产是指可以在1年以内或超过1年的一个营业周期内变现或运用的资产，流动资产具有占用时间短、周转快、易变现等特点。企业拥有较多的流动资产，可在一定程度上降低财务风险。

2. 流动负债

流动负债是指需要在1年或者超过1年的一个营业周期内偿还的债务。流动负债又称短期负债，具有成本低、偿还期短的特点。

8.1.2 营运资金的特点

为了有效地管理企业的营运资金，必须研究营运资金的特点，以便有针对性地进行管理。营运资金一般具有如下特点：

1. 营运资金的来源具有灵活多样性

与筹集长期资金的方式相比，企业筹集营运资金的方式较为灵活多样，通常有银行短期借款、商业信用、应交税费、应交利润、应付职工薪酬、应付费用、预收货款、票据贴现等多种内外部融资方式。

2. 营运资金的数量具有波动性

流动资产的数量会随企业内外条件的变化而变化，时高时低，波动很大。季节性企业如此，非季节性企业也如此。随着流动资产数量的变动，流动负债的数量也会相应发生变动。

3. 营运资金的周转具有短期性

企业占用在流动资产上的资金，通常会在1年或超过1年的一个营业周期内收回。根据这一特点，营运资金可以用商业信用、银行短期借款等短期筹资方式来加以解决。

4. 营运资金的实物形态具有变动性

企业营运资金的实物形态是经常变化的，一般按照现金、材料、在产品、产成品、应收账款、现金的顺序转化。为此，在进行流动资产管理时，必须在各项流动资产上合理配置资金数额，做到结构合理，以促进资金周转顺利进行。

5. 营运资金具有易变现性

短期投资、应收账款、存货等流动资产一般具有较强的变现能力，如果遇到意外情况，企业出现资金周转不灵、现金短缺时，便可迅速变卖这些资产，以获取现金。这对财务上应付临时性资金需求具有重要意义。

8.1.3 营运资金持有政策

营运资金持有政策的确定，是在企业的风险和收益之间进行权衡的。企业流动资产持有量越高，企业支付能力和向顾客提供商品的能力就越强，企业风险就越小。而较低的流动资产持有量，虽然会导致企业收益的提高，但也会造成企业支付能力的下降，企业资产的流动性降低，企业的风险加大。因此，企业必须合理规划营运资金的持有量，在风险和收益之间做出正确的选择。

营运资金的持有政策包括宽松型持有政策、紧缩型持有政策和适中型持有政策三种。

1. 宽松型持有政策

宽松型持有政策的出发点是为了维护企业的安全运营。在宽松型持有政策下，企业持有足够多的营运资金。现金除满足企业正常生产经营的需要外，还有大量的剩余，以预防企业临时性的现金支付的需要；信用条件较为宽松，以满足企业销售的需要；对存货进行大量投资，以保证生产和销售的需要，使企业生产和销售不受存货不足的限制。宽松型持有政策的结果是流动性最强而收益性较低。

2. 紧缩型持有政策

紧缩型持有政策的出发点是为了使企业获取最大的收益。在紧缩型持有政策下，企业持有的营运资金较低。除满足企业日常生产经营的需要外，企业一般不置存多余的现金；存货的置存量被压缩到最低的幅度，以释放存货占用的资金，节约资金占用的成本；应收账款的置存量也较低，以减少资金占用，避免由于应收账款置存量过大造成的机会成本和坏账费用的升高。紧缩型持有政策的结果是风险大而收益亦大。

3. 适中型持有政策

适中型持有政策的出发点是为了保持恰当的风险和收益水平。在适中型持有政策下，营运资金的持有量既不过高也不过低，恰好现金足够支付企业所需，存货足够满足生产和销售，应收账款能够在流动性和收益性二者之间进行妥善的权衡。适中型持有政策使企业能够保持一个较为恰当的收益与风险水平。但是，在理论上，我们只能够将其视为较为理想的政策，是企业确定营运资金的指导理念，难以通过数量模型准确地确定企业营运资金的持有水平。

8.1.4 营运资金融资策略

营运资金融资策略是确定流动资产与流动负债之间的匹配关系的政策，一般可以区分为三种，即配合型筹资政策、激进型筹资政策和稳健型筹资政策。

1. 配合型筹资政策

配合型筹资政策的特点是：对于临时性流动资产，运用临时性负债筹集资金满足其资金需要；对于永久性流动资产和固定资产（统称为永久性资产，下同），运用长期负债、自发性负债和权益资本筹集资金满足其资金需要。配合型筹资政策如图 8－1 所示。

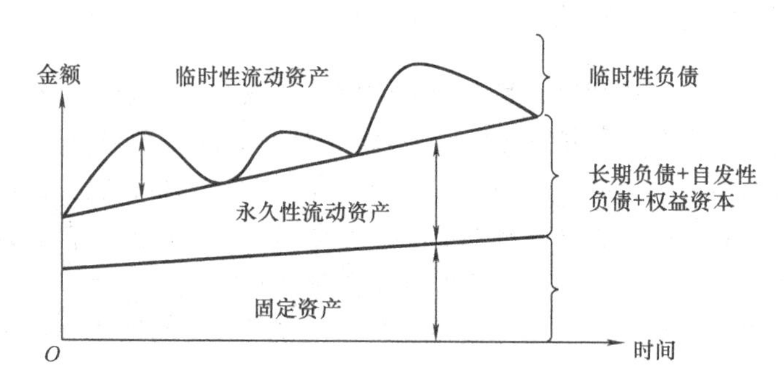

图 8－1　配合型筹资政策

配合型筹资政策要求企业临时负债融资计划严密，实现现金流动与预期安排相一致。在季节性低谷时，企业应当除了自发性负债外没有其他流动负债；只有在临时性流动资产的需求高峰期，企业才举借各种临时性债务。

2. 激进型筹资政策

激进型筹资政策往往为那种风险偏好型的财务经理所采用，其特点是：临时性负债不但融通临时性流动资产的资金需要，还解决部分永久性资产的资金需要。

从图 8－2 可以看到，激进型筹资政策下临时性负债在企业全部资金来源中所占比重大于配合型筹资政策。由于临时性负债（如短期银行借款）的资本成本一般低于长期负债和权益资本成本，而激进型筹资政策下临时性负债所占比重较大，所以该政策下企业的资本成本较低。但是另一方面，为了满足永久性资产的长期资金需要，企业要在临时性负债到期后重新举债或申请债务展期，这样企业便会更为经常地举债和还债，从而加大融资困难和风险；还可能面临由于短期负债利率的变动而增加企业资本成本的风险。所以激进型筹资政策是一种收益性和风险性均较高的营运资金筹资政策。

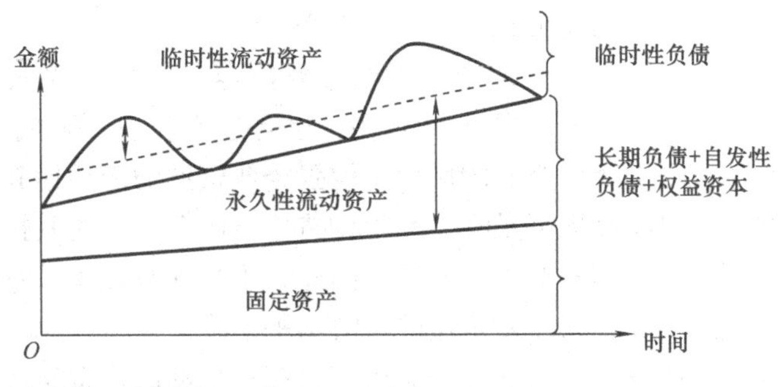

图 8－2　激进型筹资政策

3. 稳健型筹资政策

稳健型筹资政策通常为那种风险规避型的财务经理所采用，其特点是临时性负债只满足部分临时性流动资产投资的需要，而自发性负债及长期资金则满足固定资产、永久性流动资产乃至一部分临时性流动资产投资的需要，如图 8－3 所示。

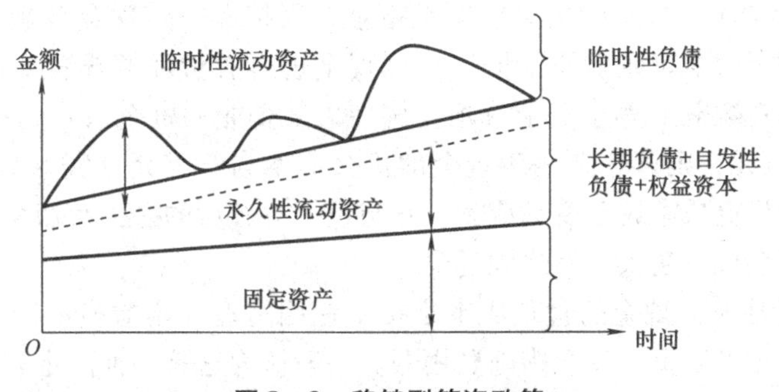

图 8－3　稳健型筹资政策

显然，这种筹资政策大大降低了激进型筹资政策的风险程度，企业往往可以保持较强的偿债能力，也减轻了由于利率变动而蒙受损失的风险，但也不必要地加重了企业财务费用负担，从而导致企业收益水平下降。因此，稳健型筹资政策是一种收益性与风险性均较低的筹资政策，适宜在金融环境恶劣、银根较紧的情况下采用。

8.2 流动资产管理

8.2.1 现金管理

现金有广义和狭义之分。广义的现金是指在生产经营过程中以货币形态存在的资金，包括库存现金、各种形式的银行存款、银行本票和银行汇票等。狭义的现金仅指库存现金。这里所讲的现金是指广义的现金。

保持合理的现金水平是企业现金管理的重要内容。现金是变现能力最强的资产，可以用来满足生产经营开支的各种需要，也是还本付息和履行纳税义务的保证。拥有足够的现金对于降低企业的风险，增强企业资产的流动性和债务的可清偿性具有重要的意义。但库存现金是唯一的不创造价值的资产，对其持有量不是越多越好。即使是银行存款，其利率也非常低。因此，现金存量过多，它所提供的流动性边际效益便会随之下降，从而使企业的收益水平下降。

除了应付日常的业务活动之外，企业还需要拥有足够的现金偿还贷款、把握商机以及防止不时之需。企业必须建立一套管理现金的方法，持有合理的现金数额，使其在时间上继起，在空间上并存。企业必须编制现金预算，以衡量企业在某段时间内的现金流入量与流出量，以便在保证企业经营活动所需现金的同时，尽量减少企业的现金数量，提高资金收益率。

1. 现金的成本

现金的成本通常由以下四部分组成：

（1）机会成本。现金的机会成本是指企业因持有一定现金余额而丧失的再投资收益。再投资收益是企业不能同时用该现金进行有价证券投资所产生的机会成本，这种成本在数额上等于资金成本。例如，某企业的资金成本为率10%，年均持有现金50万元，则该企业每年现金的机会成本为5万元（50×10%）。放弃的再投资收益即机会成本属于变动成本，它与现金持有量的多少密切相关，即现金持有量越大，机会成本越大，反之则越少。

（2）管理成本。现金的管理成本是指企业因持有一定数量的现金而发生的管理费用，如管理者工资、安全措施费用等。一般认为这是一种固定成本，这种固定成本在一定范围内和现金持有量之间没有明显的比例关系。

（3）转换成本。现金的转换成本是指企业用现金购买有价证券以及转让有价证券换取现金时付出的交易费用，即现金同有价证券之间相互转换的成本，如委托买卖佣金、委托手续费、证券过户费、实物交割费等。其中委托买卖佣金和委托手续费是按照委托成交金额计算的，在证券总额既定的条件下，无论变现次数怎样变动，所需支付的委托成本金额是固定的，因此属于决策无关成本。与证券变现次数密切相关的转换成本便只包括其中的固定性交易费用。固定性转换成本与现金持有量成反比例关系。

（4）短缺成本。现金的短缺成本是指在现金持有量不足而又无法及时通过有价证券变现加以补充而给企业造成的损失，包括直接损失和间接损失。例如，丧失购买机会、造成信用损失和得不到折扣的好处等，其中因不能按期支付有关款项而造成信用损失的后果是无法用货币来计量的。现金的短缺成本与现金持有量成反方向变动关系。

2. 最佳现金持有量的确定

所谓最佳现金持有量，是指使现金持有总成本最低的现金余额。确定最佳现金持有量的目的在于既保证企业生产经营对现金的需要，又使持有现金所付的代价最低。

确定最佳现金持有量可采用以下模式：

（1）成本分析模式。成本分析模式是通过分析持有现金的成本，寻找持有成本最低的现金持有量。

运用成本分析模式确定现金最佳持有量，只考虑因持有一定量的现金产生的机会成本及短缺成本，而不予考虑管理费用和转换成本。机会成本即因持有现金而丧失的再投资收益，与现金持有量成正比例变动关系，用公式表示即

机会成本 = 现金持有量 × 有价证券利率（或报酬率）

短缺成本与现金持有量成反比例变动关系。这些成本同现金持有量之间的关系如图8-4所示。

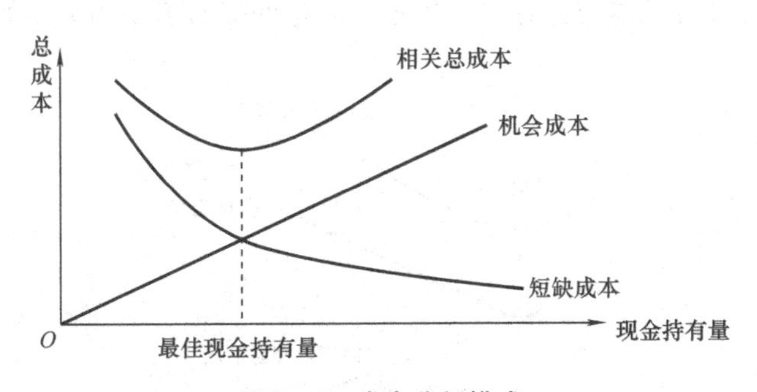

图8-4 成本分析模式

（2）存货模式。存货模式又称鲍莫模式（Baumol Model），最早由美国学者鲍莫（W. J. Baumol）于1952年提出，此模式认为企业现金持有量在许多方面与存货相似，存货经济订货批量模型（Economic-order Quantity Model）可用于确定目标现金持有量，并以此为出发点，建立存货模式。

运用存货模式确定最佳现金持有量时，是以下列假设为前提的：

1）企业所需要的现金可通过证券变现取得，且证券变现的不确定性很小。

2）企业预算期内现金需要量可以预测。

3）现金支出过程比较稳定、波动较小，而且每当现金余额降至零时，均可通过部分证券变现得以补足，如图8-5所示。

4）证券的利率或报酬率以及每次固定性交易费用可以获悉。

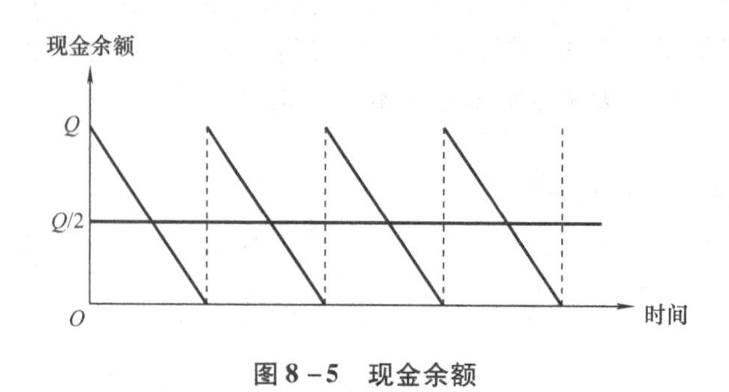

图 8－5　现金余额

由以上假设可知，在用存货模式确定最佳现金持有量时，不会出现现金短缺，没有短缺成本。另外，现金管理成本和变动性交易费用与现金转换次数无关，是决策无关成本，在此只考虑机会成本和固定性交易费用。

现金管理相关总成本＝机会成本＋固定性交易费用

即

$$TC = (Q/2)K + (T/Q)F$$

式中，TC 为总成本；T 为一定时期内现金的总需要量；Q 为最高现金余额；K 为现金投资机会成本；F 为每次固定性交易费用。

现金管理相关总成本与持有机会成本、固定性交易费用的关系如图 8－6 所示。

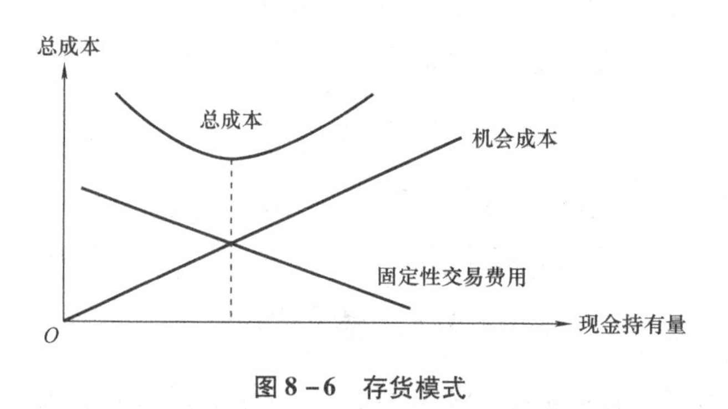

图 8－6　存货模式

显然，所谓现金持有量就是使 TC 最低的 Q^*。可将上式对 Q 求导，并令其为零，即可解出令 TC 最低的 Q，用 Q^* 表示，即

$$Q^* = \sqrt{\frac{2TF}{K}}$$

最低现金管理相关总成本（TC）$= \sqrt{2TFK}$

（3）现金周转模式。现金周转模式是以现金周转期来确定最佳现金持有量的模式。它是现金从投入生产经营到最终再转化为现金的一个全过程。

现金周转模式作为一种确定最佳现金持有量的计算方式，全面地描述了存货资金周转的过程，为准确地计算存货资金周转期提供了有效依据。

1）影响现金周转模式的因素主要有以下三点：①存货周转期；②应收账款周转期；③应付账款周转期。

2）现金周转模式的运用。现金周转模式可以用来计算最佳现金持有量，主要步骤有：

第一步，确定现金周转期。

现金周转期 = 存货周转期 + 应收账款周转期 - 应付账款周转期

第二步，确定现金周转率。

现金周转率 = 360/现金周转期

第三步，确定最佳现金持有量。

最佳现金持有量 = 年现金总需求量/现金周转率

3）现金周转模式的使用条件。现金周转模式操作比较简单，但该模式要求有一定的前提条件：①必须能够根据往年的历史资料准确测算出现金周转次数，并且假定未来年度与历史年度周转次数基本一致；②未来年度的现金总需求应根据产销计划比较准确地预计。

如果未来年度的周转效率与历史年度相比较发生变化，但变化是可以预计的，那么模式仍然可以采用。

（4）随机模式。随机模式也称统计模型，这种模型是运用控制理论来确定企业最佳现金持有量。

随机模式是在现金需求量难以预知的情况下进行现金持有量控制的方法。对企业来讲，现金需求量往往波动大且难以预知，但企业可以根据历史经验和现实需要，测算出一个现金持有量的控制范围，即制定出现金持有量的上限和下限，将现金持有量控制在上下限之内。当现金持有量达到控制上限时，用现金购入有价证券，使现金持有量下降；当现金持有量降到控制下限时，则抛售有价证券换回现金，使现金持有量回升。若现金持有量在控制的上下限之内，便不必进行现金与有价证券的转换，保持它们各自的现有存量。这种对现金持有量的控制，如图8-7所示。

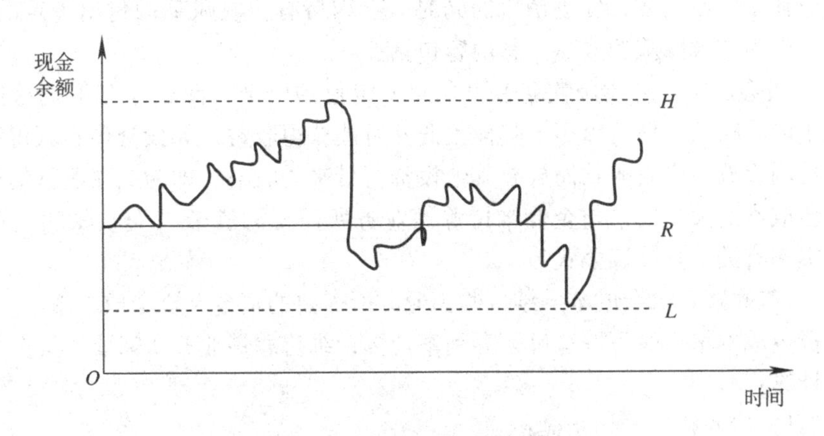

图8-7 现金持有量随机模式

图8-7中，虚线H为现金持有量的上限，虚线L为现金持有量的下限，实线R为最优现金返回线。从图中可以看到，企业的现金持有量（表现为现金每日余额）是随机波动的，当现金余额达到该区域控制上限H时，用现金购入短期有价证券，使现金余额下降至现金返回线（最佳持有量R）的水平；当现金余额降至该区域控制下限L时，则售出短期有价证券，使现金回升至现金返回线的水平；当现金余额处于上下限之间时，则无须买卖证券。这样可以使现金余额始终保持在控制区域内，并集中在最佳余额R附近波动。

制定该控制区域的关键在于确定R值。由于现金流量是随机的，故R不仅受现金投资机会成本和证券交易成本的影响，而且与现金余额可能波动的幅度有关。根据历史数据（必要时应加以修订），R值可按下列公式计算：

$$R=\sqrt[3]{\frac{3F\sigma^2}{4i}}+L$$

式中，R为最佳现金余额；F为有价证券每次固定交易费用；σ为每日现金余额的标准差；i为有价证券日利率；L为控制下限。

控制上限H的计算公式为

$$H=3R-2L$$

控制下限L主要取决于每日现金需要量、有价证券变现所需的时间和管理人员的风险倾向，可根据经验数据确定。

8.2.2 应收账款管理

应收账款是企业流动资产的一个重要项目，企业提供商业信用，在高度集中的计划经济条件下，应收账款在流动资产中比重不大，不是管理重点。随着市场经济的发展，商业信用的推行，企业应收账款数额明显增多，已成为流动资产管理中一个日益重要的问题。

1. 应收账款的成本

企业在采取赊销方式促进销售的同时，会因持有应收账款而付出一定的代价，这种代价即为应收账款的成本。其内容包括：

（1）机会成本。应收账款会占用企业一定量的资金，而企业若不把这部分资金投放于应收账款，便可以用于其他投资并可能获得收益，如投资债券获得利息收入。这种因投放于应收账款而放弃其他投资所带来的收益，即为应收账款的机会成本。机会成本的大小通常与企业维持赊销业务所需要的资金（应收账款投资额）、资金成本率有关。其计算公式为

$$应收账款机会成本=维持赊销业务所需要的资金\times资金成本率$$

式中，资金成本率一般可按有价证券利率计算；维持赊销业务所需要的资金可按下列步骤计算：

1）计算应收账款平均余额：

$$应收账款平均余额=\frac{年赊销额}{360}\times平均收账天数$$

=平均每日赊销额×平均收账天数

2）计算维持赊销业务所需要的资金：

赊销业务所需资金=应收账款平均余额×变动成本率

在上述分析中，假设企业的成本水平保持不变（单位变动成本不变，固定成本总额不变），因此随着赊销业务的扩大，只有变动成本随之上升。

（2）管理成本。应收账款的管理成本主要是指在进行应收账款管理时，所增加的费用，主要包括调查顾客信用状况的费用、收集各种信息的费用、账簿的记录费用和收账费用等。

（3）坏账成本。在赊销交易中，债务人由于种种原因无力偿还债务，债权人就有可能无法收回应收账款而发生损失，这种损失就是坏账成本。可以说，企业发生坏账成本是不可避免的，这一成本一般与应收账款数量同方向变动，即应收账款越多，坏账成本也越多。基于此，为规避发生坏账成本给企业生产经营活动的稳定性带来不利影响，企业应合理提取坏账准备。

2. 信用政策

信用政策是指企业在采用信用销售方式时，为对应收账款进行规划和控制所确定的基本原则和规范。信用政策是企业财务政策的一个重要组成部分，主要包括信用标准、信用条件和收账政策三部分。

（1）信用标准。信用标准是企业同意向客户提供商业信用而提出的基本要求。通常以预期的坏账损失率作为判别标准。如果企业的信用标准过严，只对信誉很好、坏账损失率很低的顾客给予赊销，则会减少坏账损失，减少应收账款的机会成本，但这可能不利于扩大销售量，甚至会使销售量减少；反之，如果信用标准较宽，信用等级很低的客户也能得到商业信用，这样虽然会增加销售额，但会相应增加坏账损失和应收账款占用的机会成本。因此，企业信用标准制定的原则就是在收益和成本之间进行权衡。对客户信用标准的制定可以采取“5C”评估法。

“5C”评估法是西方国家常用的信用评估方法，是指对客户信用的五个方面进行评估。这五个方面是品质（Character）、能力（Capacity）、资本（capital）、抵押（Collateral）、条件（Conditions）。由于这五个方面的英文首字母都是C，所以称为“5C”评估法。

1）品质。品质是指客户的信誉，即履行偿债义务的可能性。客户是否愿意努力偿还债务，直接关系到企业的货款能否收回以及收回的速度。企业必须设法了解客户过去的付款记录，看其是否有按期如数付款的一贯做法及与其他供货企业的关系是否良好。这一点经常被视为评价客户信用的首要因素。

2）能力。能力是指客户的偿债能力，即其流动资产的数量和质量以及与流动负债的比率，客户的流动资产越多，其转换为现金支付款项的能力越强。同时，应注意客户流动资产的质量，看是否有存货过多、过时或质量下降，影响其变现能力和支付能力的情况。

3）资本。资本是指客户的财务实力和财务状况，表明客户可能偿还债务的背景。

4）抵押。抵押是指客户拒付款项或无力支付款项时能被用作抵押的资产。这对于不知底细或信用状况有争议的客户尤为重要。一旦收不到这些客户的款项，便以抵押品抵补。如果这些客户有足够的抵押，就可以考虑向他们提供相应的信用。

5）条件。条件是指可能影响客户付款能力的经济环境。例如，万一出现经济不景气，会对客户的付款产生什么影响，客户会如何做等，这需要了解客户在过去困难时期的付款历史。

（2）信用条件。信用标准是企业评价客户等级，决定给予或拒绝客户信用的依据。一旦企业决定给予客户信用优惠时，就需要考虑具体的信用条件。因此，所谓信用条件，就是企业接受客户信用订单时所提出的付款要求，主要包括信用期限、折扣期限及现金折扣率等。

信用条件的基本表现方式如“2/30，*n*/60”，它规定客户如果在发票开出后30日内付款，可享受2%的折扣；如果不想取得现金折扣，这笔货款就必须在60日内付清。其中：60日为信用期限，30日为折扣期限，2%为现金折扣率。企业提供较优惠的信用条件能增加销售从而增加毛利，但也会增加应收账款的机会成本、坏账成本和现金折扣等。

1）信用期限。信用期限是企业允许客户从购货到付款之间的时间，或者说是企业给予客户的付款期间。信用期限过短，不足以吸引客户，在竞争中会使销售额下降；信用期限过长，对销售额增加固然有利；但只顾及销售增长而盲目放宽信用期限，所得的收益有时会被增长的费用抵消，甚至造成利润减少。因此，企业必须慎重研究，确定出恰当的信用期限。

信用期限的确定，主要是分析改变现行信用期限对收入和成本的影响。延长信用期限，会使销售额增加，产生有利影响；与此同时，应收账款机会成本、收账费用和坏账损失增加，会产生不利影响。当前者大于后者时，可以延长信用期限，否则不宜延长。如果缩短信用期限，则情况与此相反。

【例8－1】某公司现在采用30天按发票金额付款的信用政策，拟将信用期限放宽至60天，仍按发票金额付款即不给折扣，该公司投资的最低报酬率为15%，其他有关数据如表8－1所示。

表8－1　相关数据

项目信用期限（天）	30	60
销售量（件）	100 000	120 000
销售额（单价5元）（元）	500 000	600 000
销售成本（元）		
变动成本（每件4元）（元）	400 000	480 000

（续）

固定成本（元）	50 000	50 000
毛利（元）	50 000	70 000
可能发生的收账费用（元）	3 000	4 000
可能发生的坏账损失（元）	5 000	9 000

在分析时，先计算放宽信用期限得到的收益，然后计算增加的成本，最后根据两者比较的结果做出判断。

（1）收益的增加：

收益的增加 = 销售量的增加 × 单位边际贡献 = （120 000 - 100 000） × （5 - 4）
= 20 000（元）

（2）应收账款机会成本的增加：

$$30\text{天信用期限应收账款机会成本} = \frac{500\ 000}{360} \times 30 \times \frac{400\ 000}{500\ 000} \times 15\% = 5\ 000\text{（元）}$$

$$60\text{天信用期限应收账款机会成本} = \frac{600\ 000}{360} \times 60 \times \frac{400\ 000}{500\ 000} \times 15\% = 12\ 000\text{（元）}$$

应收账款机会成本增加 = 12 000 - 5 000 = 7 000（元）

（3）收账费用和坏账损失增加：

收账费用增加 = 4 000 - 3 000 = 1 000（元）

坏账损失增加 = 9 000 - 5 000 = 4 000（元）

（4）改变信用期限的税前损益：

收益增加 - 成本费用增加 = 20 000 - （7 000 + 1 000 + 4 000） = 8 000（元）

由于收益的增加大于成本增加，故应采用 60 天的信用期。

2）现金折扣。现金折扣是企业对客户提前付款时给予的折扣。向客户提供这种价格上的优惠，主要目的在于吸引客户为享受优惠而提前付款，缩短企业的平均收款期。另外，现金折扣也能招揽一些视折扣为减价出售的客户前来购货，借此扩大销售量。

企业采用什么程度的现金折扣，要与信用期限结合起来考虑。例如，要求客户最迟不超过 30 天付款，若希望客户 20 天、10 天付款，能给予多大折扣；或者给予 5%、3% 的折扣，能吸引客户在多少天内付款。不论是信用期限还是现金折扣，都可能给企业带来收益，但也会增加成本。现金折扣带给企业的好处前面已讲过，它使企业增加的成本，则指的是价格折扣损失。当企业给予客户某种现金折扣时，应当考虑折扣所能带来的收益与成本孰高孰低，权衡利弊，抉择决断。

因为现金折扣是与信用期限结合使用的，所以确定折扣程度的方法与程序实际上与前述确定信用期限的方法与程序一致，只不过要把所提供的延期付款时间和折扣综合起来，计算各方案的延期与折扣能取得多大的收益增量，再计算各方案带来的成本变化，最终确定最佳方案。

3）收账政策。收账政策是指公司为了催收已过期的应收账款所遵循的程序。这些程序包括发信、打电话、派专人催收和采取法律行动等。例如，对过期较短的顾客，不过多地打扰，以免将来失去这一市场；对过期稍长的顾客，可措辞婉转地写信催款；对过期较长的顾客，频繁的信件催款并电话催询；对过期很长的顾客，可在催款时措辞严厉，必要时提请有关部门仲裁或提请诉讼等。公司在催收账款时，必然要为收回款项而付出代价，即收账费用。

一般而言，收账费用发生越多，坏账损失就越小，平均收现期也就越短。但收账费用与坏账损失二者之间不是线性关系：①开始花费一些收账费用，应收账款和坏账损失有小部分降低；②收账费用继续增加，应收账款和坏账损失明显减少；③收账费用达到某一限度以后，应收账款和坏账损失的减少就不再明显了，这个限度称为饱和点。

因此，企业制定收账政策，就是要在增加收账费用与减少应收账款坏账损失和机会成本之间进行权衡，若前者小于后者，则说明制定的收账政策是正确的。

8.2.3 存货管理

1. 存货的分类与功能

（1）存货的分类。存货是指企业在生产经营过程中为销售或者耗用而储备的物资，包括材料、燃料、低值易耗品、在产品、半成品、产成品、协作件、商品等。存货管理水平的高低直接影响着企业的生产经营能否顺利进行，并最终影响企业的收益、风险等状况。因此，存货管理是财务管理的一项重要内容。

（2）存货的功能。存货的功能是指存货在企业生产经营过程中起到的作用，具体包括以下几个方面：

1）保证生产正常进行。生产过程中需要的原材料和在产品，是生产的物质保证，为保障生产的正常进行，必须储备一定量的原材料；否则，可能会造成生产中断、停工待料的现象。

2）有利于销售。一定数量的存货储备能够增加企业在生产和销售方面的机动性和适应市场变化的能力。当企业市场需求量增加时，若产品储备不足就有可能失去销售良机，所以保持一定量的存货是有利于市场销售的。

3）便于维持均衡生产，降低产品成本。有些企业产品属于季节性产品或者需求波动较大的产品，此时若根据需求状况组织生产，则可能有时生产能力得不到充分利用，有时又超负荷生产，这会造成产品成本的上升。

4）降低存货取得成本。一般情况下，当企业进行采购时，进货总成本与采购物资的单价和采购次数有密切关系。而许多供应商为鼓励客户多购买其产品，往往在客户采购量达到一定数量时，给予价格折扣，所以企业通过大批量集中进货，既可以享受价格折扣，降低购置成本，也因减少订货次数，降低了订货成本，使总的进货成本降低。

5）防止意外事件的发生。企业在采购、运输、生产和销售过程中，都可能发生意料之外的事故，保持必要的存货保险储备，可以避免和减少意外事件的损失。

2. 存货的成本

为充分发挥存货的固有功能，企业必须储备一定的存货，但也会由此而发生各项支出，这就是存货成本。其包括以下内容：

（1）进货成本。进货成本是指为取得某种存货而支出的成本，通常用TC_a来表示。主要由存货的订货成本和购置成本构成。

1）订货成本。订货成本是指企业为组织进货而开支的费用，如与材料采购有关的办公费、差旅费、邮资等支出。订货成本中有一部分与订货次数有关，如差旅费、邮资等支出，称为订货的变动成本；另一部分与订货次数无关，如常设采购机构的基本开支等，称为订货的固定成本。

$$TC_b = F_1 + \frac{D}{Q}K$$

式中，TC_b为订货成本；F_1为订货的固定成本；D为全年存货需求量；K为每次订货的变动成本；Q为每次的进货量。

2）购置成本。购置成本是指存货本身的价值，经常用数量与单价的乘积来确定。年需求量用D表示，单价用U表示，于是购置成本为DU。

订货成本加上购置成本，就等于存货的进货成本。

其公式可表达为

进货成本TC_a = 订货成本 + 购置成本 = 订货固定成本 + 订货变动成本 + 购置成本 = $F_1 + D/Q \times K + DU$

（2）储存成本。储存成本是指为保持存货而发生的成本，包括存货占用资金所应计的利息（若企业用现有现金购买存货，便失去了现金存放银行或投资于证券本应取得的利息，视为“放弃利息”；若企业借款购买存货，便要支付利息费用，视为“付出利息”）、仓库费用、保险费用、存货破损和变质损失等，通常用TC_C来表示。

储存成本也分为固定成本和变动成本。固定成本与存货数量的多少无关，如仓库折旧、仓库职工的固定月工资等，通常用F_2来表示。变动成本与存货的数量有关，如存货资金的应计利息、存货的破损和变质损失、存货的保险费用等，单位成本用K_c来表示。用公式表达的储存成本为

储存成本 = 储存固定成本 + 储存变动成本

$$TC_c = F_2 + K_c \times Q/2$$

式中，TC_c为储存成本；F_2为储存的固定成本；K_c为单位存货年储存变动成本。

（3）缺货成本。缺货成本是指由于存货供应中断而造成的损失，包括材料供应中断造成的停工损失、产成品库存缺货造成的拖欠发货损失和丧失销售机会的损失（还应包括需要主观估计的商誉损失）；如果生产企业以紧急采购代用材料解决库存材料中断之急，那么缺货成本表现为紧急额外购入成本（紧急额外购入的开支会大于正常采购的开支）。缺货成本用TC_s表示。

如果以TC来表示储备存货的总成本，则它的计算公式为

$$TC = TC_a + TC_c + TC_s = F_1 + D/Q \times K + DU + F_2 + K_c \times Q/2 + TC_s$$

企业存货的最优化，即是使上式 TC 值最小。

3. 存货的控制方法

（1）ABC 分类法。由于大多数企业的存货种类、品种繁多，且使用率经常变化，若对每一种存货进行“均等”管理，其结果必然是事倍功半，因此必须实行有区别的分类管理。所谓 ABC 分类法也称 ABC 分类管理法，是将存货按其成本、使用率、缺货程度、订货提前期等标准划分为 A、B、C 三类。将那些成本高、经常使用且订货提前期较长的归为 A 类（其品种数量约占 5% ~15%，存货价值约占 60% ~80%），实行严格控制和规划，精确计算经济批量和订货点，经常检查库存情况，修正其经济批量；较不重要的归为 B 类（其品种数量约占 10% ~30%，存货价值约占 15% ~30%），对这类存货采取适当控制与规划，但不必十分精确；最不重要的归为 C 类（此类存货品种数量约占 65% ~70%，存货价值约占 5%），故应简化管理工作。通过这样的分类管理，可以把精力集中在 A 类存货上，使管理效率大大提高。

（2）经济订货批量模型

1）经济订货批量的含义。经济订货批量（Economic Order Quantity）是指能够使一定时期存货的相关总成本达到最低点的进货数量。通过上述对存货成本分析可知，决定存货经济批量的成本因素包括变动性订货成本、变动性储存成本以及允许缺货时的缺货成本；不同的成本项目与订货批量呈现着不同的变动关系。减少订货批量增加进货次数，在储存成本降低的同时，也会导致购置成本与缺货成本的提高；相反，增加订货批量，减少订货次数，尽管有利于降低购置成本与缺货成本，但同时会导致储存成本的增加。因此，如何协调各项成本间的关系，使其总和保持最低水平是企业组织订货过程中需要解决的主要问题。

2）经济订货批量基本模型。与存货总成本有关的变量（影响总成本的因素）很多，为了解决比较复杂的问题，有必要简化或舍弃一些变量，先研究解决简单的问题，然后再扩展到复杂的问题。这需要设立一些假设，在此基础上建立经济订货批量的基本模型。

①经济订货批量基本模型假设条件。经济订货批量基本模型需要设立的假设条件是：企业能够及时补充存货，即需要订货时便可立即取得存货；能集中到货，而不是陆续入库；不允许缺货，即无缺货成本，TC_s 为零，这是因为良好的存货管理本来就不应该出现缺货成本；需求量稳定，并且能预测，即 D 为已知常量；存货单价不变，不考虑现金折扣，即 U 为已知常量；企业现金充足，不会因现金短缺而影响进货；所需存货市场供应充足，不会因买不到需要的存货而影响其他。

②经济订货批量的基本模型。由于企业不允许缺货，即当存货数量降至零时，下一批订货便会随即全部购入，故不存在缺货成本。此时与存货订购批量、批次直接相关的就只有购置成本和储存成本了。存货相关总成本的公式可以简化为

$$\mathrm{TC}=\frac{D}{Q}K+\frac{Q}{2}K_c$$

经济订货批量基本模型如图 8-8 所示，图中 T 代表进货周期。

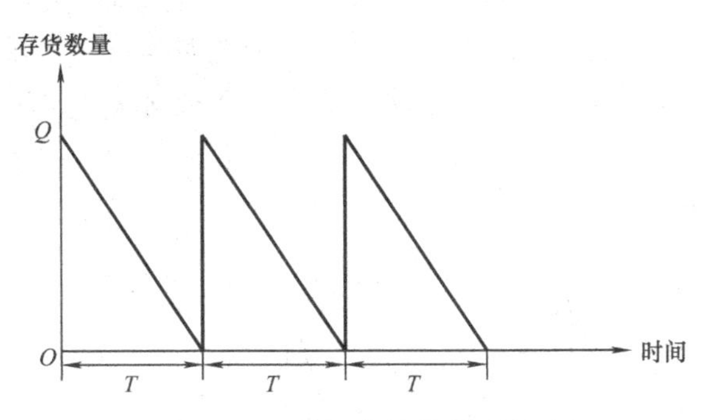

图 8－8　经济订货批量基本模型

经济订货批量 Q 计算的具体方法是将 TC 对 Q 求一阶导数，并令其为零，然后求出令 TC 有极小值的 Q^*。求解得

$$Q^* = \sqrt{\frac{2KD}{K_c}}$$

这一公式称为经济订货批量基本模型，求出的每次订货批量，可使 TC 达到最小值。

这个基本模型还可以演变为其他形式：

每年最佳订货次数：

$$N^* = \sqrt{\frac{K_c D}{2K}}$$

经济订货批量的相关总成本：

$$\mathrm{TC}^* = \sqrt{2KDK_c}$$

经济订货批量占用资金：

$$I^* = \frac{Q^*}{2}U = \sqrt{\frac{KD}{2K_c}}U$$

【例 8－2】 某企业每年需耗用 A 材料 7 200 kg，该材料的单位采购成本为 20 元，单位储存成本为 4 元，平均每次订货成本为 400 元，则

$$Q^* = \sqrt{\frac{2 \times 400 \times 7\ 200}{4}} = 1\ 200\ (\mathrm{kg})$$

$$\mathrm{TC}^* = \sqrt{2 \times 400 \times 7\ 200 \times 4} = 4\ 800\ (\mathrm{kg})$$

$$I^* = \frac{1\ 200}{2} \times 20 = 12\ 000\ (元)$$

$$N^* = \frac{7\ 200}{1\ 200} = 6\ (次)$$

3）存货陆续供应和使用的经济订货批量模型。在建立基本模型时，是假设存货一次全部入库，故存货增加时存量变化为一条垂直的直线。事实上，各批存货可能陆续入库，使存量陆续增加。尤其是产成品入库和在产品转移，几乎总是陆续供应和陆续耗用的。在这种情况下，需要对图 8－8 中的基本模型做一些修改。

【例8-3】某零件年需用量（D）为3 600件，每日送货量（P）为30件，每日耗用量（d）为10件，单价（U）为10元，一次订货成本（生产准备成本）（K）为25元，单位储存变动成本（K_c）为2元。存货数量的变动如图8-9所示。

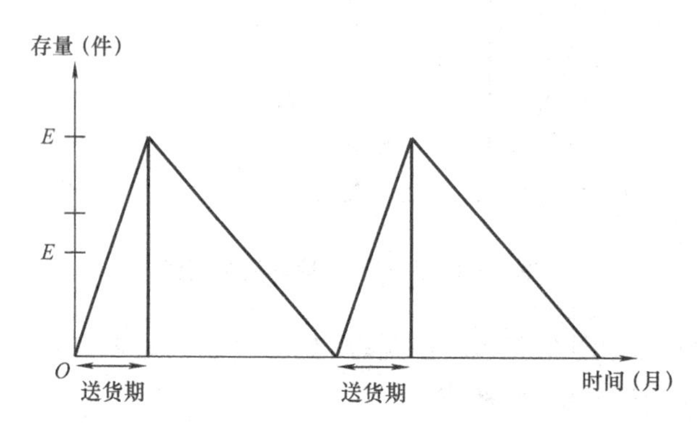

图8-9　存货陆续供应情况下存货数量的变动情况

设每批订货数为Q，由于每日送货量为P，故该批货全部送达所需日数为Q/P，称之为送货期。

因零件每日耗用量为d，故送货期内的全部耗用量为$\frac{Q}{P}d$，由于零件边送边用，所以每批送完时，最高库存量为$Q-\frac{Q}{P}d$，

平均存量则为$\frac{1}{2}$（$Q-\frac{Q}{P}d$）。

图8-9中的E为最高库存量，$\overline{E}$为平均库存量。

这样，与批量有关的总成本为

$$\mathrm{TC}(Q)=\frac{D}{Q}K+\frac{1}{2}\left(Q-\frac{Q}{p}d\right)K_c=\frac{D}{Q}K+\frac{Q}{2}\left(1-\frac{d}{p}\right)K_c$$

TC对Q求一阶导数，并令其为零，然后求出令TC有极小值的Q^*。求解得

$$Q^*=\sqrt{\frac{2KD}{K_c}\times\frac{P}{P-d}}$$

将这一公式代入上式，可得出存货陆续供应和使用的经济订货批量总成本公式：

$$\mathrm{TC}^*=\sqrt{2KDK_c\left(1-\frac{d}{P}\right)}$$

将上述例题数据代入，则

$$Q^*=\sqrt{\frac{2\times25\times3\,600}{2}\times\frac{30}{30-10}}=367\text{（件）}$$

$$TC^{*}=\sqrt{2\times25\times3\ 600\times2\times\left(1-\frac{10}{30}\right)}=490\text{（元）}$$

这种边补充边消耗的经济批量模型也适合于成批生产情况下产成品存货的规划，即用该模型确定最佳生产批量。

产成品存量是否最佳的标准是在保证销售需要的前提下使库存商品总成本最低。库存商品总成本（与生产批量有关的部分）由每批投产准备费用（相当于每次订货成本）和产成品储存费用组成。最佳生产批量就是使库存商品总成本最低的生产批量。

【例8-4】 某企业生产A半成品，全年需用量为144 000件，生产期间每天入库量为800件，单位半成品储存费用为1 000元，每日需用量为400件。则

$$Q^{*}=\sqrt{\frac{2\times1\ 000\times144\ 000}{4}\times\frac{800}{800-400}}=12\ 000\text{（件）}$$

$$TC^{*}=\sqrt{2\times1\ 000\times144\ 000\times4\times\left(1-\frac{400}{800}\right)}=24\ 000\text{（元）}$$

案例扩展

昌盛企业2017年销售收入为4 500万元，总成本为3 300万元，其中固定成本为600万元。2018年该企业有甲、乙两种信用政策可供选用：两种方案下预计销售收入均为5 400万元，甲方案下平均收账天数为40天，其机会成本、坏账损失、收账费用合计为130万元，无现金折扣；乙方案的信用政策为（2/20，*n*/60），将有40%的货款于第20天收到，60%的货款于第60天收到，其中第60天收到的款项有1%的坏账损失率，收账费用为20万元。2018年变动成本率保持不变，固定成本保持2017年的水平，企业的资金成本率为8%，一年按360天计算。昌盛企业该采取哪种信用政策呢？

（1）变动成本率=［（3 300-600）/4 500］×100%=60%

（2）计算乙方案的下列指标：

1）应收账款平均收账天数=20×40%+60×60%=44（天）

2）应收账款平均余额=（5 400/360）×44=660（万元）

3）应收账款机会成本=660×60%×8%=31.68（万元）

4）坏账损失=5 400×60%×1%=32.4（万元）

5）乙方案的现金折扣=5 400×40%×2%=43.2（万元）

（3）甲、乙两种方案的销售额相同，只需对比与应收账款有关的成本合计数额。

（4）甲方案的税前收益=销售额-变动成本-固定成本-机会成本-坏账损失-收账费用 =5 400×（1-60%）-600-130=1 430（万元）

乙方案的税前收益=销售额-变动成本-固定成本-机会成本-坏账损失-收账费用-现金折扣 =5 400×（1-60%）-600-31.68-32.4-20-43.2 =1 432.72（万元）

甲方案的税前收益小于乙方案的税前收益，应采用乙方案。

Excel 实务：营运资金决策

【例 8-5】 环球集团某配件的年需求量为 8 000 件，每次订货的成本为 30 元，一个配件的储存成本为 4 元，求配件的最优订货量。

已知条件如图 8-10 所示。

	A	B
4	年消耗量(件)	8 000
5	天数	365
6	每次订货量(件)	200
7	日消耗量(件)	22

图 8-10　已知条件

如果一次订货数量为 30 件，则进行成本计算如图 8-11 所示。

	F	G
10	年需求量(件)	8 000
11	一次订货成本(元)	30
12	年单位储存成本(元)	4
13		
14	订货量(件)	200
15	年订货成本	=G11 * G10/G14
16	年储存成本	=G12 * G14/2
17	年总成本	=G15 + G16

图 8-11　成本计算过程

得到成本计算结果如图 8-12 所示。

	F	G
10	年需求量(件)	8 000
11	一次订货成本(元)	30
12	年单位储存成本(元)	4
13		
14	订货量(件)	200
15	年订货成本(元)	1 200
16	年储存成本(元)	400
17	年总成本(元)	1 600

图 8-12　成本计算结果

再利用模拟计算表，进行模拟运算，计算出订货批量分别为 200～800 件的成本，如图 8-13 所示。

	F	G	H	I
20	订货量(件)	年订货成本(元)	年储存成本(元)	年总成本(元)
21	200	=G15	=G16	=G17
22	100	2 400	200	2 600
23	200	1 200	400	1 600
24	300	800	600	1 400
25	400	600	800	1 400
26	500	480	1 000	1 480
27	600	400	1 200	1 600
28	700	342	1 400	1 742
29	800	300	1 600	1 900

图8-13 不同订货量下成本情况

结果如图8-14所示。

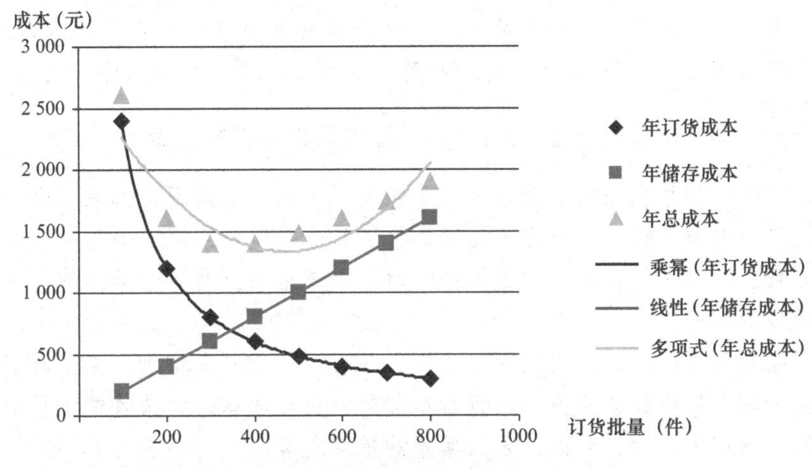

图8-14 在300~400件之间为最佳订货批量

本章专有名词中英文对照

现金 Cash

应收账款 Accountings Receivable

存货 Inventory

现金折扣 Cash Discount

营运资金管理 Working Capital Management

稳健型策略 Relaxed or Conservative Approach

激进型策略 Restricted or Aggressive Approach

适中型策略 Moderate Approach

零余额账户 Zero Balance Account
信用与收款政策 Credit and Collection Policy
信用条件 Credit Term
信用标准 Credit Standard
信用期限 Credit Period
应收账款平均账龄 Average Age of Accountings Receivable
经济订货批量 Economic Order Quantity
订货点 Order Point

本章小结

营运资金的管理既包括流动资产的管理，也包括流动负债的管理。流动资金管理的原则是既要保证合理的资金需求，又要减少资金占用，因此流动资金管理实际上是持有量的确定，既不能太多，也不能太少。

现金管理：首先了解为什么持有现金（交易性需求、预防性需求和投机性需求），然后分析现金成本（机会成本、管理成本、转换成本、短缺成本），理论上说，在满足需求的基础上，现金持有总成本最低的现金持有量是最佳现金持有量，但实际上各种现金持有成本不易获取；另外，如果现金需求确定，并且波动较小，现金和有价证券之间可以随时变换，可用存货模式确定最佳现金持有量，公式为 $Q^* = \sqrt{\frac{2TF}{K}}$；如果现金需求量不确定，可用随机模式，确定最优返回线、控制上限和控制下限，如果现金持有量在上、下限之间，则不做处理，如果现金余额达到该区域控制上限 H，则用现金购入短期有价证券，使现金余额下降至现金返回线的水平；当现金余额降至该区域控制下限 L 时，则售出短期有价证券，使现金回升至现金返回线的水平。

应收账款管理：放松信用政策，会扩大销售，企业利润增加，但同时应收账款成本也会增加，应比较放宽信用政策后增加的收益与成本，如果收益大于成本，则可采取宽松的信用政策，否则，采取偏紧的信用政策。

存货管理：存货成本包括取得成本、储存成本和缺货成本，使存货持有总成本最低的批量为经济进货批量。

习　题

1. 简述营运资金的融资策略。
2. 简述现金管理的主要内容。
3. 应收账款的管理目标有哪些？应收账款政策包括哪些主要内容？
4. 存货进货需要考虑的主要问题有哪些？
5. 某上市公司的存货以电视机为主，从 2010 ~ 2016 年该公司的存货变化（见表 8 - 2）中，分析其在销售情况变化下的存货策略变化。

表8-2 存货变化

金额单位：万元

年份	2010年	2011年	2012年	2013年	2014年	2015年	2016年
存货	111 217	150 529	263 028	331 209	472 709	497 754	282 593
增长率	12.64%	35.35%	74.74%	25.92%	42.72%	5.30%	-43.23%
主营业务收入	361 022	500 632	634 337	857 389	1 012 710	901 273	674 812
增长率	51.26%	38.67%	26.71%	35.16%	18.12%	-11.00%	-25.13%

第 5 篇　公司理财专题

第9章

衍生工具

导　论

环球集团生产用的一种原材料是棕榈油，主要依靠进口。棕榈油的价格波动对环球集团的经营影响很大，财务部部长赵佑想通过衍生工具规避相关的风险，他让小薇去搜集相关资料。什么是衍生工具？衍生工具都有哪些？应该选择哪种衍生工具来规避环球集团的风险？

学习目标

通过本章的学习，你应该了解：衍生工具的类型；远期；期权；期货。

9.1 衍生工具概览

风险是从事商业活动的决策者必须考虑的重要因素之一。通常存在两种类型的风险：一种风险与潜在的交易属性有关，即与未来销售或者成本的不确定性有关，被称为商业风险（Business Risk）。另一种风险涉及利率、汇率、股价和商品价格不确定性等多方面因素，被称为金融风险（Financial Risk）。

金融风险与商业风险存在以下不同：金融风险所带来的利率波动的不确定性会损害一个公司以合理的成本获得融资的能力，而融资能力是公司提供商品和服务的保证。本国货币的升值可能使跨国公司在国外市场的杰出表现化为乌有。加工企业发现根本不可能以原有价格继续购买原材料。

尽管金融市场充满风险，但它也为处理风险提供了新的途径——衍生品交易。衍生品（Derivative）是一种其收益取决于其他金融工具的金融合约。金融工具（Instrument）包括金融证券、金融合约。衍生品的市场表现取决于其他金融工具的市场表现。衍生品为管理风险提供了新的方法。通过衍生品交易，公司和个人投资者可以将风险转移给其他风险偏好者。

资产是指企业拥有的或者控制的且会给企业带来经济利益的资源，负债是因过去的交易或事项所形成的导致经济利益流出的现时义务。金融衍生品通常是指从标的资产派生出来的金融工具。衍生品可以基于实物资产（Real Asset），包括有形资产、农产品、金属和能源等，也可以基于金融资产（Financial Asset），包括股票、债券/贷款、货币。

9.2 衍生工具的作用

一般而言，衍生工具的基本功能主要有以下三种：

1. 风险管理功能

现货价格风险是商品生产经营者在生产过程中不可避免的风险。即无论价格向哪个方向变动，总会使一部分商品生产经营者遭受损失。风险管理功能（Risk Management）具体表现为利用商品期货管理价格风险；利用外汇期货管理汇率风险；利用利率期货管理利率风险和利用股指期货管理股票市场系统性风险。在某些特定的假设前提下，衍生品交易可以使风险在具有不同风险偏好的投资者之间进行转移和再分配，并将这些风险分配给那些具有承受能力而又最愿意承担风险的投资者，从而稳定现货市场的价格波动。

（1）使用远期协议进行对冲交易。假设现在是7月17日，一家名为M的美国公司未来要向英国供应商支付货款，它要在10月17日向其支付1 000万英镑。各家金融机构提供的美元对英镑的汇率报价可以参考表9-1。M公司为了规避汇率风险，可以在3个月远期协议市场上按照1.638 4的远期汇率水平从金融机构那里买入远期英镑。于是，该公司未来向英国供货商支付的实际价格已经被锁定，即16 384 000美元。

表9-1　7月17日美元/英镑的即期汇率与远期汇率报价

	买入价	卖出价
即期汇率	1.638 2	1.638 6
1个月远期汇率	1.638 0	1.638 5
3个月远期汇率	1.637 8	1.638 4
6个月远期汇率	1.637 6	1.638 3

假设有一家美国公司E，这家公司在7月17日向英国出口了一批货物。公司知道自己将在未来3个月收到对方向其支付的3 000万英镑货款。E公司可以在3个月的远期市场上按照1.637 8的远期汇率水平卖出3 000万英镑，以此来规避汇率风险。这种做法的实际效果是将未来3个月后实际收到的美元金额锁定为49 134 000美元。

（2）使用期权产品进行套期保值交易。假设投资者在5月份持有1 000股某公司的股票。当时股票的价格为每股28美元。投资者担心在接下来的两个月里自己可能会面临股票价格下跌的风险，他希望能够规避这一风险。于是，该投资者可以在芝加哥期权交易所买入10份7月份到期、执行价格为27.5美元的该股票的看跌期权。在买入期权合约后，投资者就有权按照27.5美元的执行价格将全部1 000股股票卖出。如果期权的报价为1美元，那么每份期权合约的成本就等于100美元。因此，这一套期保值策略的总成本就等于1 000美元（10×100）。这一套期保值策略能够确保投资者持有的股票在期权的有效期内至少可以按照每股27.5美元的价格卖出。如果该股票价格下跌至低于每股27.5美元，期权就会被执行，实现27 500美元的价值。如果把购买期权的成本也考虑进去，则最终的实现价值是26 500美元。如果该股票的价格高于27.5美元，则期权不会被执行，并最终过期。

2. 价格发现功能

在市场经济条件下，价格是根据市场供求状况形成的。期货市场上来自四面八方的交易者带来了大量的供求信息，标准化合约的转让又增加了市场的流动性，衍生品市场中形成的价格能真实地反映供求状况，同时又为现货市场提供了参考价格，起到了“价格发现（Price Discovering）”的功能。

3. 投机功能

衍生品市场的一个主要经济功能是为生产、加工和经营者提供价格风险转移工具。要实现这一目的，就必须有人愿意承担风险并提供风险资金。扮演这一角色的就是投机者。投机者是衍生品市场的重要组成部分，是衍生品市场必不可少的润滑剂。投机交易增强了市场的流动性，承担了套期保值交易转移的风险，是衍生品市场正常运营的保证。如果没有这些风险承担者，只有套期保值者参与交易，那么只有在买入套期保值者和卖出套期保值者的交易数量完全相等时，交易才能成立，风险才得以转移。但是实际情况下，买入套期保值者和卖出套期保值者之间的不平衡时常发生。投机者的加入正好抵消了这种不平衡，促使套期保值交易活动的实现。因为投机者的参与，套期保值才能顺利进行，使市场具有投机（Speculation）功能。

（1）使用期货合约投机。假设一名美国投机者在2月份时预期，在接下来的两个月里英镑对美元将升值。因此，他考虑建立250 000英镑的头寸来谋利。这个投机者的第一个选择是在即期市场上直接买入250 000英镑，寄希望于随后可以在更高的汇率水平上将这些英镑卖出。另一个选择是在芝加哥商品交易所买入4月份到期的英镑期货合约（每份期货合约的标的资产规模为62 500英镑）。假设当前的汇率水平为每英镑兑换1.647美元，4月份到期的期货价格为每英镑兑换1.641美元。如果到了4月份，实际汇率水平为每英镑兑换1.7美元，则期货合约可以给投机者带来14 750美元［（1.7－1.641）×250 000］的投机利润。如果选择了即期市场策略，则盈利情况为投机者在2月份按照每英镑兑换1.647美元的价格买入英镑，随后在4月份按照每英镑兑换1.7美元的价格卖出，于是盈利为13 250美元［（1.7－1.647）×250 000］。如果实际汇率水平下跌至每英镑兑换1.6美元，则期货合约多头将产生10 250美元［（1.641－1.6）×250 000］的损失。同样，即期市场策略将会产生11 750美元［（1.647－1.6）×250 000］的损失。

（2）使用期权进行投机交易。假设现在是10月份，一位投机者相信在接下来的两个月里某只股票的价格将上涨。目前，该股票的价格为每股20美元，为期2个月、执行价格为22.5美元的股票看涨期权目前的售价为1美元。假设投机者愿意投资2 000美元。第一种投机策略是直接买入100股股票，第二种投机策略是买入2 000份看涨期权合约。假设这个投机者的预测是准确的，到了12月份，该股票的市场价格上涨至每股27美元，则第一种直接购买股票的策略可以带来的盈利是700美元［100×（27－20）］。不过第二种投机策略的盈利比第一种多得多。由于股票看涨期权的执行价格为22.5美元，而两个月后的股票市场价格是27美元，这就意味着投机者可以按照每股22.5美元买入市价27美元的股票，每股盈利4.5美元。买入2 000份看涨期权的总盈利为9 000美元（2 000×4.5），再减去购买期权的成本2 000美元，则净利润为7 000美元（9 000－2 000）。期权投机策略获得的利润相当于直接购买股票投机获得利润的10倍。

期权也有可能造成更大的潜在损失。假设到了12月份，股票价格下跌至每股15美元。则第一种投机策略遭受的损失为500美元［100×（20－15）］。在这种情况下，期权不会执行，因此期权损失是期权费2 000美元。期权与期货一样，具有一定的杠杆作用。

9.3 远期合约

远期合约（Forward Contract）是买方和卖方签订的合约，该合约规定在未来某个时刻以固定的价格买入或者卖出某物。严格地讲，远期合约并不是一项投资，因为投资是以资金交换资产。远期仅仅是现在对未来进行交易的一个承诺。远期合约要求买卖双方必须履行合约。远期合约是为规避现货交易风险的需要而产生的。相对于原始社会自给自足的状态，现货交易是人类的一大进步。通过交易，双方均可得到好处。在市场上购买或者出售资产要求立即交割时，尽管有时可以使用信贷，但大多数支付都是立即执行的。我们称这种市场为现货市场（Spot Market）。但是现货交易的最大缺点是无法规避价格风险。一个农场主的收益亏损情况完全掌握在他的农作物收割时农作物现货市场的价格。如果在播种时就能确定农作物收割时卖出的价格，那么农场主就可以安心致力于农作物的生产了。远期合约正是为适应这种需要而产生的。

远期合约的标的资产（The Underlying）可以是商品，如大豆或者石油等；也可以是金融工具，如外汇或利率等。在合约中规定在将来买入标的物的一方称为多头（Long Position），而在未来卖出标的物的一方称为空头（Short Position）。合约中规定的未来买卖标的物的价格称为交割价格（Delivery Price）。如果信息是对称的，而且合约双方对未来的预期相同，那么合约双方所选择的价格应使合约的价值在合约签署时等于零，即交割价格对双方是同等有利的。这意味着双方无须成本就可签署合约，从而进入远期合约的多头或空头状态。

远期合约在日常生活中也很常见。例如，外卖是一种远期合约。顾客和餐馆约定在未来30分钟之内，顾客以某一价格购买快餐外卖。当外卖送到时，顾客必须支付约定的订餐价格，虽然可能在这30分钟之内你又看到更加便宜的外卖。任何一种要求在将来某一时刻以确定的价格交易某项货物或服务的合约都是远期合约。

一旦签订，双方就都不可以违约。但是，可以通过与其他人签订新的远期合约来对冲原来的头寸。例如，你已经预订了一个外卖，但是你又决定出去吃饭。你知道你的邻居想订一份外卖，所以你可以在外卖送到时把它卖给你的邻居，你甚至有可能以一个更高的价格卖出你的外卖。在这里，你相当于与邻居签订了合约，并固定了价格。此时，你持有餐馆的远期合约的多头，以及邻居的远期合约的空头，这是一种对冲远期合约的方法。

远期合约是非标准化的合约，即它不在交易所交易，而是金融机构之间或金融机构与客户之间通过谈判后签署的。在签订远期合约之前，双方可以就交割地点、交割时间、交割价格、合约规模和标的物的品质等细节进行谈判，以尽量满足双方的需求。因此，远期合约的主要优点就是合约的灵活性较大。

远期合约的缺点主要有：首先，由于远期合约没有固定的、集中的交易场所，不利于信息的交流和传播，不利于形成统一的市场价格，市场的效率较低；其次，由于每份远期合约千差万别，造成远期合约的流动性较差；最后，远期合约的履行没有保证，当价格变动对一方有利时，另一方可能违约，因此远期合约的违约风险较高。

9.4 期货合约

1. 期货合约的产生和发展

尽管远期合约的交易简单而且实用，但在远期合约的交易过程中会遇到一系列问题，如商品质量、等级、价格、交货时间、交货地点等都是根据双方的具体情况达成的，当需要转让已签订的合同时，交易比较困难。此外，远期合同能否履行主要依赖于对方的信用，而要对对方信用做出全面的调查往往费时费力成本很高。这些问题促使了1848年美国芝加哥期货交易所（Chicago Board Of Trade，CBOT）的诞生。但是交易所在将合约标准化过程中遇到一项重大挑战：将交割期、交割商品的数量和质量、交割地点标准化是简单的事情，但是远期价格的标准化是不可能的。

这个问题随着期货合约的产生迎刃而解。随着价格变化而修改合约，以此消除价格的多样性是期货合约替代远期合约的根本特征。芝加哥期货交易所于1865年推出了标准化合约，同时实行了保证金制度，向签约双方收取不超过合约价值10%的保证金作为履约保证。

期货合约（Future Contract）是指买卖双方约定在未来某一时刻以商定的价格买入或者卖出某物的合约。期货合约在期货交易所交易，每日清算。期货是从远期合约发展而来的并且与远期合约有很多相同的特点，基本上，期货合约就像流动性较强的远期合约。但与远期合约不同，期货是在有组织的期货交易所（Future Market）交易的。期货合约需要每日清算。在每日的清算中，遭受损失的投资者向获利的投资者支付费用。

国际期货市场的发展，大致经历了由商品期货到金融期货，交易品种不断增加，交易规模不断扩大的过程。商品期货是最早产生的期货合约，其标的物是实物商品。按照实物商品的种类不同，商品期货可以分为农产品期货、金属期货和能源期货。商品期货推出后，随着第二次世界大战后布雷顿森林体系的解体，固定汇率制被浮动汇率制所替代，汇率和利率频繁、剧烈波动。在这种情况下，金融期货应运而生。

2. 期货合约的基本知识

期货合约要求在指定的交割日或到期日按照商定的价格（即期货价格 Future Price）交割商品。合约严格规定了商品的规格。以农产品为例，交易所规定了能够交割的等级、交割地点和交割方式。农产品交割通过指定的交割仓库开具仓单的转移来实现。金融期货交割可以通过电子转移实现。指数期货采取现金交割。

因为交易所对合约的条款做了规定，所以交易者协商的只有期货的价格。多头头寸在交割日购买商品，空头头寸在到期日出售商品。多头是合约的买方，空头是合约的卖方。期货买卖只是交易双方之间的一个协议，合同签订时资金并没有易手。买入期货合约的投资者被称为多头，其盈利来源于因商品价格上升导致的合约价值的上涨。卖出期货合约的投资者被称为空头，其盈利来自因商品价格下降导致的合约价值的下跌。

假如多头以 408.5 美分/蒲式耳购买玉米期货合约，在 3 月合约到期时玉米价格为 413.5 美分/蒲式耳。每份合约为 5 000 蒲式耳。则期货的多头赚取了 250 美元 [(413.5 - 408.5) ×5 000]。相应地，空头亏损了 250 美元。

在到期日：

$$\text{多头的利润} = \text{到期日现货价格} - \text{现在期货价格} \tag{9-1}$$

$$\text{空头的利润} = \text{现在期货价格} - \text{到期日现货价格} \tag{9-2}$$

式中，现货价格是指商品交割时的实际市场价格。

3. 期货合约的交易制度

期货交易涉及保证金制度、盯市制度、对冲制度和交割制度。

（1）保证金制度。保证金（Margin）制度是指在期货交易中，任何交易者都必须按照其所买卖期货合约价值的一定比例交纳资金，这个比例通常为 5% ~ 10%，作为履行期货合约的保证，然后才能参与期货合约的买卖。期货交易设定保证金是为了维护交易的安全性，防止期货交易者因期货价格波动不能履行执行义务而给期货经纪商或结算公司造成损失。保证金分为初始保证金（Initial Margins）和维持保证金（Maintenance Margins）。初始保证金是初次合约成交时应交纳的保证金；维持保证金是在价格朝购买合约不利方向变动时，初始保证金除去用于弥补亏损外，剩下的余额需要达到的最低水平。一旦保证金账户中的余额低于维持保证金水平，交易所应该通知客户追加一笔资金。追加后的保证金水平应该达到初始保证金水平。如果客户不能及时存入追加保证金，则经纪人将予以强行平仓。

【例 9-1】 大连商品交易所的大豆期货保证金比率为 5%，维持保证金与初始保证金的比率为 75%。如果某投资者以 3 500 元/t 的结算价格买入 10 张大豆期货合约，每张合约的数量是10t。则该投资者账户的初始保证金是多少？如果结算价格下跌到3 450元/t，则是否需要追加保证金？至少需要追加多少？

初始保证金 =3 500×10×10×5% =17 500（元）

当价格下跌到3 450元/t时：

浮动亏损 =（3 450－3 500）×10×10 =－5 000（元）

此时的实际保证金 =17 500－5 000 =12 500（元）

维持保证金与初始保证金的比率为75%：

17 500×75% =13 125（元）

由于实际保证金已经低于维持保证金，因此需要追加到初始保证金水平：

追加额 =17 500－12 500 =5 000（元）

（2）盯市制度。盯市（Marking To Market）是期货市场最重要的特征，又称为"逐日结算"。清算机构在每个交易日为其会员公司的账户轧出盈亏。假如经盯市后某会员的账户余额降至维持保证金水平以下，则他必须立刻追加保证金；反之，在盈利的情况下会员公司可以随时提取超额部分。

盯市的作用是使期货合约每天得到结算，而不像远期那样一直等到到期日才将整个合约存续期间发生的盈亏进行一次性收付。这项制度性安排使得期货合约的价格在每个营业日末都回到零。所以，从逐日实现损益的角度来讲，期货合约类似于一系列期限为1天的远期合约，即头寸每天被平仓，对盈余进行支付结算后，在新的价位上重新开仓。显然，盯市可以避免因为发生违约而造成另一方损失，它对于保证期货合约的履行至关重要。

【例9－2】 假设某商品期货合约的价格为40 000元/份合约，投资人卖出1份合约，初始保证金率为5%，维持保证金率为初始保证金率的75%，投资者的账户中预先存有资金2 000元，此后的5天，期货的合约价格出现了如表9－2所示的变化，在盯市制度下，分析投资者的实际保证金和追加保证金的情况。

表9－2　期货保证金变化情况

单位：元

交易日	期货价格	每日盈亏	累计盈亏	保证金余额	追加保证金
	40 000			2 000	
1	39 700	300	300	2 300	
2	39 000	700	1 000	3 000	
3	40 560	－1 560	－560	1 440	560
4	42 000	－1 440	－2 000	560	1 440
5	40 000	2 000	0	4 000	

（3）对冲制度。期货合约中的头寸（Positions）是指多头（Long Positions）或空头（Short Positions）。无论投资者的初始交易是购买还是出售期货合约，都称这一行为为开仓；无论投资者是持有多头头寸，还是持有空头头寸，都把这一行为称为持仓。投资者在持仓过程中，会根据市场价格的波动决定是否将合约持有到期还

是将其转让给其他投资者。若持仓人在合约到期日之前改变自己的头寸，在市场上买卖与自己的合约品种、数量相同但方向相反的期货，就称这一行为是对冲交易(Reversing Transactions)。

交易者进行期货交易的目的有两种——套期保值或者进行投机。这种目的决定了期货交易是一种不以实物商品的交割为目的的交易。期货交易中最后进行实物交割的比例很小，一般只有1%～3%，绝大多数的期货交易者都以对冲平仓（Closing Out Positions）的方式了结交易。

（4）交割制度。对冲是平仓方式的一种，另一种方式是进行交割（Delivery)。交割分为实物交割和现金结算两种形式。如果合约在到期日没有对冲，则交割实物商品，如交割小麦、大豆或者一笔外汇。而有些金融期货合约的标的物不可能进行有形交割，则只能以现金结算，如股票指数期货，其标的物是股票指数。交割股票指数中的每只股票是不现实的，于是合约要求以现金结算，其金额等于合约到期当天股票指数达到的相应价格。

4. 期货市场策略

（1）空头套期保值策略。空头套期保值策略（Short Hedge）指的是建立空头期货头寸。当套期保值者已经拥有资产，并打算在未来某个时间将其出售时，比较适合选择空头套期保值策略。

假设5月15日，一家原油生产商签订了一份出售100万桶原油的协议。交易双方约定，合约的成交价格为8月15日的原油市场价格。于是在未来3个月后，原油价格每上涨1美分，该石油的生产商就能获得10 000美元的收益；反之，原油价格每下跌1美分，该生产商就损失10 000美元。在5月15日，原油的现货价格是每桶60美元，在纽约商品交易所交易的8月份到期的原油期货价格为每桶59美元。由于每份原油期货合约的价格规模为1 000桶，所以该公司采用卖出1 000份原油期货合约的方式对冲敞口风险。如果该石油生产商在8月15日将期货头寸平仓，则这一套期保值策略的效果是将原有的出售价格锁定为接近每桶59美元。

为了具体说明，假设在8月15日那天的原油现货价格为每桶55美元。该公司通过卖出100万桶原油实现了5 500万美元的利润。因为8月是原油期货合约的交割月，所以在8月15日的原油期货的价格应该非常接近当天的现货价格每桶55美元。所以，公司卖出期货头寸可获得400万美元［(59－55)×100］。将期货头寸交易与出售合约结合考虑，该公司总共获得5 900万美元（5 500＋400），每桶原油实际成交价格59美元。

再假设另外一种情况，在8月15日当天，原油的价格为每桶65美元。该公司一方面按照65美元的价格卖出原油的现货。另一方面原油的期货损失接近每桶6美元（65－59）。两者抵消后，该公司每桶原油的实际成交价格为59美元（65－6）。

（2）多头套期保值策略。建立多头期货头寸的套期保值交易被称为多头套期保值交易（Long Hedge）。当企业知道自己要在未来买入某项资产，并希望锁定未来的购买价格时，多头套期保值策略是合适的选择。

一家铜加工厂将在5月15日买入100 000磅的铜。5月份到期的铜期货合约的价格为每磅320美分。加工厂可以在纽约商品交易所买入4份铜期货合约，随后在5月15日这天将期货头寸平仓。每一份铜期货合约的交割规模为25 000磅。这一套期保值策略的效果是将未来需要买入的铜原料的成交价格锁定为接近于每磅320美分。

假设到了5月15日，铜的现货价格为每磅325美分。因为5月份是铜期货合约的交割月，所以此时的期货价格应当十分接近现货价格。所以期货合约带来的盈利为5 000美元［（3.25－3.20）×100 000］。该工厂此时买入铜原料要支付325 000美元（100 000×3.25），所以净成本为320 000美元（325 000－5 000）。假设另一种情况，铜的价格为每磅305美分，则期货头寸损失15 000美元［（3.2－3.05）×100 000］。该工厂在现货市场上购买原材料支付的价格为305 000美元（3.05×100 000）同样该工厂的净成本为320 000美元（305 000＋1 5000）。

9.5 互换合约

互换（Swap）是交易双方签订的在未来相互交换支付现金流的协议。该协议确定了未来双方相互交换支付现金流的时间以及如何计算具体支付金额。一般来说，支付金额的计算要使用未来的利率水平、汇率水平或其他市场经济变量。

远期协议可被视为一种简单的互换产品。假设现在是2017年3月1日，一家企业签订了一份远期协议，约定在1年后按照每盎司900美元的价格购买100盎司黄金。一年后，该公司按照远期协议的约定购买下黄金后可以将其立即出售。所以，这份远期合同相当于一份互换协议——该公司同意在2018年3月1日支付90 000美元，同时获得对方向其支付的100S，其中S为2018年3月1日每盎司黄金的市场价格。

远期协议只涉及在未来某一天相互交换支付现金流，而互换协议一般会导致交易双方在未来某几天相互交换支付现金流。

最常见的互换类型叫作普通利率互换。对于互换协议来说，某公司同意向对方支付现金流，现金流的金额要根据事先约定好的固定利率、名义本金额以及年份数来计算。反过来，该公司会收到交易对手的支付现金流，支付金额要使用浮动利率、相同的名义本金额以及相同长度的年份数来计算。

在绝大多数利率互换协议中，我们使用的浮动利率都是伦敦银行同业拆借利率（LIBOR）。这一利率水平指的是一家银行同意将资金存入另一家拥有AA信用等级的银行的存款利率水平。1个月LIBOR、3个月LIBOR、6个月LIBOR和12个月LIBOR是市场上常见的LIBOR报价，适用于所有的主要货币。

假设微软和英特尔在2015年3月5日签订了一份为期3年的互换协议。假设微软同意按照每年5%的利率水平向英特尔进行支付，名义本金额为1亿美元；反过来，英特尔同意按照6个月LIBOR利率水平向微软进行支付，名义本金额也是1亿美元。假定互换协议明确规定双方每6个月相互交换支付一次。

第一次交换发生在2015年9月5日，即互换协议签订后6个月。微软要向英特尔支付250万美元。同时，英特尔也要向微软进行支付，支付金额要根据1亿美元的名义本金额以及6个月的LIBOR利率水平进行支付。应当注意的是，这里的LIBOR利率水平指的是2015年9月5日前6个月确定的利率水平，即2015年3月5日这一天在市场上观察到的6个月LIBOR利率水平。假设在2015年3月5日这一天在市场上观察到的6个月LIBOR利率水平为4.2%，则英特尔应向微软支付210万美元（0.5×0.042×100）。交易双方第一次相互交换支付的现金额没有任何不确定性，这是因为在互换协议签订时，用于计算支付金额的LIBOR利率水平已经确定。

第二次相互交换支付发生在2016年3月5日，即互换协议签订后一年。微软应向英特尔支付250万美元。同样，英特尔应向微软支付的利息根据1亿美元的名义本金额以及6个月LIBOR利率水平进行计算。这里的LIBOR指的是2015年9月5日那天实际的6个月LIBOR利率水平。假设当天市场上的6个月LIBOR利率水平实际为4.8%。因此，英特尔应向微软支付240万美元（0.5×0.048×100）。

总体上说，这份互换协议会带来6次相互交换支付。固定利率支付方的支付金额永远是250万美元，而浮动利率支付方在每次交换支付时实际支付的金额要使用支付日向前推6个月的6个月LIBOR利率来计算。

表9-3给出了完整的支付金额计算过程。表9-3反映了从微软的角度观察到的互换现金流情况。应当注意的是，1亿美元的名义本金额仅仅被用于利息支付额的计算。名义本金额本身并不相互交换支付，因此通常将其称为名义本金额（Nominal Principal）。

表9-3 3年期利率互换交易中微软的现金流

（名义本金额为1亿美元，微软支付5%的固定利率，对方向微软支付LIBOR）

单位：百万美元

日期	6个月LIBOR（%）	收到浮动利率现金流	支付固定利率现金流	净现金流
20150305	4.2			
20150905	4.8	2.1	-2.5	-0.4
20160305	5.3	2.4	-2.5	-0.1
20160905	5.5	2.65	-2.5	0.15
20170305	5.6	2.75	-2.5	0.25
20170905	5.9	2.8	-2.5	0.3
20180305		2.95	-2.5	0.45

9.6 期权合约

期权既可以在交易所内进行交易，也可以在场外市场上进行交易。期权合约

（Option Contract）是一个协议，赋予持有者在特定的时间以特定的价格购买或出售（根据期权合约的类型）特定资产的权利而不是义务。期权有两种形式：看涨期权和看跌期权。看涨期权（Call Option）的拥有者有权利但没有义务，在指定时间，以一个固定的价格购买相关资产。看跌期权（Put Option）的拥有者有权利但没有义务，在指定的时间以固定的价格出售相关资产。期权协议中买卖的价格被称为执行价（Exercise Price）。合约的日期叫作到期日（Expiration Date）。欧式期权（European Option）只能在到期日那一天执行，而美式期权（American Option）可以在到期日前的任一时点执行。

期权合约和期货合约的两个关键差异如下：①期货合约的买方有义务以指定的价格购买标的资产（一个期货合约的卖方有义务以指定的价格出售标的资产）。一个看涨期权的所有者有权利但没有义务购买标的物。②当购买期货合约时，不用付钱（如果你在出售期货合约，则你也收不到钱）。然而，如果购买期权合约，则在购买时需要缴纳期权费；如果出售期权合约，则在销售时收到期权费。

世界上股票期权交易规模最大的交易所是芝加哥期权交易所（CBOE）。在芝加哥期权交易所交易的股票期权产品都是美式期权。随着执行价的提高，看涨期权的价格会下跌；随着执行价的提高，看跌期权的价格会增加。假设某股票期权的价格为28.75美元，执行价是440美元。一份期权协议可以买入或者卖出100股股票。因此，投资者必须支付2 875美元的费用，获得按照每股440美元的价格购买100股股票的权利。如果股票价格在期权到期前没有超过440美元，则该期权不会被行权，投资者要损失2 875美元的期权费。但是，如果股票价格超过440美元，达到500美元，投资者选择行权，则可以给投资者带来6 000美元［（500－440）×100］的收益，扣除购买期权的初始成本，实际获得3125美元（6 000－2 875）的净收益。

假如一个投资者买入一个一份12月到期的看跌期权，执行价为400美元。期权合约的期权费等于21.15美元。买入看跌期权后，投资者就获得了在12月前按照每股400美元的价格售出100股股票的权利。如果该股票价格一直保持在每股400美元以上，则该期权不会被执行，于是投资者要损失2 115美元。但是，如果股票价格下跌至每股350美元，则投资者选择行权，按照每股350美元的市场价格买入100股股票，然后再按照每股400美元的行权价将其卖出，从而获得5 000美元［（400－350）×100］的盈利。在扣除购买期权产品的初始成本后，投资者的净收益为2 885美元（5 000－2 115）。

案例扩展

衍生品是用途非常广泛的金融工具。它们可以被用于对冲交易、投机交易以及套利交易。交易衍生品的企业面临的风险之一是其雇员原本仅被授权进行对冲交易或寻找套利机会，结果却成了投机者。

杰罗姆·科威尔于2000年进入法国兴业银行从事业务监控方面的工作。2005年他升职为该银行Delta One项目组的初级交易员。他负责交易类似于德国DAX指数、法国CAC40指数和欧元区Stoxx50指数的股指合约。他的任务是寻找一切可能的套利机会。当股票指数期货合约在两个不同的交易所交易的价格不一致时，套利机会就有可能出现。如果股票指数期货合约的价格与股指样本股的市场价格不一致的话，也有可能会出现套利机会。

科威尔利用自己对银行监控程序的了解开始偷偷地进行投机交易，同时表面上伪装成进行套利交易的模样。他建立的股指合约头寸规模非常大，而且还故意设计虚假交易，以便看上去好像正在进行对冲交易。实际上，他正在豪赌股指未来将要波动的方向。随着时间的推移，他手下未经处理的头寸规模逐渐积累到了几十亿欧元之多。

2008年1月，科威尔未经授权的交易行为被法国兴业银行发现。在3天的时间里，银行迅速处理了他手上的头寸，损失共计49亿欧元。这在当时可以称得上是金融业历史上欺诈性交易行为所造成的最大损失。

这个教训告诉我们，金融机构必须设定明确的风险限制指标，并且非常认真地监管交易员的交易行为，以确保他们能够严格遵守风险水平的限制要求。

本章专有名词中英文对照

商业风险 Business Risk
金融风险 Financial Risk
衍生品 Derivative
风险管理 Risk Management
价格发现 Price Discovering
投机 Speculation
远期合约 Forward Contract
标的资产 The Underlying
多头 Long Position
空头 Short Position
交割价格 Delivery Price
芝加哥期货交易所 Chicago Board Of Trade，CBOT
期货合约 Future Contract
保证金 Margin
初始保证金 Initial Margins
维持保证金 Maintenance Margins
盯市 Marking To Market
头寸 Positions
对冲交易 Reversing Transactions
对冲平仓 Closing Out Positions
交割 Delivery
空头套期保值策略 Short Hedge
互换 Swap

期权合约 Option Contract
看涨期权 Call Option
看跌期权 Put Option
执行价 Exercise Price
到期日 Expiration Date
欧式期权 European Option
美式期权 American Option

本章小结

期货和远期协议指的是可以在未来某个特定的时间按照特定的价格买入或卖出某项资产的合约。期货合约在交易所内进行交易，而远期协议在场外交易市场上进行交易。互换是交易双方签订的在未来相互交换支付现金流的协议。期权可以分为两类：看涨期权和看跌期权。看涨期权赋予期权持有者在特定的时间按照既定价格买入某项资产的权利。看跌期权则赋予期权持有者在特定的时间按照既定价格卖出某项资产的权利。

习　题

1. 多头期货头寸和空头期货头寸的区别是什么？

2. 一位投资者签订了一份远期协议，同意按照每英镑 1.7 美元的汇率水平卖出 100 000 英镑。等到远期合约到期时，如果汇率水平变为 1.69 或者 1.72，那么这位投资者的盈利或者损失是多少美元？

3. 假设你卖出了一份看跌期权，执行价为 40 美元，3 个月后到期。当前股票的价格为每股 41 美元，一份看跌期权合约标的股票数量为 100 股。那么，这意味着你将承担什么义务？你能获得多少盈利或损失？

第10章

期权与公司理财

导　论

环球集团近两年发展势头非常好，得益于公司的管理团队，公司股东大会决定给高层管理者一些激励，打算授予他们一定量的股票期权，股东大会授权董事会制订相应的方案，董事会要求财务部及时制定细则。什么是股票期权？股票期权为什么能激励员工？

学习目标

通过本章的学习，你应该了解：期权市场的术语；二叉树期权定价模型；实物期权定价方法。

10.1　期权交易的基本知识

10.1.1　期权的基本概念

买入资产的期权称为看涨期权（Call Option）。期权的买方（Purchaser Of An Option）就是购买期权的一方，即支付费用而获得权利的一方，也称期权的多头（Long Position）。卖出资产的期权称为看跌期权（Put Option）。期权的卖方（Writer Of An Option）就是出售期权的一方，即获得费用因而承担着在规定的时间内履行该期权合约义务的一方，也称期权的空头（Short Position）。期权费（Option Premium）是指期权买方为获得期权合约所赋予的权利而向期权卖方支付的费用。这一费用一旦支付，则无论期权购买者是否执行期权价都不予退还。它是期权合约中唯一的变量，大小取决于合约的性质、到期月份和执行价格等。对于卖方，它是期权的报酬；对于买方，它是期权所遭受损失的最高限度。期权费是交易双方在交易所内竞价形成的。

1. 期权的类型

期权合约通常可分为以下四类：

（1）根据期权购买者权利划分，期权可分为看涨期权和看跌期权。

1）看涨期权（Call Option）赋予期权持有者在到期日或之前以特定的价格，即执行价格，购买某项资产的权利。例如，执行价格为100美元的某公司股票2月看涨期权就赋予持有者在到期日或之前的任何时间以100美元的价格购买该公司股票的权利。期权持有者没有被要求一定要行使期权。买方之所以支付期权费购买看涨期权，是因为他预测标的资产的市场价格将会上涨，显然只有标的资产的市值超过了执行价格时，持有者才愿意行权。

2）看跌期权（Put Option）赋予期权购买者在到期日或之前以确定的执行价格卖出某项资产的权利。买方之所以支付期权费购买看跌期权，是因为他预期标的资产的市场价格会下跌。一个执行价格为100美元的某股票1月份看跌期权赋予其持有者在到期日前以100美元的价格卖给期权买方的权利。显然，只有标的资产的市场价格低于执行价格时，买方才会行权，即以执行价格卖出标的资产。

（2）根据期权购买者执行期权的时限划分，期权可分为欧式期权、美式期权和百慕大期权。

1）欧式期权（European Option）是指期权的购买者只有在期权到期日才能执行期权（即行使买进或卖出标的资产的权利），既不能提前也不能推迟。若提前，期权出售者可以拒绝履约；若推迟，期权将被作废。

2）美式期权（American Option）允许期权购买者在期权到期前的任何时间执行期权。美式期权的购买者既可以在期权到期日这一天行使期权，也可以在期权到期日之前的任何一个营业日执行期权。超过到期日，期权作废。

3）百慕大期权（Bermudan Option）又称为半美式期权（Semi-American Option），其买方有权在某几个或到期前的某一段时间行权。

所谓的美式期权、欧式期权、百慕大期权实际上并没有任何地理位置上的含义，而只是对期权购买者执行期权的时间有着不同的规定。从选择权利大小来看，美式期权买方的选择权最大——因为买进这种期权后，它可以在期权有效期内根据市场价格的变化和自己的实际需要比较灵活地主动选择履约时间。百慕大期权买方的选择权次之，欧式期权的买方选择权最小。对于期权出售者来说，美式期权使他承担更大的风险，他必须随时为履约做好准备。因此，美式期权费通常比欧式期权费和百慕大期权费高。世界范围内，在交易所进行交易的多为美式期权；而在大部分场外交易中采用的是欧式期权。

（3）根据执行价格与标的资产市场价格的关系划分，期权可分为实值期权、平价期权和虚值期权。

1）实值期权（In-the Money Option）是指买方若立即行权，则买方具有正的现金流。

2）平价期权（At-the Money Option）是指买方若立即行权，则买方此时的现金流为零。

3）虚值期权（Out-the Money Option）是指买方若立即行权，则买方具有负的现金流。

实值期权、平价期权、虚值期权与看涨期权、看跌期权的对应关系如表10-1所示。

表 10-1 实值期权、平价期权、虚值期权与看涨期权、看跌期权的对应关系

	看涨期权	看跌期权
实值期权	市场价格 > 执行价格	市场价格 < 执行价格
平价期权	市场价格 = 执行价格	市场价格 = 执行价格
虚值期权	市场价格 < 执行价格	市场价格 > 执行价格

实值、平价和虚值期权描述的是期权在有效期内的某个时点上的状态，随着时间的变化，同一期权的状态也会不断变化。有时是实值期权，有时是平价期权，有时又成为虚值期权。

【例 10-1】 某只股票当前股价是每股 55 元。我们考虑一下以价格 50 元（执行价格为 50 元）购买该只股票的看涨期权。判断此时期权是实值期权、平价期权还是虚值期权？

股价高于执行价格，如果期权立刻被执行，将会有正的收益，为 5 元（55-50）。因为立即执行期权有正的收益，所以该期权为实值期权。

【例 10-2】 某只股票当前股价是每股 55 元。我们考虑一下以价格 60 元（执行价格为 60 元）购买该只股票的看涨期权。判断此时期权是实值期权、平价期权还是虚值期权？

股价低于执行价格，如果期权立刻被执行，将不利于期权持有者。因为立即执行期权没有正的收益，所以该期权为虚值期权。

【例 10-3】 某只股票的售价为每股 33 元，考虑以价格 30 元的价格（执行价格为 30 元）卖出该股票的看跌期权。判断此时期权是实值期权、平价期权还是虚值期权？

股价高于执行价格，如果期权立即被执行将不利于期权持有者。因为立即执行没有正的收益，所以期权是虚值期权。

【例 10-4】 某只股票的售价为每股 33 元，考虑以价格 40 元的价格（执行价格为 30 元）卖出该股票的看跌期权。判断此时期权是实值期权、平价期权还是虚值期权？

股价低于执行价格，如果看跌期权立即被执行，将会有正的收益，收益为 7 元（40-33）。因为立即执行有正收益，所以该期权为实值期权。

（4）根据标的资产的性质划分，期权可以分为现货期权和期货期权。

1）现货期权（Spots Option）是指以各种金融工具本身作为合约标的资产的期权，如各种股票期权、股票指数期权、债券期权等。期权买方提出执行后，双方一般要进行标的资产的交割。

2）期货期权（Futures Option）是指买方有权在到期日或之前，以执行价格买进或卖出一定数量的特定商品或资产的期货合约。由于期货期权的标的资产是期货合约，因此期货期权实施要求交易的不是期货合约所代表的标的资产，而是期货合约自身。实际上，期货期权在实施时也很少交割期货合约，不过是由期货期权交易双方收付期货合约与期权的执行价格之间的差额而引起的结算金额而已。期货期权包括各种外汇期货期权、利率期货期权、股票指数期货期权等。

2. 行权价格和到期日

买入或卖出的固定价格称为执行价格。另外，期权有明确的期限。买入或者卖出资产的时间必须在到期日之前。因此，对于一个普通股，看涨期权是购买一个期权来买某只股票，看跌期权是卖出某只股票的权利。更具体来讲，期权赋予了普通股持有人以一个确定的执行价格（Strike Price）在期权截止日购买标的股票的权利。同样，一个看跌期权赋予普通股持有人权利而非义务，以给定执行价格在期权截止日前出售标的股票的权利。执行价格是履行期权合约义务买入或卖出股票的价格。

在实践中，期权合约标准化可以促进交易和报价的便利。标准化的股票期权合约大小为每期权约合 100 股普通股。这意味着一份看涨期权合同包括一个购买 100 股股票的期权。同样，一份看跌期权合同包括一个卖出 100 股股票的期权。

因为期权是合同，要了解期权，就需要知道具体的合同条款。一般来说，普通期权必须规定至少 6 项合同条款：①标的资产；②执行价格；③合同规模；④合同执行日；⑤期权执行方式；⑥交割程序。

（1）期权合同要求所涉及的特定资产是明确的。标的资产（Underlying Assets）或称为标的物。它是期权买方实施权利的对象，包括现货和期货两种类型。

（2）执行价格必须明确规定。执行价格（Exercise Price）又称协议价格（Strike Price），是指期权合约所规定的、期权卖方在行使权利时所实际执行的价格。这一价格一旦确定，则在期权有效期内，无论期权标的物的价格上升到何种程度或下跌到何种程度，只要期权买方要求执行期权，期权卖方就必须以执行价格履行他的相应义务。

（3）合同规模必须明确。如前所述，股票期权的合同规模为每份期权合约有 100 股股票。

（4）合同条款必须设定期权到期日。到期日（Expiration Date）是期权合约必须履行的时间，它是期权合约的终点。

（5）期权的执行方式决定了期权什么时候可以执行。有两种基本期权类型：美式期权和欧式期权。美式期权（American Options）可以在期权到期前任何时候行使，欧式期权（European Options）则只可以在到期日行使。

（6）如果期权被执行，交割程序也必须规定对于股票期权、标准结算需要期权持有人在几个工作日后交割。

表 10－2 是 4 月 1 日英特尔股票期权的列表。

表 10－2 期权报价

Expiration（到期日）	Strike（执行价格）	Call（看涨期权）			Put（看跌期权）		
		Last（价格）	Volume（成交量）	Open interest（未平仓量）	Last（价格）	Volume（成交量）	Open interest（未平仓量）
一月（Jan）	15	5.85	99	47 330	0.01	173	83 864
四月（Apr）	15	6	15	402	0.11	46	7 820
七月（Jul）	15	5.95	273	925	0.25	90	4 069
一月（Jan）	16	4.95	130	16 045	0.01	21	40 123
（二月）（Feb）	16	4.9	13	22	0.04	28	271
（四月）（Apr）	16	5	25	1 003	0.15	25	3 168

第一列 Expiration 表示不同期权的到期日，第二列 Strike 表示不同期权的执行价格。由于股票期权的价格在一定程度上取决于标的股票的价格，期权的价格会随着股票价格的变动而变动。第三列 Last 表示看涨期权价格，第六列 Last 表示看跌期权价格。期权价格列出的是每股基差，但期权合同实际价格是每股价格的 100 倍，因为每份期权合同代表 100 股股票的期权。第四列和第七列 Volume 表示成交量。第五列和第八列 Open interest 表示看涨和看跌期权合同中未平仓合约数量。

三个合同条款——标的股票、执行价格和到期日，在期权的声明周期内不会改变。然而，由于股票期权的价格在一定程度上取决于标的股票的价格，期权的价格会随着股票价格的变化而变化。

10.1.2 期权价值的构成

1. 美式看涨期权的内在价值和时间价值

先列举一只虚拟股票的看涨期权交易。如表 10－3 所示，第一列是股票价格，第二列是股票期权的执行价格，第三列是对应股价变化的期权价格。

表 10－3 股票看涨期权交易 单位：美元

股票市价	执行价格	期权价格
20	50	0.02
30	50	0.25
40	50	1
50	50	6
60	50	15
70	50	23
80	50	32
90	50	41
100	50	50.02

根据表 10－3 可以看出，期权价格随着股票市价的上升而上涨。当股票价格达到 50 美元时，期权由原来的虚值期权变为平值期权，当股票价格超过 50 美元时，期权由平值期权变为实值期权。显然，股票价格上涨、期权为实值是投资者希望的结果。因此，我们提出一个重要的概念——内在价值（Intrinsic Value），即期权持有者从期权中获得的收益。看涨期权的内在价值公式如下：

$$\text{看涨期权的内在价值} = \begin{cases} \text{股票市价} - \text{执行价格} & \text{当股票市价} > \text{执行价格时} \\ 0 & \text{当股票市价} \leqslant \text{执行价格时} \end{cases} \quad (10-1)$$

或

$$\text{看涨期权的内在价值} = \text{MAX}（\text{股票市价} - \text{执行价格}，0） \quad (10-2)$$

式（10－2）中的“MAX”代表取最大值，“，”代表或者。公式表示为 1 份看涨期权的内在价值是股票价格减去执行价格与 0 两者中的最大值。期权收益存在非负性。

内在价值可以理解为期权被理性行权时期权持有者从中获得的收益。期权价格与期权内在价值的差值称为期权的时间价值（Time Value）。在到期日，期权的时间价值为 0。在到期之前，因为美式期权可以在任何时间行权，套利者保证了期权的价格至少大于内在价值。

$$\text{期权的时间价值} = \text{期权价格} - \text{期权内在价值} \quad (10-3)$$

根据看涨期权的内在价值公式和期权的时间价值公式，将计算结果添加到表 10－3 中，形成表 10－4。

表 10－4　股票看涨期权的内在价值和时间价值　　单位：美元

股票市价	执行价格	期权价格	内在价值	时间价值
20	50	0.02	0	0.02
30	50	0.25	0	0.25
40	50	1	0	1
50	50	6	0	6
60	50	15	10	5
70	50	23	20	3
80	50	32	30	2
90	50	41	40	1
100	50	50.02	50	0.02

根据表 10－4 中的数据，以股票价格为横坐标，以期权价格为纵坐标，绘制期权价格与股票价格的关系图如图 10－1 所示。

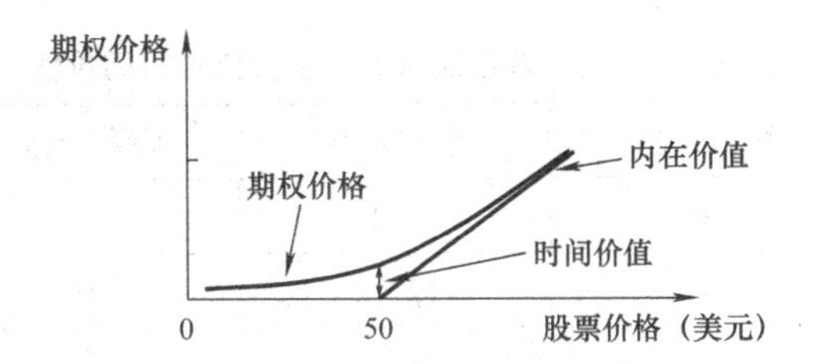

图 10－1　看涨期权价格和股票价格的关系

观察图 10－1 可以看出，在股票价格低于执行价格 50 美元的区间，随着股价上涨时间价值逐渐上升；在股价等于执行价格 50 美元时时间价值最大；当股价高于 50 美元时，随着股价的上涨，时间价值逐渐下降，最后无限趋近于 0。

与内在价值有关的要点有三个：①投资者可以计算期权的内在价值，而不管该期权是否到期；②到期时，期权的价值等于其内在价值，因为到期没有时间价值；③到期之前，期权的价值等于内在价值与时间价值之和。

【例 10－5】 假设期权还有 20 天到期。期权的卖出价格为 1.65 元，标的股价为 41.15 元。看涨期权的执行价格为 40 元，试计算期权的内在价值和时间价值。

当股票市价 > 执行价格时，看涨期权的内在价值 = 41.15 － 40 = 1.15（元）

时间价值 = 期权价格 － 内在价值 = 1.65 － 1.15 = 0.5（元）

2. 美式看跌期权的内在价值和时间价值

先列举一只虚拟股票的看跌期权交易。如表 10－5 所示，第一列是股票价格，第二列是股票期权的执行价格，第三列是对应股价变化的期权价格。

表 10－5　股票看跌期权交易　　单位：美元

股票市价	执行价格	期权价格
15	30	15.25
20	30	12
25	30	8
30	30	6
35	30	3.5
40	30	1
50	30	—

看跌期权内在价值的计算公式为

$$\text{看跌期权的内在价值} = \begin{cases} \text{执行价格} - \text{股票市价} & \text{当执行价格} > \text{股票市价时} \\ 0 & \text{当执行价格} \leqslant \text{股票市价时} \end{cases} \quad (10-4)$$

根据看跌期权的内在价值公式和期权的时间价值公式，将计算结果添加到表

10－5 上，形成表 10－6。

表 10－6　股票看跌期权的内在价值和时间价值　　单位：美元

股票市价	执行价格	期权价格	内在价值	时间价值
15	30	15.25	15	0.25
20	30	12	10	2
25	30	8	5	3
30	30	6	0	6
35	30	3.5	0	3.5
40	30	1	0	1
50	30	—	0	—

根据表 10－6 中的数据，以股票价格为横坐标，以期权价格为纵坐标，绘制期权价格与股票价格的关系图如图 10－2 所示。

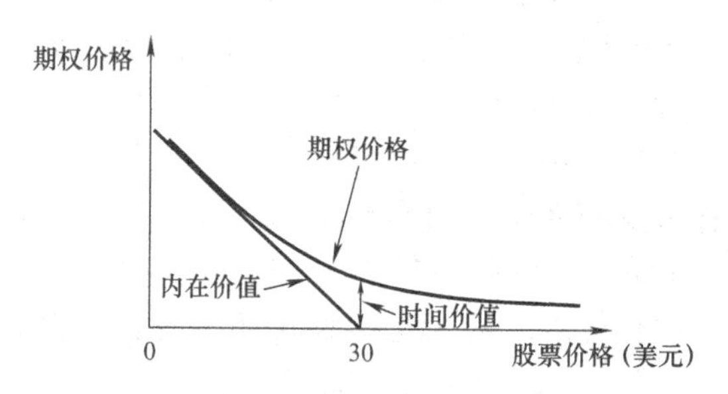

图 10－2　看跌期权价格和股票价格的关系

根据图 10－2 可以发现，在股票价格高于执行价格 30 美元的区间，随着股价下降，时间价值逐渐上升；在股价等于执行价格 30 美元时，时间价值最大；当股价低于 30 美元时，随着股价的下降，时间价值逐渐下降，最后无限趋近于 0。

【例 10－6】假设看跌期权还有 15 天到期。期权的卖出价格为 5.7 元，标的股价为 42.35 元。看跌期权的执行价格为 40 元，计算期权的内在价值和时间价值。

当执行价格 < 股票市价时，看跌期权的内在价值 = 0

时间价值 = 期权价格 − 内在价值 = 5.7 − 0 = 5.7（元）

10.1.3　期权基本交易策略

1. 买入买权

实施买入买权的两个原因是从证券的价格上涨中获利或者锁定一个具有吸引力的购买价格。如果该股票价格在到期前上涨，则可以以高于买入时的价格将其卖出，或行使期权以低于市场的价格买入该证券。

买入买权最大的吸引力在于，比起等量股票交易，你可以使用杠杆投资以实现更大比率的回报。举例来说，如果你以每股 5 美元的价格买入 100 股某股票，你的初始投资为 500 美元。在未来一年中，如果该股票价格升至每股 10 美元，则你卖出所有股份的获利是 500 美元（100 × 10 - 500），回报率为 100%。

反过来说，你以 50 美分的单价买入该股票的 10 个买权，初始投资同样为 500 美元。如果期权执行价格为 7 美元且股票价格升至 10 美元，则你的期权为实值期权且内在价值为 3 美元。如果你在此时卖出，则这 10 个期权合约的价值为 3 000 美元，比你的初始投资多 2 500 美元，回报率为 500%。

然而，正如你的投资可能产生巨大回报，它也有可能带来重大损失。如果该股票价格跌至每股 4 美元，你在此时卖出，则亏损 100 美元，为初始投资的 20%。如果你因为所持买权变为虚值期权而让它们过期作废，则你会亏损 500 美元，为初始投资的 100%。

如图 10 - 3 所示，竖轴（*Y* 轴）代表盈利/亏损，而横轴（*X* 轴）代表证券价格。粗线代表你在一定证券价格下的潜在盈利/亏损。

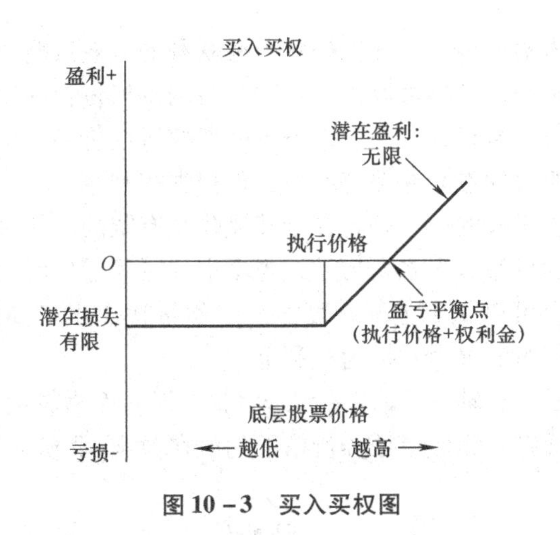

图 10 - 3　买入买权图

2. 卖出买权

卖出买权者通常认为股票价格要么下跌，要么保持不变，使得期权变为虚值期权或作废。如果你已经拥有股票，则对于该股票的立权行为风险更小，又叫持保买权立权。如果期权被行权，你可以放弃你的股票，而不用被迫在次级市场购买股票。因为你在卖出买权时会收到权利金，加上期权行使价，你可能获得净利，或者如果你买入股票时的费用高于期权被行使时你将其卖出的价格，至少你可以减少净亏损。持保买权在熊市受到的保护有限。

非持保买权，又称裸权，具有更大的风险。如果你进行非持保买权立权，当期权被行使时，你必须在二级市场按市场价买入股票，以转给该期权持有人。因为股票价格上涨没有上限，所以你的潜在损失也是无限的。

如图 10 - 4 所示，竖轴（*Y* 轴）代表盈利/亏损，而横轴（*X* 轴）代表证券价格。粗线代表你在一定证券价格下的潜在盈利/亏损。

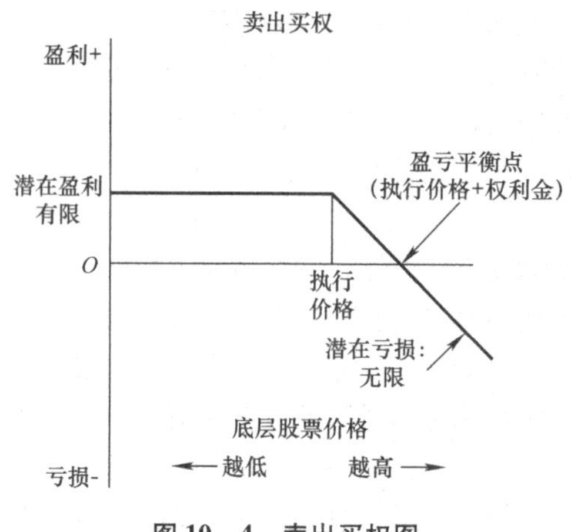

图 10－4　卖出买权图

3. 买入卖权

在熊市中，买入卖权是帮助你保护资产或获利的有效策略。如果股票价格跌至低于期权行使价的水平，则你可以以高于购买时的价格将合约卖出，或者如果你拥有该股票，则可以行使卖权并按高于市场价的期权行使价格卖出。即使价格不降反升，你也可以让期权过期作废并保持股份，仅损失权利金。

相比卖空，买入卖权的一个好处在于其风险是有限的。如果你卖空，就必须融券借股，比起买入卖权昂贵得多。另外，当卖空的时候，你面临着无限的风险，因为股票价格在理论上可以无限上涨，可能强迫你按比卖出时高得多的价格买入补回。而你在买入卖权时的最大亏损为权利金。

如图 10－5 所示，竖轴（Y 轴）代表盈利/亏损，而横轴（X 轴）代表底层证券价格。粗线代表你在一定底层证券价格下的潜在盈利/亏损。

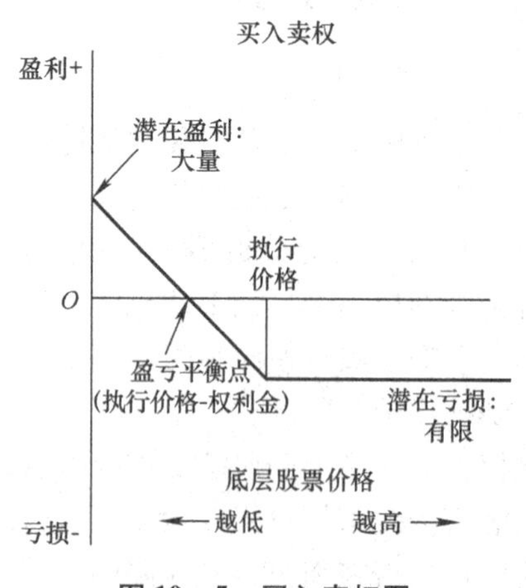

图 10－5　买入卖权图

4. 卖出卖权

比起卖权买入，卖权卖出一般被认为更具风险性，因为当期权持有人决定行权时，你有义务履行合约。一般来讲，你会选择这一策略是因为你认为股票价格会涨至高于执行价格的水平，使得期权过期作废，而你将获得权利金。卖出卖权更为保守的一个理由是，你对买入股票有一个目标价格。如果期权被行使，你将被迫购买股票，你收到的权利金可以减少购买股票的净价格。

如图 10－6 所示，竖轴（Y 轴）代表盈利/亏损，而横轴（X 轴）代表底层证券价格。粗线代表你在一定证券价格下的潜在盈利/亏损。

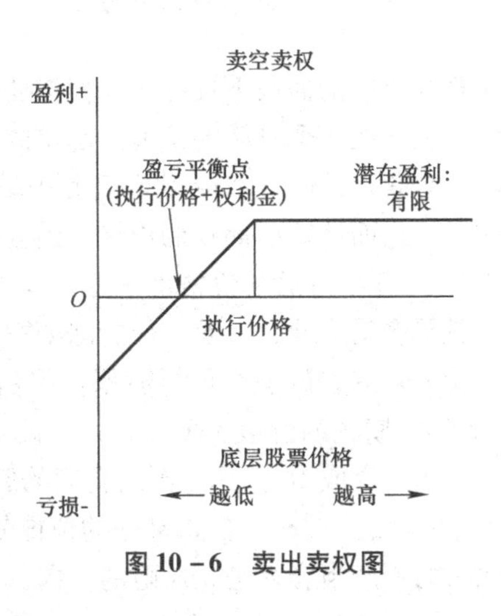

图 10－6 卖出卖权图

10.2 期权定价

10.2.1 二叉树期权定价模型

1. 二叉树定价基本原理

二叉树（Binomial Tree）是广泛使用的期权定价模型。二叉树期权定价模型用图表来反映期权有效期内股票价格波动的各种可能路径。首先解释单期的含义。每个期权都有一个相应的到期期限，该期限通常表示为多少天。在二叉树模型中，期权的标的资产——股票的价格可以以不同的概率上升或下降。由于股票的价格最终只能以两种状态的形式存在，因此其概率分布服从二项分布。股票上升或者下降的概率均由二项分布的概率决定，所以说，二叉树模型也被称为双态模型（Two-state Model）。

假设现在股票的市场价格为 20 美元，我们知道 3 个月后，股票价格要么变成 22 美元，要么变成 18 美元。一份以该股票为标的资产的欧式看涨期权 3 个月后到期，执行价格为 21 美元，我们要评估该期权的价值。在第 3 个月月末，该期权的价值存在两种可能情况：如果3个月后股票的市场价格为22美元，则期权的价值应该为1美元；如果到时候股票的市场价格为18美元，则期权的价值就等于零。图10－7说明了可能出现的两种结果。

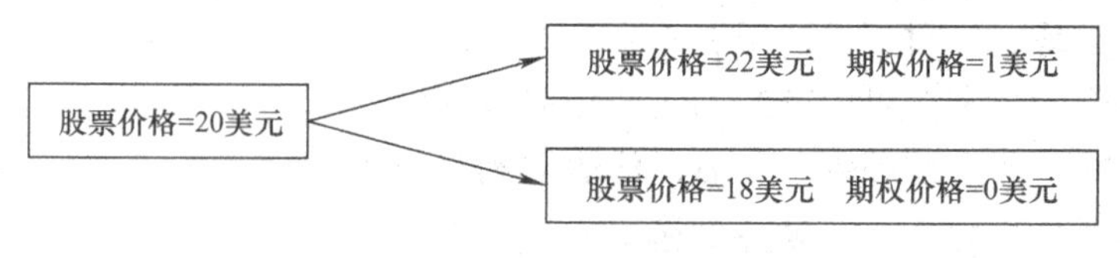

图10－7　股票价格的变动

我们在市场上不存在套利机会的假设下推导。我们按要求构建一个由股票和期权构成的资产组合。该资产组合在3个月后的价值是确定的。于是，我们可以判定由于该资产组合没有风险，它获得的收益率应当等于无风险利率。这使得我们可以计算出建立资产组合的成本，进而计算出期权的价格。因为构成该资产组合的资产只有两项（股票和股票期权），3个月后的价格水平也只有2种可能的结果。

假设资产组合包含⊿股票多头头寸，以及一份看涨期权的空头头寸。我们需要计算出可以实现资产组合无风险的⊿的值。如果股票价格由20美元变成22美元，则组合内的股票价值为22⊿，期权的价值为1美元，因此资产组合的总价值为22⊿－1。如果股票价格由20美元变成18美元，则组合内的股票价值为18⊿，期权价值为0，因此资产组合的总价值为18⊿。如果⊿的值能够使两种情况下资产组合的总价值相等，那么此时的资产组合就是无风险的，即

$$22\varDelta - 1 = 18\varDelta$$

$$\varDelta = 0.25$$

因此，无风险资产组合的构成为

多头头寸：0.25股股票。

空头头寸：1份期权。

如果股票价格上涨至22美元，则

资产组合的价值 $=22\times0.25-1=4.5$（美元）

如果股票价格下跌至18美元，则

资产组合的价值 $=18\times0.25=4.5$（美元）

不管股票的价格是上涨还是下跌，在期权到期时，资产组合的价值总等于4.5美元。这说明⊿代表的是1份期权合约空头头寸的风险完全被对冲所需要买入的股票数量。

在不存在套利机会的前提下，无风险资产组合的收益率必须等于无风险利率。假设无风险利率为每年12%，那么资产组合的价值就等于4.5美元的现值。衍生品定价广泛运用连续复利。在连续复利的情况下，初始本金额A按照利率水平R投资n年后的终值是Ae^{Rn}。

4.5美元的现值 $=4.5e^{-0.12\times3/12}=4.367$（美元）

当前的股票价格为 20 美元。假设我们使用 f 代表当前期权的价格。那么目前资产组合的价值为

$20 \times 0.25 - f = 5 - f$

$5 - f = 4.367$

即

$f = 0.633$

这说明不存在套利机会的情况下，当前期权的价值等于 0.633 美元。如果期权的价值高于 0.633 美元，则资产组合的构建成本小于 4.367 美元，因此收益率肯定会高于无风险利率水平。反之，如果期权的价值低于 0.633 美元，则卖出资产组合相当于允许投资者以低于无风险利率水平的利率借入资金。

2. 二叉树定价模型的基本方法

我们可以将前面展示的无套利机会的推导过程进一步普遍化，假设当前股票的市场价格为 S_0，以该股票为标的资产的期权的当前价格为 f。假设期权的到期日为时点 T。在期权的有效期内，股票价格有可能从 S_0 上涨到 S_0u，或者由 S_0 下跌到 S_0d（$u>1$，$d<1$；u 为上涨报酬率，d 为下跌报酬率）。当股票价格上涨时，上涨的比例等于 $u-1$；当股票价格下跌时，下跌的比例等于 $1-d$。如果股票的价格上涨到 S_0u，则假设此时期权的价值为 f_u；如果股票的价格下跌到 S_0d，则假设此时期权的价值为 S_0u。情况可参考图 10-8。

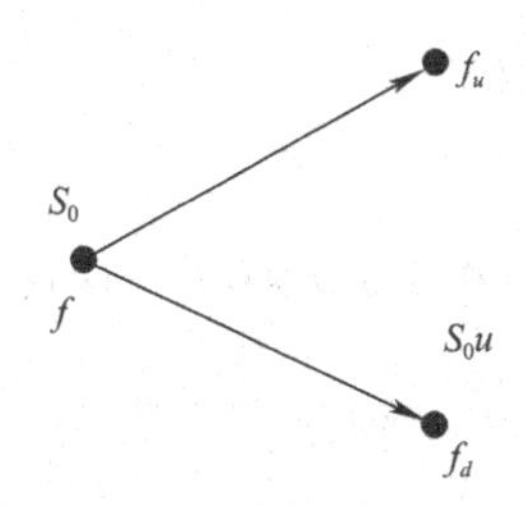

图 10-8 单阶段二叉树模型的股票价格与期权价值

假设资产组合包含 ⊿ 股股票的多头与 1 份期权合约空头头寸。我们要计算出可以使资产组合保持无风险状态的 ⊿ 值。如果股票价格上涨，则期权合约到期时，资产组合的价值等于 $S_0u\varDelta - f_u$。

如果股票价格下跌，则资产组合的价值等于 $S_0d\varDelta - f_d$。

这两个值应该相等，因此有

$$S_0u\varDelta - f_u = S_0d\varDelta - f_d$$

由上式得到

$$\varDelta = \frac{f_u - f_d}{S_0u - S_0d} \qquad (10-5)$$

由于不存在套利机会，因此资产组合是没有风险的，其收益率必须等于无风险利率水平。如果用 r 代表无风险利率水平，则资产组合的现值等于（$S_0u\varDelta$ -

f_u）e^{-rT}。

初始时建立该资产组合的成本为 $S_0 \Delta - f$。

因此有

$$S_0 \Delta - f = (S_0 u \Delta - f_u)\ e^{-rT}$$

即

$$f = S_0 \Delta (1 - ue^{-rT}) + f_u e^{-rT}$$

根据式（10－5）把⊿的表达式代入，可以得到

$$f = S_0 \left(\frac{f_u - f_d}{S_0 u - S_0 d}\right)(1 - ue^{-rT}) + f_u e^{-rT}$$

变形为

$$f = \frac{f_u (1 - de^{-rT}) + f_d (ue^{-rT} - 1)}{u - d}$$

整理为

$$f = e^{-rT}[pf_u + (1-p) f_d] \tag{10-6}$$

上式中：

$$p = \frac{e^{rT} - d}{u - d} \tag{10-7}$$

式中，p 为股票价格上涨的概率，即 $1-p$ 为股票价格下降的概率。

假设 $u=1.1$，$d=0.9$，$r=0.12$，$T=0.25$，$f_u=1$，$f_d=0$，则根据式（10－7），可得 $p=\frac{e^{0.12\times 3/12}-0.9}{1.1-0.9}=0.6523$

再根据式（10－6），可得

$f=e^{-0.12\times 0.25}(0.6523\times 1+0.3477\times 0)=0.633$（美元）

计算结果与前面的计算一致。

3. 两阶段二叉树模型

下面继续分析类似于图 10－8 的两阶段二叉树模型。在图中，股票的初始价格为 20 美元，在两个阶段中，价格要么上涨 10%，要么下跌 10%。假设每个计算的长度为 3 个月，无风险利率水平为每年 12%，期权的执行价格为 21 美元。

我们分析的目的是计算出二叉树初始节点处期权的价格。只要我们不断重复运用本章中的定价模型，就能达到这一目标，很容易地算出二叉树末端节点处期权的价格。在节点 D 处，股票价格为 24.2 美元，期权价格为 3.2 美元（24.2－21）；在节点 E 和 F 处，期权处于虚值状态，因此其价值等于零（节点处位于上方的数字是股票的价格，位于下方的数字是期权的价格），如图 10－9 所示。

在节点 C 处，期权的价格等于零，这是因为节点 C 会引出节点 E 或节点 F，而节点 E 或 F 期权的价格均等于零。在计算节点 B 处期权的价格时，$u=1.1$，$d=0.9$，$r=0.12$，$T=0.25$，因此 $p=0.6523$，根据式（10－6），求得 B 处期权价值为 $f=e^{-0.12\times 0.25}\times(0.6523\times 3.2+0.3477\times 0)=2.0257$（美元）

最后算出 A 处期权的价格为

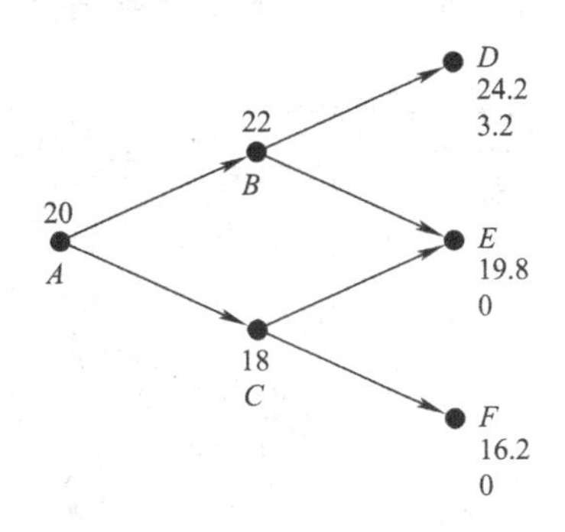

图 10-9 两阶段二叉树模型的股票价格与期权价值（单位：美元）

$f = e^{-0.12 \times 0.25} \times (0.6523 \times 2.0257 + 0.3477 \times 0)= 1.2823$（美元）

我们可以对两个时期的二叉树模型进行归纳总结。假设初始时股票的市场价格为 S_0。在每个阶段内，股票价格要么上涨至 u 乘以初始价格，要么下跌至 d 乘以初始价格。假设无风险利率为 r，时段的长度为 Δt，而非 T，因此式（10-6）和式（10-7）可以改写为

$$f = e^{-r\Delta t}[pf_u + (1-p)f_d] \tag{10-8}$$

$$p = \frac{e^{r\Delta t} - d}{u - d} \tag{10-9}$$

重复使用公式可以得到：

$$f_u = e^{-r\Delta t}[pf_{uu} + (1-p)f_{ud}] \tag{10-10}$$

$$f_d = e^{-r\Delta t}[pf_{ud} + (1-p)f_{dd}] \tag{10-11}$$

$$f = e^{-r\Delta t}[pf_u + (1-p)f_d] \tag{10-12}$$

将式（10-10）和式（10-11）代入式（10-12）可以得到：

$$f = e^{-2r\Delta t}[p^2 f_{uu} + 2p(1-p)f_{ud} + (1-p)^2 f_{dd}] \tag{10-13}$$

两阶段二叉树模型的股票价格与期权价值如图 10-10 所示。

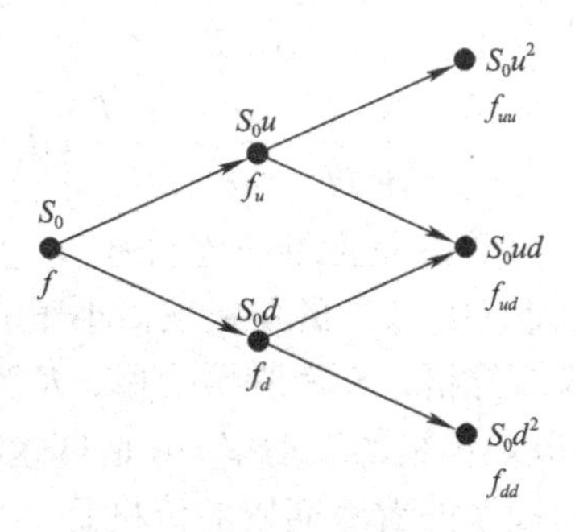

图 10-10 两阶段二叉树模型的股票价格与期权价值

假设为期两年的欧式股票看跌期权的执行价格为 52 美元，当前市场的股票价格为 50 美元，在 1 年内股票的市场价格要么上涨 20%，要么下跌 20%，无风险利

率水平为5%。图10－11给出了对应的二叉树。在本例中，$u=1.2$，$d=0.8$，$\Delta t=1$，$r=0.05$。

则
$$p=\frac{e^{r\Delta t}-d}{u-d}=\frac{e^{0.05\times 1}-0.8}{1.2-0.8}=0.628\ 2$$

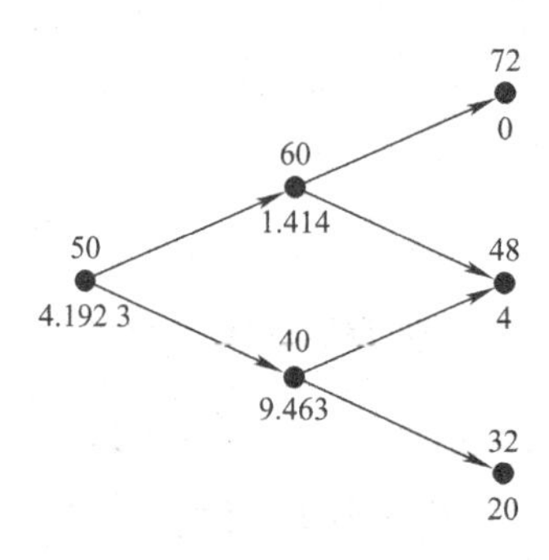

图10－11 两阶段二叉树模型评估欧式看跌期权价值

最终股票的价格可能是72美元、48美元、32美元。$f_{uu}=0$，$f_{ud}=4$，$f_{dd}=20$，根据公式，可以计算得出：

$f=e^{-2\times 0.05\times 1}[0.628\ 2^2\times 0+2\times 0.628\ 2\times 0.371\ 8\times 4+0.371\ 8^2\times 20]=4.192\ 3$（美元）

10.2.2 布莱克—斯科尔斯期权定价模型

布莱克和斯科尔斯的基本思路就是缩短时间期限。对于以不支付股息的股票为标的的欧式看涨期权及看跌期权来说，布莱克—斯科尔斯定价公式如下：

$$c=S_0N(d_1)-Ke^{-rT}N(d_2)$$
$$p=Ke^{-rT}N(-d_2)-S_0N(-d_1)$$

其中：

$$d_1=\frac{\ln(S_0/K)+(r+\sigma^2/2)T}{\sigma\sqrt{T}}$$
$$d_2=\frac{\ln(S_0/K)+(r-\sigma^2/2)T}{\sigma\sqrt{T}}=d_1-\sigma\sqrt{T}$$

函数$N(d_1)$、$N(d_2)$代表的是标准正态分布变量的积累概率函数，该函数表示的是服从标准正态分布$\phi(0,1)$的变量取值小于x的概率。变量c和p分别为欧式看涨期权与看跌期权的价格，S_0为股票价格，K为执行价格，r为无风险利率，T为期权的期限，σ为股票价格的波动率，e是自然对数。

例如，4月21日某公司股票的看涨期权的价格是4元，执行价格是49元，股票本身按照50元出售。在10月4日该期权还有199天才到期。无风险年利率是7%。该股票价格的方差估计为每年0.09。由此，可以确定以下参数：

（1）股票价格$S_0=50$元。

（2）执行价格$K=49$元。

（3）无风险利率 $r=0.07$。

（4）距到期日的时间 T 以年为单位计算：$T=199/365$。

（5）股票价格的方差 $\sigma^2=0.09$。

利用上述5个参数，分3个步骤计算该公司期权的布莱克—斯科尔斯值。

步骤1：计算 d_1 和 d_2。

$$d_1=\frac{\ln(50/49)+(0.07+0.09/2)\times(199/365)}{\sqrt{0.09\times 199/365}}=0.3742$$

$$d_2=d_1-\sigma\sqrt{T}=0.1527$$

步骤2：计算 $N(d_1)$ 和 $N(d_2)$。$N(d_1)$ 和 $N(d_2)$ 的值可以通过使用 Excel 软件 的 NORMDIST 函数得到。

$$N(d_1)=N(0.3742)=0.6459$$

$$N(d_2)=N(0.1527)=0.5607$$

步骤3：计算 c。

$$c=50\times 0.6459-49\times e^{-0.07\times 199/365}\times 0.5607=5.85\text{（元）}$$

估计价格5.85元大于实际价格4元，意味着看涨期权定价偏低。相信布莱克—斯科尔斯模型的交易者将会购买看涨期权。

10.3 实物期权

10.3.1 实物期权的类型

实物期权理论是金融期权理论在实物资产领域的扩展。近年来实物期权理论与方法在很多领域得到广泛应用，如投资决策、资产评估、企业并购、生产灵活性等。虽然我们经常将实物期权和金融期权相提并论，但实际上两者有较大的差异。首先，实物期权是一种嵌入式期权，这种期权在很多时候并不需要支付一定的费用。其次，实物期权不是标准化合约，不在交易所交易。最后，在实物期权的定价过程中，由于标的资产具有非交易性，使得实物期权的定价不能盲目照搬金融期权定价模型与方法。实物期权在现实生活中以多种不同形式出现。根据实物期权所带来的不同的经营灵活性，实物期权可以分为扩张期权、放弃期权和延期期权。

1. 扩张期权

真实市场的特征是变化的、不确定的和交互竞争的，而最优规模也不是一成不变的。如果市场条件比预期更有利，公司可以扩大生产规模。在极端情况下，生产可能停止，等待市场复苏后再启动。其典型行业是自然资源行业、周期型行业、时尚服饰、消费电器等。例如，石油输出国家在石油价格上涨时大量开采，而市场价格偏低时联合限制产量以阻止价格的滑落。

2. 放弃期权

投资项目一经启动，就自然拥有了放弃期权。如果市场情况严重衰退，并且预计长时间不会好转，而维持成本过高，则管理者可能会选择永久放弃现在的经营，将设备和其他资产在二手市场上出售，或投入其他项目以获取更高的效益。例如某次新开通的列车，运行一段时间后，发现上座率一直很低，并且多数乘客不能全程乘坐，只有春运期间才会满员，而每次列车运行耗费巨大，在这种情况下，铁路局就不得不考虑执行放弃期权，停运该次列车，只在春运期间加开。

3. 延期期权

投资机会并不像人们想象的那样稍纵即逝，其时机选择具有一定的灵活性。我们把具有推迟实施的可能性称为延期期权。例如，某房地产商几年前买了一块土地，由于当时人们对这一地段并不看好，于是决定等待一段时间再进行开发。直到房地产商认为开发时机已经成熟，才着手进行开发。购买土地时房地产商自然拥有了延期期权，可以选择合适的时机投资开发。投资的不可逆性使得推迟投资的能力非常重要。尽管在现实中，出于战略的考虑，有时不得不迅速投资，以领先于现存的或潜在的竞争对手，但是多数情况下，推迟至少是可行的。推迟也许会有代价，如竞争对手的进入或现金流的损失，但这种代价会被等待而获得新信息的利益所平衡。具有延期期权的典型行业除了房地产开发外，还有自然资源开采行业。

10.3.2 实物期权估价

1. 利用期权理论进行资产评估的条件

（1）标的资产不能随时交易。二叉树定价模型和布莱克—斯科尔斯模型的理论基础是建立在可以运用标的资产和无风险借贷资产构造的复制资产组合基础之上的。不能随时交易的标的资产，不具备随时套利的可能，我们只能认为市场运作很完善，资产的市场价值似乎合乎常理，在这个前提下得出的价值应该具有很好的参考价值。

（2）资产价格的变动是一个连续过程。布莱克—斯科尔斯模型的一个假设前提是标的资产价格的变动是连续的，即没有价格突变。但对于有些实际资产的期权而言，其价格变动在某段时期可能会出现跳跃，在这种情况下，应该结合资产在市场上的运行状态进行实证分析，综合考虑调整方案。

（3）方差已知且在期权有效期内不会发生变化。期权定价模型的这个假设前提对于上市交易的股票的短期期权是合理的，但当期权定价模型应用于长期的实际资产的期权时，这个假设前提就有可能与实际不符了，因为方差不可能一直保持不变，在这种情况下，应根据方差的变化，恰当地运用期权定价模型。

（4）期权的执行可以立即实现。期权定价模型成立的前提之一是期权的执行可以立即实现。在实际情况下执行期权是需要时间的，假设某公司在 8 年内拥有一座矿山的开采权，如开采这座矿山需要 4 年的时间，则该公司拥有的该矿山开采权的有效期应该是 4 年。

2. 利用期权理论对股权资本进行价值评估

（1）理论依据。从传统方法的角度来看，公司总资产超过总负债多少，其股权资本价值就为多少。有限责任公司的“有限责任”体现在当总债务的价值高于公司的资产价值时，股权投资者的最大损失是其对该公司的股本投资。当公司进行清算时，在总债务支付完毕后，公司剩余的全部价值都归股权投资者所有。清算时股权资本的价值可以写为

$$清算时的股权资本的价值=\begin{cases}V-D & （当 V>D 时）\\ 0 & （当 V\leqslant D 时）\end{cases}$$

式中，V为清算时公司的价值；D为发行在外的债务和其他要求权的面值。

通过前面的学习，我们知道，对于一个执行价格为X、执行期权时标的资产价值为A的看涨期权，有

$$执行期权的收益=\begin{cases}A-X & （当 A>X 时，期权为实值期权，执行）\\ 0 & （当 A\leqslant 时，期权为虚值、平值期权，不执行）\end{cases}$$

由此可见，一个公司的股权可以被视为以公司为标的资产的看涨期权，其执行价格为公司的债务总额。执行期权意味着对公司进行清算，支付债务的面值。

下面举例说明使用布莱克—斯科尔斯模型对股权资本价值进行评估。

假设某公司资产价值为10 000万元，有10年期面值为8 000万元的零息债券，公司价值的标准差σ为40%。估算该公司的股权与债务价值。

标的资产的价值=公司资产的价值$S_0=10\,000$（万元）

执行价格X=债务面值=8 000（万元）

期权期限$T=10$（年）

标的资产价值的方差$\sigma^2=0.16$

无风险利率$r=10\%$

使用布莱克—斯科尔斯模型可以得到：

$d_1=1.599\,4$　$N(d_1)=0.945\,1$

$d_2=0.334\,5$　$N(d_2)=0.631\,0$

看涨期权的价值$=10\,000\times0.945\,1-8\,000\times e^{-0.1\times10}\times0.631=7\,594$（万元）

因为股权资本等于看涨期权的价值，所以股权资本目前的价值是7 594万元。债务资本目前的价值是2 406万元（10 000－7 594）。

（2）利用期权理论评估产品专利权价值。产品专利权的持有者具有开发和生产某种产品的权利，但只有在预期产品销售的现金流超过生产产品的投入成本时才会进行生产，否则将不会使用该专利进行生产。即

$$拥有该产品专利的价值=\begin{cases}V-D & （当 V>D 时）\\ 0 & （当 V\leqslant D 时）\end{cases}$$

式中，V为预期产品销售的现金流现值；D为生产产品的投入成本。因而，可以将产品专利权看为看涨期权，产品本身为标的资产。

在运用期权定价模型进行产品专利权价值评估时，标的资产价值就是现在生产该产品的预期现金流的现值。标的资产价值的方差可以参考类似产品现金流的方差来估计，或者通过分析产品市场出现不同状况的概率及不同情况下的现金流来估计现值的方差。执行价格为决定生产和销售专利产品而需要投资的成本。期权的期限为专利的收益期限。由于在专利收益期限后将不会产生超额利润，因此期权执行延

迟1年就意味着失去了1年的超额收益。如果该收益是均匀分布的，专利有效期为n年，则年延迟成本就等于$1/n$。

【例10-7】某专利技术的收益期权为20年，生产该专利产品的初始投资为15亿元，而预期未来现金流的现值为10亿元，生产该专利产品现金流现值的方差为0.03，无风险利率为10%。试估算该专利的价值。

期权定价模型的各输入变量为

标的资产的价值=现金流的现值=10（亿元）

执行价格=初始投资成本=15（亿元）

期权期限=专利的有效期=20（年）

标的资产价值的方差$\sigma^2=0.03$

无风险利率=10%

红利收益率=1/20=5%

使用布莱克—斯科尔斯模型可以得到：

$d_1=1.5848$　$N(d_1)=0.8759$

$d_2=0.3802$　$N(d_2)=0.6481$

看涨期权的价值$=10\times e^{-0.05\times20}\times0.8759-15\times e^{-0.1\times20}\times0.6481=1.9066$（亿元）

计算结果说明，尽管当前生产该专利产品的净现值为-5亿元，但是将该专利视为期权时是有价值的。

案例扩展

某公司股票的看涨期权的价格是9.5元，执行价格是100元，股票本身按照90元出售。该期权还有半年才到期。无风险年利率是10%。该股票年收益率的标准差估计为0.5。你作为投资者如何操作才能获利？

我们可以确定以下参数：

（1）股票价格$S_0=90$（元）

（2）执行价格$K=100$（元）

（3）无风险利率$r=0.1$

（4）距到期日的时间T以年为单位计算：$T=0.5$（年）

（5）股票价格的方差$\sigma=0.5$

利用上述5个参数，分3个步骤计算该公司期权的布莱克—斯科尔斯值。

步骤1：计算d_1和d_2。

$$d_1=\frac{\ln(90/100)+(0.1+1/2\times0.25)\times0.5}{0.5\times\sqrt{0.5}}=0.02$$

$d_2=d_1-\sigma\sqrt{T}=-0.33$

步骤2：计算$N(d_1)$和$N(d_2)$。$N(d_1)$和$N(d_2)$的值可以通过使用Excel软件的NORMDIST函数得到。

$N(d_1)=N(0.22)=0.5080$

$N(d_2)=N(-0.33)=0.3707$

步骤3：计算c。

$c = 90 \times 0.5080 - 100 \times e^{-0.1 \times 0.5} \times 0.3707 = 10.46$（元）

该期权在市场价格上卖9.5元，意味着该看涨期权定价偏低。投资者可以直接购买看涨期权获利，也可以通过买进期权卖空股票组合获利。$N(d_1) = N(0.22) = 0.5080$意味着对应于每一个买进的买入期权，应该卖出0.5080股股票。$N(d_1)$即为保值率。

本章专有名词中英文对照

看涨期权 Call Option
看跌期权 Put Option
多头 Long Position
空头 Short Position
期权费 Option Premium
欧式期权 European Option
美式期权 American Option
百慕大期权 Bermudan Option
半美式期权 Semi-American Option
实值期权 In-the Money Option
平价期权 At-the Money Option
虚值期权 Out-the Money Option
现货期权 Spots Option
期货期权 Futures Option
执行价格 Strike Price
标的资产 Underlying Assets
到期日 Expiration Date
内在价值 Intrinsic Value
时间价值 Time Value

本章小结

期权的两大种类为看涨期权与看跌期权。看涨期权赋予持有者在未来某个特定价格买入标的资产的权利。看跌期权赋予持有者在未来某个特定时间按照特定价格卖出标的资产的权利。期权市场上存在着四种可能的头寸类型：看涨期权多头头寸、看涨期权空头头寸、看跌期权多头头寸、看跌期权空头头寸。在期权市场上建立空头头寸意味着卖出期权。

在期权的有效期内股票价格的波动可以用单阶段二叉树模型来表示。可以使用股票期权以及一定数量的股票建立无风险的资产组合。在不存在套利机会的情况下，无风险的资产组合的收益率必然等于无风险利率。可以根据股票的价格来推导股票期权的价格。

布莱克—斯科尔斯模型可以根据5个变量——股票价格、期权执行价格、无风险利率、波动率以及距离到期日的时间——来计算以不支付股息的股票为标的的欧式看涨期权或看跌期权的价值。

习　题

1. 为期3个月的欧式看跌期权的标的为不支付股息的股票，期权的执行价格为50美元，当前股票的市场价格为50美元，无风险利率水平为每年10%，波动率为每年30%。

要求：计算该看跌期权的价格。

2. 当前股票的市场价格为40美元。1个月后，股票的价格要么变成42美元，要么变成38美元。无风险利率水平为每年8%。则执行价格为39美元，期限为1个月的欧式看涨期权的价值是多少？

3. 当前股票的市场价格为100美元。在未来两个半年期内，预计每一期股票的价格要么上涨10%，要么下跌10%。无风险利率为每年8%。则执行价格为100美元，期限为1年的欧式看涨期权的价值是多少？

附　录

附表 A　复利终值系数表

	1.00%	2.00%	3.00%	4.00%	5.00%	6.00%	7.00%	8.00%	9.00%	10.00%
1	1.010 0	1.020 0	1.030 0	1.040 0	1.050 0	1.060 0	1.070 0	1.080 0	1.090 0	1.100 0
2	1.020 1	1.040 4	1.060 9	1.081 6	1.102 5	1.123 6	1.144 9	1.166 4	1.188 1	1.210 0
3	1.030 3	1.061 2	1.092 7	1.124 9	1.157 6	1.191 0	1.225 0	1.259 7	1.295 0	1.331 0
4	1.040 6	1.082 4	1.125 5	1.169 9	1.215 5	1.262 5	1.310 8	1.360 5	1.411 6	1.464 1
5	1.051 0	1.104 1	1.159 3	1.216 7	1.276 3	1.338 2	1.402 6	1.469 3	1.538 6	1.610 5
6	1.061 5	1.126 2	1.194 1	1.265 3	1.340 1	1.418 5	1.500 7	1.586 9	1.677 1	1.771 6
7	1.072 1	1.148 7	1.229 9	1.315 9	1.407 1	1.503 6	1.605 8	1.713 8	1.828 0	1.948 7
8	1.082 9	1.171 7	1.266 8	1.368 6	1.477 5	1.593 8	1.718 2	1.850 9	1.992 6	2.143 6
9	1.093 7	1.195 1	1.304 8	1.423 3	1.551 3	1.689 5	1.838 5	1.999 0	2.171 9	2.357 9
10	1.104 6	1.219 0	1.343 9	1.480 2	1.628 9	1.790 8	1.967 2	2.158 9	2.367 4	2.593 7
11	1.115 7	1.243 4	1.384 2	1.539 5	1.710 3	1.898 3	2.104 9	2.331 6	2.580 4	2.853 1
12	1.126 8	1.268 2	1.425 8	1.601 0	1.795 9	2.012 2	2.252 2	2.518 2	2.812 7	3.138 4
13	1.138 1	1.293 6	1.468 5	1.665 1	1.885 6	2.132 9	2.409 8	2.719 6	3.065 8	3.452 3
14	1.149 5	1.319 5	1.512 6	1.731 7	1.979 9	2.260 9	2.578 5	2.937 2	3.341 7	3.797 5
15	1.161 0	1.345 9	1.558 0	1.800 9	2.078 9	2.396 6	2.759 0	3.172 2	3.642 5	4.177 2
16	1.172 6	1.372 8	1.604 7	1.873 0	2.182 9	2.540 4	2.952 2	3.425 9	3.970 3	4.595 0
17	1.184 3	1.400 2	1.652 8	1.947 9	2.292 0	2.692 8	3.158 8	3.700 0	4.327 6	5.054 5
18	1.196 1	1.428 2	1.702 4	2.025 8	2.406 6	2.854 3	3.379 9	3.996 0	4.717 1	5.559 9
19	1.208 1	1.456 8	1.753 5	2.106 8	2.527 0	3.025 6	3.616 5	4.315 7	5.141 7	6.115 9
20	1.220 2	1.485 9	1.806 1	2.191 1	2.653 3	3.207 1	3.869 7	4.661 0	5.604 4	6.727 5
21	1.232 4	1.515 7	1.860 3	2.278 8	2.786 0	3.399 6	4.140 6	5.033 8	6.108 8	7.400 2
22	1.244 7	1.546 0	1.916 1	2.369 9	2.925 3	3.603 5	4.430 4	5.436 5	6.658 6	8.140 3
23	1.257 2	1.576 9	1.973 6	2.464 7	3.071 5	3.819 7	4.740 5	5.871 5	7.257 9	8.954 3
24	1.269 7	1.608 4	2.032 8	2.563 3	3.225 1	4.048 9	5.072 4	6.341 2	7.911 1	9.849 7
25	1.282 4	1.640 6	2.093 8	2.665 8	3.386 4	4.291 9	5.427 4	6.848 5	8.623 1	10.834 7
26	1.295 3	1.673 4	2.156 6	2.772 5	3.555 7	4.549 4	5.807 4	7.396 4	9.399 2	11.918 2
27	1.308 2	1.706 9	2.221 3	2.883 4	3.733 5	4.822 3	6.213 9	7.988 1	10.245 1	13.110 0
28	1.321 3	1.741 0	2.287 9	2.998 7	3.920 1	5.111 7	6.648 8	8.627 1	11.167 1	14.421 0
29	1.334 5	1.775 8	2.356 6	3.118 7	4.116 1	5.418 4	7.114 3	9.317 3	12.172 2	15.863 1
30	1.347 8	1.811 4	2.427 3	3.243 4	4.321 9	5.743 5	7.612 3	10.062 7	13.267 7	17.449 4

（续）

	11.00%	12.00%	13.00%	14.00%	15.00%	16.00%	17.00%	18.00%	19.00%	20.00%
1	1.110 0	1.120 0	1.130 0	1.140 0	1.150 0	1.160 0	1.170 0	1.180 0	1.190 0	1.200 0
2	1.232 1	1.254 4	1.276 9	1.299 6	1.322 5	1.345 6	1.368 9	1.392 4	1.416 1	1.440 0
3	1.367 6	1.404 9	1.442 9	1.481 5	1.520 9	1.560 9	1.601 6	1.643 0	1.685 2	1.728 0
4	1.518 1	1.573 5	1.630 5	1.689 0	1.749 0	1.810 6	1.873 9	1.938 8	2.005 3	2.073 6
5	1.685 1	1.762 3	1.842 4	1.925 4	2.011 4	2.100 3	2.192 4	2.287 8	2.386 4	2.488 3
6	1.870 4	1.973 8	2.082 0	2.195 0	2.313 1	2.436 4	2.565 2	2.699 6	2.839 8	2.986 0
7	2.076 2	2.210 7	2.352 6	2.502 3	2.660 0	2.826 2	3.001 2	3.185 5	3.379 3	3.583 2
8	2.304 5	2.476 0	2.658 4	2.852 6	3.059 0	3.278 4	3.511 5	3.758 9	4.021 4	4.299 8
9	2.558 0	2.773 1	3.004 0	3.251 9	3.517 9	3.803 0	4.108 4	4.435 5	4.785 4	5.159 8
10	2.839 4	3.105 8	3.394 6	3.707 2	4.045 6	4.411 4	4.806 8	5.233 8	5.694 7	6.191 7
11	3.151 8	3.478 5	3.835 9	4.226 2	4.652 4	5.117 3	5.624 0	6.175 9	6.776 7	7.430 1
12	3.498 5	3.896 0	4.334 5	4.817 9	5.350 3	5.936 0	6.580 1	7.287 6	8.064 2	8.916 1
13	3.883 3	4.363 5	4.898 0	5.492 4	6.152 8	6.885 8	7.698 7	8.599 4	9.596 4	10.699 3
14	4.310 4	4.887 1	5.534 8	6.261 3	7.075 7	7.987 5	9.007 5	10.147 2	11.419 8	12.839 2
15	4.784 6	5.473 6	6.254 3	7.137 9	8.137 1	9.265 5	10.538 7	11.973 7	13.589 5	15.407 0
16	5.310 9	6.130 4	7.067 3	8.137 2	9.357 6	10.748 0	12.330 3	14.129 0	16.171 5	18.488 4
17	5.895 1	6.866 0	7.986 1	9.276 5	10.761 3	12.467 7	14.426 5	16.672 2	19.244 1	22.186 1
18	6.543 6	7.690 0	9.024 3	10.575 2	12.375 5	14.462 5	16.879 0	19.673 3	22.900 5	26.623 3
19	7.263 3	8.612 8	10.197 4	12.055 7	14.231 8	16.776 5	19.748 4	23.214 4	27.251 6	31.948 0
20	8.062 3	9.646 3	11.523 1	13.743 5	16.366 5	19.460 8	23.105 6	27.393 0	32.429 4	38.337 6
21	8.949 2	10.803 8	13.021 1	15.667 6	18.821 5	22.574 5	27.033 6	32.323 8	38.591 0	46.005 1
22	9.933 6	12.100 3	14.713 8	17.861 0	21.644 7	26.186 4	31.629 3	38.142 1	45.923 3	55.206 1
23	11.026 3	13.552 3	16.626 6	20.361 6	24.891 5	30.376 2	37.006 2	45.007 6	54.648 7	66.247 4
24	12.239 2	15.178 6	18.788 1	23.212 2	28.625 2	35.236 4	43.297 3	53.109 0	65.032 0	79.496 8
25	13.585 5	17.000 1	21.230 5	26.461 9	32.919 0	40.874 2	50.657 8	62.668 6	77.388 1	95.396 2
26	15.079 9	19.040 1	23.990 5	30.166 6	37.856 8	47.414 1	59.269 7	73.949 0	92.091 8	114.475 5
27	16.738 6	21.324 9	27.109 3	34.389 9	43.535 3	55.000 4	69.345 5	87.259 8	109.589 3	137.370 6
28	18.579 9	23.883 9	30.633 5	39.204 5	50.065 6	63.800 4	81.134 2	102.966 6	130.411 2	164.844 7
29	20.623 7	26.749 9	34.615 8	44.693 1	57.575 5	74.008 5	94.927 1	121.500 5	155.189 3	197.813 6
30	22.892 3	29.959 9	39.115 9	50.950 2	66.211 8	85.849 9	111.064 7	143.370 6	184.675 3	237.376 3

附表 B 复利现值系数表

	1.00%	2.00%	3.00%	4.00%	5.00%	6.00%	7.00%	8.00%	9.00%	10.00%
1	0.990 1	0.980 4	0.970 9	0.961 5	0.952 4	0.943 4	0.934 6	0.925 9	0.917 4	0.909 1
2	0.980 3	0.961 2	0.942 6	0.924 6	0.907 0	0.890 0	0.873 4	0.857 3	0.841 7	0.826 4
3	0.970 6	0.942 3	0.915 1	0.889 0	0.863 8	0.839 6	0.816 3	0.793 8	0.772 2	0.751 3
4	0.961 0	0.923 8	0.888 5	0.854 8	0.822 7	0.792 1	0.762 9	0.735 0	0.708 4	0.683 0
5	0.951 5	0.905 7	0.862 6	0.821 9	0.783 5	0.747 3	0.713 0	0.680 6	0.649 9	0.620 9
6	0.942 0	0.888 0	0.837 5	0.790 3	0.746 2	0.705 0	0.666 3	0.630 2	0.596 3	0.564 5
7	0.932 7	0.870 6	0.813 1	0.759 9	0.710 7	0.665 1	0.622 7	0.583 5	0.547 0	0.513 2
8	0.923 5	0.853 5	0.789 4	0.730 7	0.676 8	0.627 4	0.582 0	0.540 3	0.501 9	0.466 5
9	0.914 3	0.836 8	0.766 4	0.702 6	0.644 6	0.591 9	0.543 9	0.500 2	0.460 4	0.424 1
10	0.905 3	0.820 3	0.744 1	0.675 6	0.613 9	0.558 4	0.508 3	0.463 2	0.422 4	0.385 5
11	0.896 3	0.804 3	0.722 4	0.649 6	0.584 7	0.526 8	0.475 1	0.428 9	0.387 5	0.350 5
12	0.887 4	0.788 5	0.701 4	0.624 6	0.556 8	0.497 0	0.444 0	0.397 1	0.355 5	0.318 6
13	0.878 7	0.773 0	0.681 0	0.600 6	0.530 3	0.468 8	0.415 0	0.367 7	0.326 2	0.289 7
14	0.870 0	0.757 9	0.661 1	0.577 5	0.505 1	0.442 3	0.387 8	0.340 5	0.299 2	0.263 3
15	0.861 3	0.743 0	0.641 9	0.555 3	0.481 0	0.417 3	0.362 4	0.315 2	0.274 5	0.239 4
16	0.852 8	0.728 4	0.623 2	0.533 9	0.458 1	0.393 6	0.338 7	0.291 9	0.251 9	0.217 6
17	0.844 4	0.714 2	0.605 0	0.513 4	0.436 3	0.371 4	0.316 6	0.270 3	0.231 1	0.197 8
18	0.836 0	0.700 2	0.587 4	0.493 6	0.415 5	0.350 3	0.295 9	0.250 2	0.212 0	0.179 9
19	0.827 7	0.686 4	0.570 3	0.474 6	0.395 7	0.330 5	0.276 5	0.231 7	0.194 5	0.163 5
20	0.819 5	0.673 0	0.553 7	0.456 4	0.376 9	0.311 8	0.258 4	0.214 5	0.178 4	0.148 6
21	0.811 4	0.659 8	0.537 5	0.438 8	0.358 9	0.294 2	0.241 5	0.198 7	0.163 7	0.135 1
22	0.803 4	0.646 8	0.521 9	0.422 0	0.341 8	0.277 5	0.225 7	0.183 9	0.150 2	0.122 8
23	0.795 4	0.634 2	0.506 7	0.405 7	0.325 6	0.261 8	0.210 9	0.170 3	0.137 8	0.111 7
24	0.787 6	0.621 7	0.491 9	0.390 1	0.310 1	0.247 0	0.197 1	0.157 7	0.126 4	0.101 5
25	0.779 8	0.609 5	0.477 6	0.375 1	0.295 3	0.233 0	0.184 2	0.146 0	0.116 0	0.092 3
26	0.772 0	0.597 6	0.463 7	0.360 7	0.281 2	0.219 8	0.172 2	0.135 2	0.106 4	0.083 9
27	0.764 4	0.585 9	0.450 2	0.346 8	0.267 8	0.207 4	0.160 9	0.125 2	0.097 6	0.076 3
28	0.756 8	0.574 4	0.437 1	0.333 5	0.255 1	0.195 6	0.150 4	0.115 9	0.089 5	0.069 3
29	0.749 3	0.563 1	0.424 3	0.320 7	0.242 9	0.184 6	0.140 6	0.107 3	0.082 2	0.063 0
30	0.741 9	0.552 1	0.412 0	0.308 3	0.231 4	0.174 1	0.131 4	0.099 4	0.075 4	0.057 3

（续）

	11.00%	12.00%	13.00%	14.00%	15.00%	16.00%	17.00%	18.00%	19.00%	20.00%
1	0.900 9	0.892 9	0.885 0	0.877 2	0.869 6	0.862 1	0.854 7	0.847 5	0.840 3	0.833 3
2	0.811 6	0.797 2	0.783 1	0.769 5	0.756 1	0.743 2	0.730 5	0.718 2	0.706 2	0.694 4
3	0.731 2	0.711 8	0.693 1	0.675 0	0.657 5	0.640 7	0.624 4	0.608 6	0.593 4	0.578 7
4	0.658 7	0.635 5	0.613 3	0.592 1	0.571 8	0.552 3	0.533 7	0.515 8	0.498 7	0.482 3
5	0.593 5	0.567 4	0.542 8	0.519 4	0.497 2	0.476 1	0.456 1	0.437 1	0.419 0	0.401 9
6	0.534 6	0.506 6	0.480 3	0.455 6	0.432 3	0.410 4	0.389 8	0.370 4	0.352 1	0.334 9
7	0.481 7	0.452 3	0.425 1	0.399 6	0.375 9	0.353 8	0.333 2	0.313 9	0.295 9	0.279 1
8	0.433 9	0.403 9	0.376 2	0.350 6	0.326 9	0.305 0	0.284 8	0.266 0	0.248 7	0.232 6
9	0.390 9	0.360 6	0.332 9	0.307 5	0.284 3	0.263 0	0.243 4	0.225 5	0.209 0	0.193 8
10	0.352 2	0.322 0	0.294 6	0.269 7	0.247 2	0.226 7	0.208 0	0.191 1	0.175 6	0.161 5
11	0.317 3	0.287 5	0.260 7	0.236 6	0.214 9	0.195 4	0.177 8	0.161 9	0.147 6	0.134 6
12	0.285 8	0.256 7	0.230 7	0.207 6	0.186 9	0.168 5	0.152 0	0.137 2	0.124 0	0.112 2
13	0.257 5	0.229 2	0.204 2	0.182 1	0.162 5	0.145 2	0.129 9	0.116 3	0.104 2	0.093 5
14	0.232 0	0.204 6	0.180 7	0.159 7	0.141 3	0.125 2	0.111 0	0.098 5	0.087 6	0.077 9
15	0.209 0	0.182 7	0.159 9	0.140 1	0.122 9	0.107 9	0.094 9	0.083 5	0.073 6	0.064 9
16	0.188 3	0.163 1	0.141 5	0.122 9	0.106 9	0.093 0	0.081 1	0.070 8	0.061 8	0.054 1
17	0.169 6	0.145 6	0.125 2	0.107 8	0.092 9	0.080 2	0.069 3	0.060 0	0.052 0	0.045 1
18	0.152 8	0.130 0	0.110 8	0.094 6	0.080 8	0.069 1	0.059 2	0.050 8	0.043 7	0.037 6
19	0.137 7	0.116 1	0.098 1	0.082 9	0.070 3	0.059 5	0.050 6	0.043 1	0.036 7	0.031 3
20	0.124 0	0.103 7	0.086 8	0.072 8	0.061 1	0.051 4	0.043 3	0.036 5	0.030 8	0.026 1
21	0.111 7	0.092 6	0.076 8	0.063 8	0.053 1	0.044 3	0.037 0	0.030 9	0.025 9	0.021 7
22	0.100 7	0.082 6	0.068 0	0.056 0	0.046 2	0.038 2	0.031 6	0.026 2	0.021 8	0.018 1
23	0.090 7	0.073 8	0.060 1	0.049 1	0.040 2	0.032 9	0.027 0	0.022 2	0.018 3	0.015 1
24	0.081 7	0.065 9	0.053 2	0.043 1	0.034 9	0.028 4	0.023 1	0.018 8	0.015 4	0.012 6
25	0.073 6	0.058 8	0.047 1	0.037 8	0.030 4	0.024 5	0.019 7	0.016 0	0.012 9	0.010 5
26	0.066 3	0.052 5	0.041 7	0.033 1	0.026 4	0.021 1	0.016 9	0.013 5	0.010 9	0.008 7
27	0.059 7	0.046 9	0.036 9	0.029 1	0.023 0	0.018 2	0.014 4	0.011 5	0.009 1	0.007 3
28	0.053 8	0.041 9	0.032 6	0.025 5	0.020 0	0.015 7	0.012 3	0.009 7	0.007 7	0.006 1
29	0.048 5	0.037 4	0.028 9	0.022 4	0.017 4	0.013 5	0.010 5	0.008 2	0.006 4	0.005 1
30	0.043 7	0.033 4	0.025 6	0.019 6	0.015 1	0.011 6	0.009 0	0.007 0	0.005 4	0.004 2

附表 C　年金终值系数表

	1.00%	2.00%	3.00%	4.00%	5.00%	6.00%	7.00%	8.00%	9.00%	10.00%
1	1.000 0	1.000 0	1.000 0	1.000 0	1.000 0	1.000 0	1.000 0	1.000 0	1.000 0	1.000 0
2	2.010 0	2.020 0	2.030 0	2.040 0	2.050 0	2.060 0	2.070 0	2.080 0	2.090 0	2.100 0
3	3.030 1	3.060 4	3.090 9	3.121 6	3.152 5	3.183 6	3.214 9	3.246 4	3.278 1	3.310 0
4	4.060 4	4.121 6	4.183 6	4.246 5	4.310 1	4.374 6	4.439 9	4.506 1	4.573 1	4.641 0
5	5.101 0	5.204 0	5.309 1	5.416 3	5.525 6	5.637 1	5.750 7	5.866 6	5.984 7	6.105 1
6	6.152 0	6.308 1	6.468 4	6.633 0	6.801 9	6.975 3	7.153 3	7.335 9	7.523 3	7.715 6
7	7.213 5	7.434 3	7.662 5	7.898 3	8.142 0	8.393 8	8.654 0	8.922 8	9.200 4	9.487 2
8	8.285 7	8.583 0	8.892 3	9.214 2	9.549 1	9.897 5	10.259 8	10.636 6	11.028 5	11.435 9
9	9.368 5	9.754 6	10.159 1	10.582 8	11.026 6	11.491 3	11.978 0	12.487 6	13.021 0	13.579 5
10	10.462 2	10.949 7	11.463 9	12.006 1	12.577 9	13.180 8	13.816 4	14.486 6	15.192 9	15.937 4
11	11.566 8	12.168 7	12.807 8	13.486 4	14.206 8	14.971 6	15.783 6	16.645 5	17.560 3	18.531 2
12	12.682 5	13.412 1	14.192 0	15.025 8	15.917 1	16.869 9	17.888 5	18.977 1	20.140 7	21.384 3
13	13.809 3	14.680 3	15.617 8	16.626 8	17.713 0	18.882 1	20.140 6	21.495 3	22.953 4	24.522 7
14	14.947 4	15.973 9	17.086 3	18.291 9	19.598 6	21.015 1	22.550 5	24.214 9	26.019 2	27.975 0
15	16.096 9	17.293 4	18.598 9	20.023 6	21.578 6	23.276 0	25.129 0	27.152 1	29.360 9	31.772 5
16	17.257 9	18.639 3	20.156 9	21.824 5	23.657 5	25.672 5	27.888 1	30.324 3	33.003 4	35.949 7
17	18.430 4	20.012 1	21.761 6	23.697 5	25.840 4	28.212 9	30.840 2	33.750 2	36.973 7	40.544 7
18	19.614 7	21.412 3	23.414 4	25.645 4	28.132 4	30.905 7	33.999 0	37.450 2	41.301 3	45.599 2
19	20.810 9	22.840 6	25.116 9	27.671 2	30.539 0	33.760 0	37.379 0	41.446 3	46.018 5	51.159 1
20	22.019 0	24.297 4	26.870 4	29.778 1	33.066 0	36.785 6	40.995 5	45.762 0	51.160 1	57.275 0
21	23.239 2	25.783 3	28.676 5	31.969 2	35.719 3	39.992 7	44.865 2	50.422 9	56.764 5	64.002 5
22	24.471 6	27.299 0	30.536 8	34.248 0	38.505 2	43.392 3	49.005 7	55.456 8	62.873 3	71.402 7
23	25.716 3	28.845 0	32.452 9	36.617 9	41.430 5	46.995 8	53.436 1	60.893 3	69.531 9	79.543 0
24	26.973 5	30.421 9	34.426 5	39.082 6	44.502 0	50.815 6	58.176 7	66.764 8	76.789 8	88.497 3
25	28.243 2	32.030 3	36.459 3	41.645 9	47.727 1	54.864 5	63.249 0	73.105 9	84.700 9	98.347 1
26	29.525 6	33.670 9	38.553 0	44.311 7	51.113 5	59.156 4	68.676 5	79.954 4	93.324 0	109.181 8
27	30.820 9	35.344 3	40.709 6	47.084 2	54.669 1	63.705 8	74.483 8	87.350 8	102.723 1	121.099 9
28	32.129 1	37.0512	42.930 9	49.967 6	58.402 6	68.528 1	80.697 7	95.338 8	112.968 2	134.209 9
29	33.450 4	38.792 2	45.218 9	52.966 3	62.322 7	73.639 8	87.346 5	103.965 9	124.135 4	148.630 9
30	30.784 9	40.568 1	47.575 4	56.084 9	66.438 8	79.058 2	94.460 8	113.283 2	136.307 5	164.494 0

（续）

	11.00%	12.00%	13.00%	14.00%	15.00%	16.00%	17.00%	18.00%	19.00%	20.00%
1	1.000 0	1.000 0	1.000 0	1.000 0	1.000 0	1.000 0	1.000 0	1.000 0	1.000 0	1.000 0
2	2.110 0	2.120 0	2.130 0	2.140 0	2.150 0	2.160 0	2.170 0	2.180 0	2.190 0	2.200 0
3	3.342 1	3.374 4	3.406 9	3.439 6	3.472 5	3.505 6	3.538 9	3.572 4	3.606 1	3.640 0
4	4.709 7	4.779 3	4.849 8	4.921 1	4.993 4	5.066 5	5.140 5	5.215 4	5.291 3	5.368 0
5	6.227 8	6.352 8	6.480 3	6.610 1	6.742 4	6.877 1	7.014 4	7.154 2	7.296 6	7.441 6
6	7.912 9	8.115 2	8.322 7	8.535 5	8.753 7	8.977 5	9.206 8	9.442 0	9.683 0	9.929 9
7	9.783 3	10.089 0	10.404 7	10.730 5	11.066 8	11.413 9	11.772 0	12.141 5	12.522 7	12.915 9
8	11.859 4	12.299 7	12.757 3	13.232 8	13.726 8	14.240 1	14.773 3	15.327 0	15.902 0	16.499 1
9	14.164 0	14.775 7	15.415 7	16.085 3	16.785 8	17.518 5	18.284 7	19.085 9	19.923 4	20.798 9
10	16.722 0	17.548 7	18.419 7	19.337 3	20.303 7	21.321 5	22.393 1	23.521 3	24.708 9	25.958 7
11	19.561 4	20.654 6	21.814 3	23.044 5	24.349 3	25.732 9	27.199 9	28.755 1	30.403 5	32.150 4
12	22.713 2	24.133 1	25.650 2	27.270 7	29.001 7	30.850 2	32.823 9	34.931 1	37.180 2	39.580 5
13	26.211 6	28.029 1	29.984 7	32.088 7	34.351 9	36.786 2	39.404 0	42.218 7	45.244 5	48.496 6
14	30.094 9	32.392 6	34.882 7	37.581 1	40.504 7	43.672 0	47.102 7	50.818 0	54.840 9	59.195 9
15	34.405 4	37.279 7	40.417 5	43.842 4	47.580 4	51.659 5	56.110 1	60.965 3	66.260 7	72.035 1
16	39.189 9	42.753 3	46.671 7	50.980 4	55.717 5	60.925 0	66.648 8	72.939 0	79.850 2	87.442 1
17	44.500 8	48.883 7	53.739 1	59.117 6	65.075 1	71.673 0	78.979 2	87.068 0	96.021 8	105.930 6
18	50.395 9	55.749 7	61.725 1	68.394 1	75.836 4	84.140 7	93.405 6	103.740 3	115.265 9	128.116 7
19	56.939 5	63.439 7	70.749 4	78.969 2	88.211 8	98.603 2	110.284 6	123.413 5	138.166 4	154.740 0
20	64.202 8	72.052 4	80.946 8	91.024 9	102.443 6	115.379 7	130.032 9	146.628 0	165.418 0	186.688 0
21	72.265 1	81.698 7	92.469 9	104.768 4	118.810 1	134.840 5	153.138 5	174.021 0	197.847 4	225.025 6
22	81.214 3	92.502 6	105.491 0	120.436 0	137.631 6	157.415 0	180.172 1	206.344 8	236.438 5	271.030 7
23	91.147 9	104.602 9	120.204 8	138.297 0	159.276 4	183.601 4	211.801 3	244.486 8	282.361 8	326.236 9
24	102.174 2	118.155 2	136.831 5	158.658 6	184.167 8	213.977 6	248.807 6	289.494 5	337.010 5	392.484 2
25	114.413 3	133.333 9	155.619 6	181.870 8	212.793 0	249.214 0	292.104 9	342.603 5	402.042 5	471.981 1
26	127.998 8	150.333 9	176.850 1	208.332 7	245.712 0	290.088 3	342.762 7	405.272 1	479.430 6	567.377 3
27	143.078 6	169.374 0	200.840 6	238.499 3	283.568 8	337.502 4	402.032 3	479.221 1	571.522 4	681.852 8
28	159.817 3	190.698 9	227.949 9	272.889 2	327.104 1	392.502 8	471.377 8	566.480 9	681.111 6	819.223 3
29	178.397 2	214.582 8	258.583 4	312.093 7	377.169 7	456.303 2	552.512 1	669.447 5	811.522 8	984.068 0
30	199.020 9	241.332 7	293.199 2	356.786 8	434.745 1	530.311 7	647.439 1	790.948 0	966.712 2	1 181.881 6

附表D 年金现值系数表

	1.00%	2.00%	3.00%	4.00%	5.00%	6.00%	7.00%	8.00%	9.00%	10.00%
1	0.990 1	0.960 4	0.970 9	0.961 5	0.952 4	0.943 4	0.934 6	0.925 9	0.917 4	0.909 1
2	1.970 4	1.941 6	1.913 5	1.886 1	1.859 4	1.833 4	1.808 0	1.783 3	1.759 1	1.735 5
3	2.941 0	2.883 9	2.828 6	2.775 1	2.723 2	2.673 0	2.624 3	2.577 1	2.531 3	2.486 9
4	3.902 0	3.807 7	3.717 1	3.629 9	3.546 0	3.465 1	3.387 2	3.312 1	3.239 7	3.169 9
5	4.853 4	4.713 5	4.579 7	4.451 8	4.329 5	4.212 4	4.100 2	3.992 7	3.889 7	3.790 8
6	5.795 5	5.601 4	5.417 2	5.242 1	5.075 7	4.917 3	4.766 5	4.622 9	4.485 9	4.355 3
7	6.728 2	6.472 0	6.230 3	6.002 1	5.786 4	5.582 4	5.389 3	5.206 4	5.033 0	4.868 4
8	7.651 7	7.325 5	7.019 7	6.732 7	6.463 2	6.209 8	5.971 3	5.746 6	5.534 8	5.334 9
9	8.566 0	8.162 2	7.786 1	7.435 3	7.107 8	6.801 7	6.515 2	6.246 9	5.995 2	5.759 0
10	9.471 3	8.982 6	8.530 2	8.110 9	7.721 7	7.360 1	7.023 6	6.710 1	6.417 7	6.144 6
11	10.367 6	9.786 8	9.252 6	8.760 5	8.306 4	7.886 9	7.498 7	7.139 0	6.805 2	6.495 1
12	11.255 1	10.575 3	9.954 0	9.385 1	8.863 3	8.383 8	7.942 7	7.536 1	7.160 7	6.813 7
13	12.133 7	11.348 4	10.635 0	9.985 6	9.393 6	8.852 7	8.357 7	7.903 8	7.486 9	7.103 4
14	13.003 7	12.106 2	11.296 1	10.563 1	9.898 6	9.295 0	8.745 5	8.244 2	7.786 2	7.366 7
15	13.865 1	12.849 3	11.937 9	11.118 4	10.379 7	9.712 2	9.107 9	8.559 5	8.060 7	7.606 1
16	14.717 9	13.577 7	12.561 1	11.652 3	10.837 8	10.105 9	9.446 6	8.851 4	8.312 6	7.823 7
17	15.562 3	14.291 9	13.166 1	12.165 7	11.274 1	10.477 3	9.763 2	9.121 6	8.543 6	8.021 6
18	16.398 3	14.992 0	13.753 5	12.659 3	11.689 6	10.827 6	10.059 1	9.371 9	8.755 6	8.201 4
19	17.226 0	15.678 5	14.323 8	13.133 9	12.085 3	11.158 1	10.335 6	9.603 6	8.950 1	8.364 9
20	18.045 6	16.351 4	14.877 5	13.590 3	12.462 2	11.469 9	10.594 0	9.818 1	9.128 5	8.513 6
21	18.857 0	17.011 2	15.415 0	14.029 2	12.821 2	11.764 1	10.835 5	10.016 8	9.292 2	8.648 7
22	19.660 4	17.658 0	15.936 9	14.451 1	13.163 0	12.041 6	11.061 2	10.200 7	9.442 4	8.771 5
23	20.455 8	18.292 2	16.443 6	14.856 8	13.488 6	12.303 4	11.272 2	10.371 1	9.580 2	8.883 2
24	21.243 4	18.913 9	16.935 5	15.247 0	13.798 6	12.550 4	11.469 3	10.528 8	9.706 6	8.984 7
25	22.023 2	19.523 5	17.413 1	15.622 1	14.093 9	12.783 4	11.653 6	10.674 8	9.822 6	9.077 0
26	22.795 2	20.121 0	17.876 8	15.982 8	14.375 2	13.003 2	11.825 8	10.810 0	9.929 0	9.160 9
27	23.559 6	20.706 9	18.327 0	16.329 6	14.643 0	13.210 5	11.986 7	10.935 2	10.026 6	9.237 2
28	24.316 4	21.281 3	18.764 1	16.663 1	14.898 1	13.406 2	12.137 1	11.051 1	10.116 1	9.306 6
29	25.065 8	21.844 4	19.188 5	16.983 7	15.141 1	13.590 7	12.277 7	11.158 4	10.198 3	9.369 6
30	25.807 7	22.396 5	19.600 4	17.292 0	15.372 5	13.764 8	12.409 0	11.257 8	10.273 7	9.426 9

（续）

	11.00%	12.00%	13.00%	14.00%	15.00%	16.00%	17.00%	18.00%	19.00%	20.00%
1	0.900 9	0.892 9	0.885 0	0.877 2	0.869 6	0.862 1	0.854 7	0.847 5	0.840 3	0.833 3
2	1.712 5	1.690 1	1.668 1	1.646 7	1.625 7	1.605 2	1.585 2	1.565 6	1.546 5	1.527 8
3	2.443 7	2.401 8	2.361 2	2.321 6	2.283 2	2.245 9	2.209 6	2.174 3	2.139 9	2.106 5
4	3.102 4	3.037 3	2.974 5	2.913 7	2.855 0	2.798 2	2.743 2	2.690 1	2.638 6	2.588 7
5	3.695 9	3.604 8	3.517 2	3.433 1	3.352 2	3.274 3	3.199 3	3.127 2	3.057 6	2.990 6
6	4.230 5	4.111 4	3.997 5	3.888 7	3.784 5	3.684 7	3.589 2	3.497 6	3.409 8	3.325 5
7	4.712 2	4.563 8	4.422 6	4.288 3	4.160 4	4.038 6	3.922 4	3.811 5	3.705 7	3.604 6
8	5.146 1	4.967 6	4.798 8	4.638 9	4.487 3	4.343 6	4.207 2	4.077 6	3.954 4	3.837 2
9	5.537 0	5.328 2	5.131 7	4.946 4	4.771 6	4.606 5	4.450 6	4.303 0	4.163 3	4.031 0
10	5.889 2	5.650 2	5.426 2	5.216 1	5.018 8	4.833 2	4.658 6	4.494 1	4.338 9	4.192 5
11	6.206 5	5.937 7	5.686 9	5.452 7	5.233 7	5.028 6	4.836 4	4.656 0	4.486 5	4.327 1
12	6.492 4	6.194 4	5.917 6	5.660 3	5.420 6	5.197 1	4.988 4	4.793 2	4.610 5	4.439 2
13	6.749 9	6.423 5	6.121 8	5.842 4	5.583 1	5.342 3	5.118 3	4.909 5	4.714 7	4.532 7
14	6.981 9	6.628 2	6.302 5	6.002 1	5.724 5	5.467 5	5.229 3	5.008 1	4.802 3	4.610 6
15	7.190 9	6.810 9	6.462 4	6.142 2	5.847 4	5.575 5	5.324 2	5.091 6	4.875 9	4.675 5
16	7.379 2	6.974 0	6.603 9	6.265 1	5.954 2	5.668 5	5.405 3	5.162 4	4.937 7	4.729 6
17	7.548 8	7.119 6	6.729 1	6.372 9	6.047 2	5.748 7	5.474 6	5.222 3	4.989 7	4.774 6
18	7.701 6	7.249 7	6.839 9	6.467 4	6.128 0	5.817 8	5.533 9	5.273 2	5.033 3	4.812 2
19	7.839 3	7.365 8	6.938 0	6.550 4	6.198 2	5.877 5	5.584 5	5.316 2	5.070 0	4.843 5
20	7.963 3	7.469 4	7.024 8	6.623 1	6.259 3	5.928 8	5.627 8	5.352 7	5.100 9	4.869 6
21	8.075 1	7.562 0	7.101 6	6.687 0	6.312 5	5.973 1	5.664 8	5.383 7	5.126 8	4.891 3
22	8.175 7	7.644 6	7.169 5	6.742 9	6.358 7	6.011 3	5.696 4	5.409 9	5.148 6	4.909 4
23	8.266 4	7.718 4	7.229 7	6.792 1	6.398 8	6.044 2	5.723 4	5.432 1	5.166 8	4.924 5
24	8.348 1	7.784 3	7.282 9	6.835 1	6.433 8	6.072 6	5.746 5	5.450 9	5.182 2	4.937 1
25	8.421 7	7.843 1	7.330 0	6.872 9	6.464 1	6.097 1	5.766 2	5.466 9	5.195 1	4.947 6
26	8.488 1	7.895 7	7.371 7	6.906 1	6.490 6	6.118 2	5.783 1	5.480 4	5.206 0	4.956 3
27	8.547 8	7.942 6	7.408 6	6.935 2	6.513 5	6.136 4	5.797 5	5.491 9	5.215 1	4.963 6
28	8.601 6	7.984 4	7.441 2	6.960 7	6.533 5	6.152 0	5.809 9	5.501 6	5.222 8	4.969 7
29	8.650 1	8.021 8	7.470 1	6.983 0	6.550 9	6.165 6	5.820 4	5.509 8	5.229 2	4.974 7
30	8.693 8	8.055 2	7.495 7	7.002 7	6.566 0	6.177 2	5.829 4	5.516 8	5.234 7	4.978 9

参考文献

[1] 中国注册会计师协会．财务成本管理［M］．北京：中国财政经济出版社，2017.

[2] 荆新，王化成，刘俊彦．财务管理学［M］．6版．北京：中国人民大学出版社，2012.

[3] 汤谷良，韩慧博，祝继高．财务管理案例［M］．2版．北京：北京大学出版社，2017.

[4] 王克军．财务管理学习题与案例［M］．2版．成都：西南财经大学出版社，2013.

[5] 马孝先．金融经济学［M］．北京：清华大学出版社，2014.

[6] 贺显南．投资学原理及应用［M］．2版．北京：机械工业出版社，2016.

[7] 葛红玲．证券投资学［M］．2版．北京：机械工业出版社，2016.

[8] 荆新，王化成．财务管理学［M］．7版．北京：中国人民大学出版社，2015.

[9] 王明虎，王锴．财务管理原理［M］．2版．北京：机械工业出版社，2013.

[10] 姬昂，崔婕．Excel在会计和财务中的应用［M］．3版．北京：清华大学出版社，2016.

[11] 熊细银．中级财务管理［M］．北京：北京理工大学出版社，2011.

[12] 张周．公司理财：Excel建模指南［M］．北京：机械工业出版社，2015.

[13] 罗斯，威斯特菲尔德，乔丹．公司理财（精要版）［M］．谭跃，周卉，丰丹，译．北京：机械工业出版社，2016.

[14] 赫尔．期权与期货市场基本原理［M］．7版．王勇，译．北京：机械工业出版社，2011.

[15] 博迪．投资学［M］．9版．汪昌云，译．北京：机械工业出版社，2012.

[16] 赫尔．期权、期货及其他衍生产品［M］．9版．北京：机械工业出版社，2014.

[17] 钱斯．衍生工具与风险管理［M］．9版．丁志杰，译．北京：机械工业出版社，2015.